VERS LE PÔLE

Il a été tiré de cet ouvrage
vingt exemplaires sur papier de Chine, tous numérotés.

FRIDTJOF NANSEN.

FRIDTJOF NANSEN

VERS
LE PÔLE

TRADUIT ET ABRÉGÉ

PAR

CHARLES RABOT

200 ILLUSTRATIONS

D'APRÈS LES PHOTOGRAPHIES ET LES DESSINS DE L'EXPLORATEUR

PARIS
ERNEST FLAMMARION, ÉDITEUR
26, RUE RACINE, 26

Tous droits réservés

PRÉFACE DU TRADUCTEUR

Depuis quatre siècles de vaillants marins se lançaient à l'assaut du formidable rempart de glace qui défend l'accès du Pôle, et depuis quatre siècles leurs efforts étaient venus se briser devant la résistance des mystérieuses banquises.

A un homme d'audace, à Fridtjof Nansen, il appartenait de triompher de ces obstacles jusque-là invincibles. Cette œuvre de géant demandait une intelligence géniale. Nansen possédait toutes les grandes qualités nécessaires à l'exécution de cette entreprise titanesque : une initiative hardie, une merveilleuse ingéniosité, une expérience complète des conditions de la lutte, un courage héroïque, une endurance qu'aucune souffrance ne pouvait vaincre. Aussi bien, la lecture de ce voyage laisse une profonde admiration pour ce héros des glaces.

Pour atteindre les hautes latitudes, le premier il conçoit l'audacieux projet de se laisser entraîner vers le nord par la lente dérive des eaux qui charrient les banquises à travers l'inconnu du bassin polaire, puis, pour compléter son œuvre, il se lance, avec un seul compagnon, au milieu de l'effroyable désert glacé où tant de vaillants explorateurs ont déjà trouvé une mort tragique.

Sa marche vers le Pôle, sa retraite vers la terre François-Joseph et son hivernage sur cette terre seront rangés parmi les exploits les plus extraordinaires dont l'homme puisse se glorifier.

Le récit de ces épisodes dramatiques est passionnant et attachant comme un roman. Il laisse l'impression de quelque aventure légendaire imaginée par un Jules Verne et accomplie par un Lohengrin.

Tant d'efforts et tant d'audace ont abouti à des résultats scientifiques considérables. La connaissance de notre globe s'est étendue à une vaste région jusque-là ignorée, et le grand problème de l'exploration polaire, insoluble depuis des siècles et en dépit des efforts les plus persévérants, a fait un progrès décisif, qui ouvre à la science une voie nouvelle et féconde.

Charles RABOT.

Juin 1897.

VERS LE PÔLE

INTRODUCTION

Nos ancêtres, les anciens Normands, ont été les premiers navigateurs qui aient affronté les glaces polaires. Dès le VIIIe siècle, tandis que les marins des autres pays n'osaient quitter le voisinage des côtes, eux se lançaient déjà bravement en pleine mer et découvraient l'Islande, puis le Grönland. Autour de ces terres ils rencontrèrent des banquises et apprirent bientôt à connaître leurs dangers. Un document du XIIIe siècle, le *Kongespeil* (le Miroir des Rois), renferme une description très exacte de ces nappes cristallines, absolument remarquable pour cette époque, où les phénomènes naturels n'étaient guère observés.

Aux Normands succédèrent, quelques siècles plus tard, dans la lutte contre les glaces, les Anglais, puis les Hollandais.

Croyant à l'existence d'une mer libre au nord des continents, les navigateurs de l'Europe septentrionale cherchèrent longtemps dans cette direction un passage conduisant aux Indes et en Chine. Partout ils trouvèrent la route fermée, mais, loin d'être découragés par ces insuccès, ils n'en persistèrent pas moins pendant longtemps dans leurs tentatives. Si la mer se trouvait encombrée de glaces à une latitude relativement méridionale, autour des côtes sud du Grönland, du Spitzberg et de la Nouvelle-Zemble, très certainement elle devait être libre plus au nord, croyaient ces marins, et courageusement ils essayèrent de se frayer un passage vers le Pôle.

Si erronée que fût cette hypothèse, elle a été cependant utile au développement de la connaissance du globe. Toutes ces expéditions ont, en effet, rapporté de précieuses observations et rétréci le domaine de l'inconnu.

Par bien des routes différentes et à l'aide de moyens très divers, les explorateurs anciens et modernes ont tenté de pénétrer vers les mystérieuses régions du Pôle. Les premières tentatives furent faites par des navires peu appropriés à de telles entreprises. Les faibles barques non pontées des Normands et les anciennes caravelles hollandaises ou anglaises ne possédaient ni la rapidité ni la résistance nécessaires pour triompher des glaces. Mais, peu à peu, l'art de la construction navale fit des progrès; les navires devinrent plus appropriés au but auquel ils étaient employés; en même temps, avec une ardeur de plus en plus grande, l'homme se lançait à l'assaut des banquises polaires.

Longtemps avant le début des expéditions arctiques, les tribus de l'Asie et de l'Amérique boréales se servaient de traîneaux tirés par des chiens pour parcourir les déserts glacés qu'elles habitent. Ce mode de locomotion fut employé en Sibérie pour la première fois par des explorateurs. Dès les XVIIe et XVIIIe siècles les Russes entreprirent de longs voyages en traîneaux pour relever la côte septentrionale de l'Asie, depuis la frontière d'Europe jusqu'au détroit de Bering. Sur ces véhicules ils traversèrent même une large banquise pour atteindre les îles de la Nouvelle-Sibérie, situées au nord du continent.

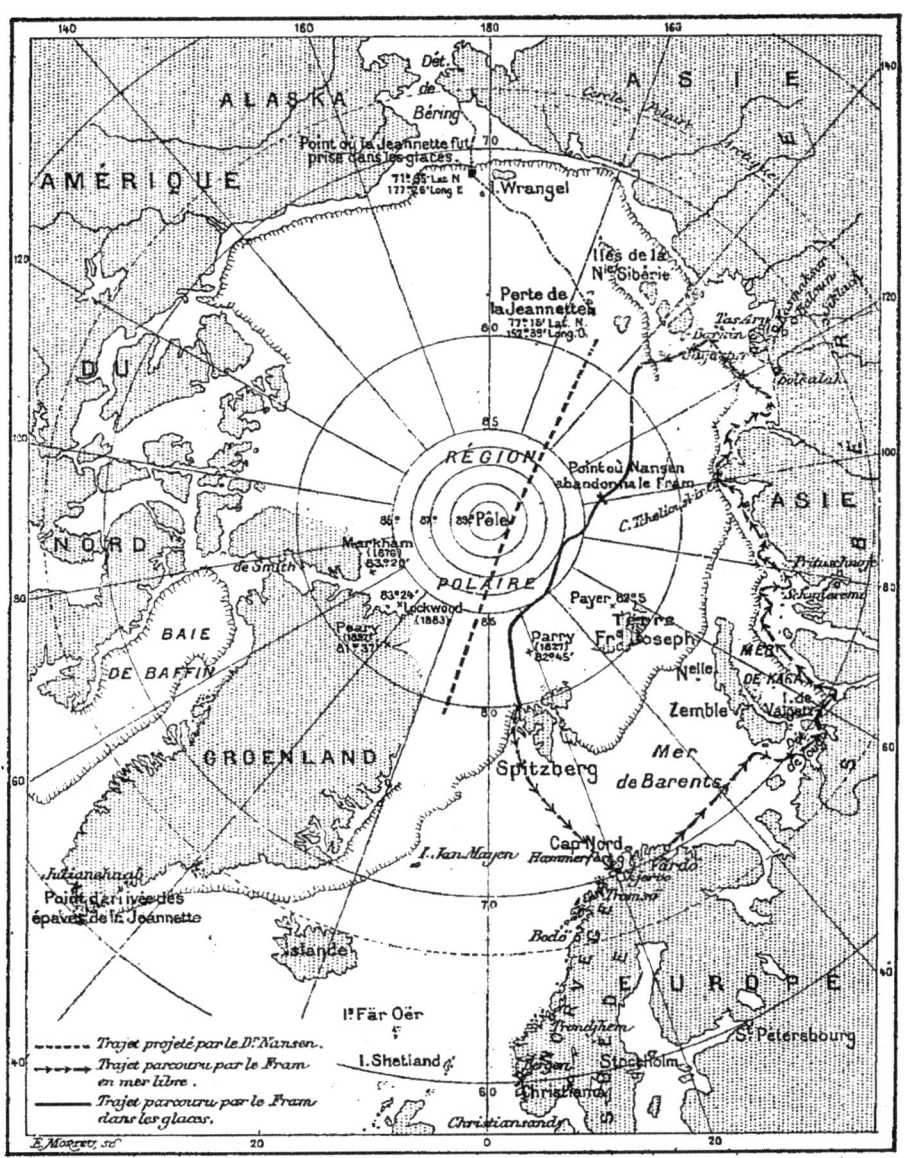

CARTE GÉNÉRALE DU BASSIN POLAIRE

En Amérique, les explorateurs anglais firent également usage, à une date relativement ancienne, de traîneaux pour reconnaître les côtes de l'Océan Arctique. Dans ces expéditions ces véhicules étaient le plus souvent halés par des hommes. C'est en avançant ainsi, à travers la banquise, qu'en 1876 Albert Markham accomplit la pointe la plus audacieuse qui ait été faite jusqu'à cette date pour pénétrer dans le bassin polaire.

Parry mit le premier en œuvre un troisième mode de locomotion, consistant dans l'emploi combiné de traîneaux et d'embarcations. Abandonnant son navire sur la côte septentrionale du Spitzberg, cet officier s'engagea sur la glace avec des canots halés sur des traîneaux et parvint ainsi à la plus haute latitude (82° 45′) atteinte jusque-là. Le courant entraînant vers le sud la banquise sur laquelle il cheminait péniblement dans la direction du nord, il dut finalement battre en retraite.

Au moyen de ces différents modes de locomotion, les explorateurs ont essayé de pénétrer dans le bassin polaire par quatre routes différentes : par le détroit de Smith, par les deux rives du large bras de mer compris entre le Grönland et la terre François-Joseph, enfin par le détroit de Bering.

La route du détroit de Smith a été la plus fréquemment tentée dans ces derniers temps. Les Américains ayant affirmé — un peu légèrement — l'existence dans ce bras de mer de vastes bassins d'eau libre s'étendant très loin vers le nord, les explorateurs choisirent naturellement cette voie de préférence aux autres ; malheureusement toute différente était la véritable situation. A travers ce goulet ouvert entre le Grönland et l'Amérique boréale, d'énormes banquises sont emportées vers le sud sous l'impulsion d'un courant, et devant ces nappes de glace en dérive tous les navires ont dû s'arrêter et chercher un refuge sur les côtes. La tentative la plus importante entreprise dans cette direction est celle de Nares (1875-1876). Au prix d'efforts inouïs, un officier de cette expédition, le commandant Markham, atteignit le 83°20′, la plus haute latitude à laquelle on soit alors parvenu. Après cette expérience, de l'avis de Nares, l'impossibilité d'arriver au Pôle par cette route était évidente.

Pendant le séjour de la mission Greely dans ces parages (1881-1884), le lieutenant Lockwood dépassa seulement de quatre minutes la latitude atteinte par Markham. Jusqu'à l'époque de notre voyage, cet Américain a ainsi « détenu le record du monde » dans la marche vers le nord.

Dans le large bras de mer ouvert entre le Grönland et le Spitzberg, les navigateurs ont dû s'arrêter à des latitudes beaucoup plus méridionales. En 1869-70, l'expédition allemande de Koldewey n'a pu dépasser le 77° de lat., au moyen de traîneaux, le long de la côte orientale du Grönland. Cette côte est baignée par un courant polaire qui entraîne vers le sud une énorme masse de glace; par suite, une marche vers le nord n'offre aucune chance de succès dans cette direction. Du côté du Spitzberg les conditions sont plus favorables. Le courant chaud qui porte au nord le long de la côte occidentale de cet archipel, dégage la mer jusqu'au delà du 80°; nulle part ailleurs, il n'est possible d'atteindre aussi facilement une latitude plus septentrionale dans des eaux libres.

Plus à l'est, l'état des glaces est moins favorable; par suite, un très petit nombre d'expéditions se sont dirigées de ce côté. La principale tentative effectuée au nord de la Nouvelle-Zemble est celle de Weyprecht et de Payer (1872-1874). Bloqué à hauteur de l'extrémité septentrionale de cette terre, le navire austro-hongrois fut entraîné au nord par un courant, et finalement découvrit la terre de François-Joseph. Poursuivant sa route dans la direction du Pôle, Payer atteignit le 82° 5′. Depuis, cet archipel n'a été visité que par Leigh Smith et par la mission anglaise Jackson-Harmsworth, qui s'y trouve actuellement.

La première tentative faite par le détroit de Bering est celle de Cook en 1776; la dernière, la malheureuse expépédition de la *Jeannette*. Emprisonnée dans la banquise le 6 septembre 1879, au S.-E. de la terre de Wrangel, la *Jeannette*, après une dérive de deux ans vers l'ouest-nord-ouest avec l'étau de glace qui l'enserrait, fut brisée dans le nord des Iles de la Nouvelle-Sibérie.

Ainsi donc, dans toutes les directions jusque-là suivies, la banquise avait arrêté les efforts de l'homme.

Pour vaincre la résistance des glaces, il était donc nécessaire d'imaginer un nouveau moyen de pénétration dans le bassin polaire, et de choisir une nouvelle route.

En 1881, la *Jeannette* était, comme je viens de le raconter, écrasée au nord de l'archipel de la Nouvelle-Sibérie, après une dérive de deux ans à travers l'Océan Glacial de Sibérie. Trois ans plus tard, des épaves authentiques de ce bâtiment étaient découvertes sur un glaçon, près de Julianehaab, dans le voisinage de l'extrémité sud-ouest du Grönland.

Très certainement le bloc chargé de ces débris n'avait pu arriver dans cette localité qu'en traversant le bassin polaire. Mais par quelle route? Évidemment il n'avait pas descendu le détroit de Smith. Dans ce goulet le courant polaire côtoie la terre de Baffin et le Labrador, entraînant les banquises sur la côte américaine et non point du côté du Grönland. Le glaçon en question ne pouvait être arrivé à Julianehaab que charrié par le grand courant polaire qui descend vers le sud, le long de la côte orientale du Grönland, et qui, après avoir doublé le cap Farvel, remonte ensuite au nord dans le détroit de Davis. Sur ce point aucun doute n'était permis. Restait maintenant à débrouiller la voie suivie par ce bloc, des îles de la Nouvelle-Sibérie au Grönland oriental. Suivant toute vraisemblance, après le naufrage, les épaves avaient dérivé vers le nord-ouest, poussées à travers l'Océan Glacial de Sibérie par le courant qui porte dans cette direction, puis, après avoir passé au nord de la terre François-Joseph et du Spitzberg, probablement dans le voisinage du Pôle, étaient parvenues dans les eaux du Grönland oriental et avaient été entraînées ensuite au sud par le courant polaire de cette région. Dans l'état actuel de nos connaissances hydrographiques, c'est, du moins, le seul itinéraire plausible. Des îles de la Nouvelle-Sibérie à Julianehaab, la distance, par l'itinéraire indiqué plus haut, est de 2,900 milles marins [1]. Ce trajet, l'épave l'avait effectué en 1,100 jours, soit à la vitesse de 2,6 milles par vingt-quatre heures, chiffre qui concorde avec les vitesses de dérive déjà connues.

D'autres cas de flottage moins frappants que celui des débris de la *Jeannette* prouvent également l'afflux des eaux sibériennes vers le Grönland oriental. On a, par exemple, recueilli sur les côtes de cette terre un levier pour lancer des flèches, comme en fabriquent les Eskimos habitant le détroit de Bering. De plus, la majorité des bois flottés recueillis au Grönland proviennent de la partie nord du continent asiatique. Sur vingt-cinq échantillons récoltés par l'expédition arctique allemande de Koldewey, dix-sept ont été reconnus comme étant des mélèzes de Sibérie. Je rappellerai également à ce propos que, d'après Grisebach, la flore du Grönland renferme des espèces de Sibérie ; évidemment ces plantes ne peuvent avoir été transportées aussi loin de leur habitat primitif que par un courant marin unissant les deux pays. Ce n'est pas tout. L'examen des boues que j'ai recueillies, en 1888, sur la banquise du Grönland oriental a révélé des faits absolument significatifs. Ces boues ne renferment pas moins de vingt espèces minérales différentes. Une telle variété de composition fait supposer au Dr Törnebohm, de Stockholm, qu'elles proviennent d'un pays très étendu, probablement de Sibérie. Enfin, au milieu de ces dépôts, le Dr Cleve a découvert des diatomées très curieuses qui, parmi des milliers d'échantillons examinés par lui, ne se rapportent qu'à des

---

1. Le mille marin vaut 1852 mètres. (*Note du traducteur.*)

LE *Fram* DANS LA RADE DE BERGEN

espèces recueillies par l'expédition de la *Véga* au cap Wankarema, près du détroit de Bering.

Toutes ces observations semblent donc fournir une preuve indubitable de l'existence d'un grand courant qui, partant de l'Océan Glacial de Sibérie, aboutit à la côte orientale du Grönland, en passant par le bassin polaire.

La théorie corrobore, du reste, l'existence de ce courant. A l'est du Spitzberg méridional et de l'extrémité sud de la terre François-Joseph existe, sur l'Océan Glacial, un centre de dépression barométrique. En vertu de la loi de Buys-Ballot, les vents, dans la partie nord de cette zone de minimum, soufflent de l'est à l'ouest et doivent, par suite, déterminer une dérive des eaux dans cette dernière direction, c'est-à-dire vers le bassin polaire et vers le Grönland.

Si la plupart des expéditions entreprises jusqu'ici avaient échoué, c'est qu'elles avaient été dirigées dans des mers où le courant porte vers le sud. A mesure que le navire avançait dans la direction du nord, les glaces en débâcle devenaient de plus en plus nombreuses, puis finalement bloquaient le navire et l'entraînaient en arrière. Si l'on avançait avec des traîneaux sur la banquise, les explorateurs s'épuisaient en efforts inutiles. Au prix de terribles fatigues ils marchaient vers le nord, et, pendant ce temps la lente dérive des eaux repoussait vers le sud la banquise sur laquelle ils croyaient avancer. Pour atteindre le bassin polaire, il fallait, au contraire, suivre un courant portant au nord, en un mot, accomplir sur un navire le voyage des épaves de la *Jeannette*.

Atteindre les îles de la Nouvelle-Sibérie, de là avancer aussi loin que possible vers le nord, en se frayant un passage à travers les glaces, puis, une fois toute issue fermée dans cette direction, se laisser entraîner vers le nord-ouest par la lente dérive qui porte les eaux de l'Océan Glacial de Sibérie vers le Grönland, tel était le plan de voyage que j'élaborais.

Que le courant de la *Jeannette* passât par le Pôle ou entre ce point et la terre François-Joseph, la question était pour moi de peu d'importance. Je me proposais, en effet, comme je l'écrivais en 1891 dans le premier exposé de mes projets devant la Société de Géographie de Christiania, non pas d'atteindre l'axe septentrional de notre sphéroïde, mais d'explorer, au point de vue scientifique, les immenses espaces encore inconnus qui l'entourent. Seule l'étude de ces déserts a été le but de mon voyage. A mon, avis la recherche du point mathématique qui forme le pôle n'offre qu'un intérêt minime.

Mon projet, je dois le confesser, fut loin de réunir les suffrages des explorateurs arctiques. Il s'écartait trop évidemment des idées jusqu'ici admises.

Grands seraient, à coup sûr, les dangers d'une pareille entreprise, mais grâce aux soins apportés à l'équipement et au recrutement des membres de l'expédition, non moins que par une direction judicieuse du voyage, j'espérais en triompher.

Une fois le plan de l'exploration bien établi, restait à en assurer l'exécution. Le gouvernement et le parlement norvégien m'accordèrent, avec enthousiasme, une subvention de 392,000 francs. Le surplus des dépenses, qui s'élevèrent au chiffre total de 622,000 francs, fut couvert par le roi de Norvège et par de généreux concitoyens.

J'avais besoin, avant tout, d'un navire d'une solidité exceptionnelle, capable de résister aux assauts des glaces qui, à coup sûr, seraient terribles pendant l'emprisonnement au milieu de la banquise. La construction du bâtiment fut donc entourée de soins particuliers. L'ingénieur norvégien, Colin Archer, auquel je confiai cette mission, en comprit l'importance et apporta à son exécution toute sa science et toute sa vigilance. A ce collaborateur je dois en partie le succès de mon entreprise.

La plupart des expéditions antérieures n'avaient pas eu à leur disposition de navires construits spécialement pour la navigation au milieu des glaces. Cette négligence paraît d'autant plus étonnante que plusieurs de ces voyages ont entraîné des dépenses considérables. Généralement, les expéditions une fois décidées, les chefs de mission ont eu une telle hâte de prendre la mer que le temps de soigner leur équipement leur a fait défaut. Dans bien des cas les préparatifs ont été commencés seulement quelques mois avant le départ. Notre expédition ne pouvait être prête aussi vite ; son organisation a exigé trois ans, et neuf ans avant son exécution le plan en était déjà conçu et arrêté.

La forme adoptée pour notre navire, après de longs tâtonnements, n'était pas précisément élégante ; mais l'essentiel était de lui donner des lignes telles que, lors des pressions des glaces, il fut soulevé en l'air au lieu d'être broyé.

Le *Fram* fut construit, non pas pour être un fin marcheur, mais pour constituer un refuge solide et confortable pendant notre dérive à travers l'Océan polaire. Je désirais un navire aussi petit que possible et pensais qu'un bâtiment de 170 tonnes nettes serait suffisant ; le *Fram* fut cependant beaucoup plus grand (402 tonneaux bruts, 307 nets). Il me fallait un navire court pour qu'il pût facilement évoluer à travers les glaces et qu'il pût en même temps offrir une plus grande résistance. La longueur de la coque est une cause de faiblesse au milieu des banquises. Il était, d'autre part, essentiel que les flancs fussent aussi lisses que possible, sans saillie extérieure, en évitant les surfaces planes dans le voisinage des parties vulnérables. Mais, pour qu'un tel bâtiment dont les murailles devaient, en outre, être très en pente, pût posséder les capacités voulues de chargement, il était nécessaire de lui donner une grande largeur. Par suite le *Fram* eut une largeur égale au tiers de sa longueur. La coque, l'avant, l'arrière et la quille reçurent une forme bien arrondie, afin que, nulle part, la glace ne pût trouver prise. Dans le même but, la quille fut en partie recouverte par le bordé, ne laissant qu'une saillie de $0^m,075$ dont les bords furent arrondis. En un mot, le navire présentait partout des surfaces unies, de manière à pouvoir glisser, comme une anguille, hors de la glace, lorsque les blocs l'enserreraient avec force.

La coque fut effilée à l'avant et à l'arrière, comme celle

d'un bateau-pilote, sauf pour la quille et les virures de bordage.

Les deux extrémités furent particulièrement renforcées. L'étrave était formée de trois forts cabrions en chêne, l'un placé en dedans des deux autres, le tout constituant une masse compacte, épaisse de 1ᵐ,25. En dedans de l'étrave étaient assujetties de solides guirlandes en chêne et en fer, servant à relier les deux côtés du navire, et de ces guirlandes aboutissaient des entretoises aux traversins des bittes. De plus, l'avant était protégé par un taille-mer en fer, auquel étaient fixés des barrots qui s'étendaient un peu en arrière sur chaque côté.

L'arrière avait une construction toute spéciale. De chaque côté des étambots du gouvernail et de l'hélice ayant, chacun 0ᵐ,65 de côté, fut fixée une forte allonge de poupe, s'élevant le long de la courbure de l'arrière jusqu'au pont supérieur et formant pour ainsi dire un double étambot. Le bordé recouvrait ces pièces et extérieurement de fortes plaques en fer protégeaient en outre l'arrière. Deux puits ménagés entre les deux étambots permettaient de hisser sur le pont l'hélice et le gouvernail. A bord des baleiniers une installation permet de remplacer le propulseur, lorsqu'il vient à être enlevé par les glaces; mais sur ces navires il n'existe aucun puits pour relever le gouvernail. La disposition adoptée sur le *Fram* nous permettait, malgré la faiblesse de l'équipage, de remonter le gouvernail sur le pont en quelques minutes à l'aide du cabestan, alors que, sur les baleiniers, plusieurs heures, et même souvent toute une journée est nécesaire à un équipage de soixante hommes pour mettre en place un nouveau gouvernail.

L'arrière est le talon d'Achille pour les navires qui naviguent au milieu des banquises. La glace peut facilement y causer de dangereuses avaries, notamment briser le gouvernail. Pour parer à ce danger, le nôtre était placé si bas qu'il était à peine visible au-dessus de l'eau. Si un gros bloc venait à heurter cette partie du navire, le choc serait paré par l'allonge

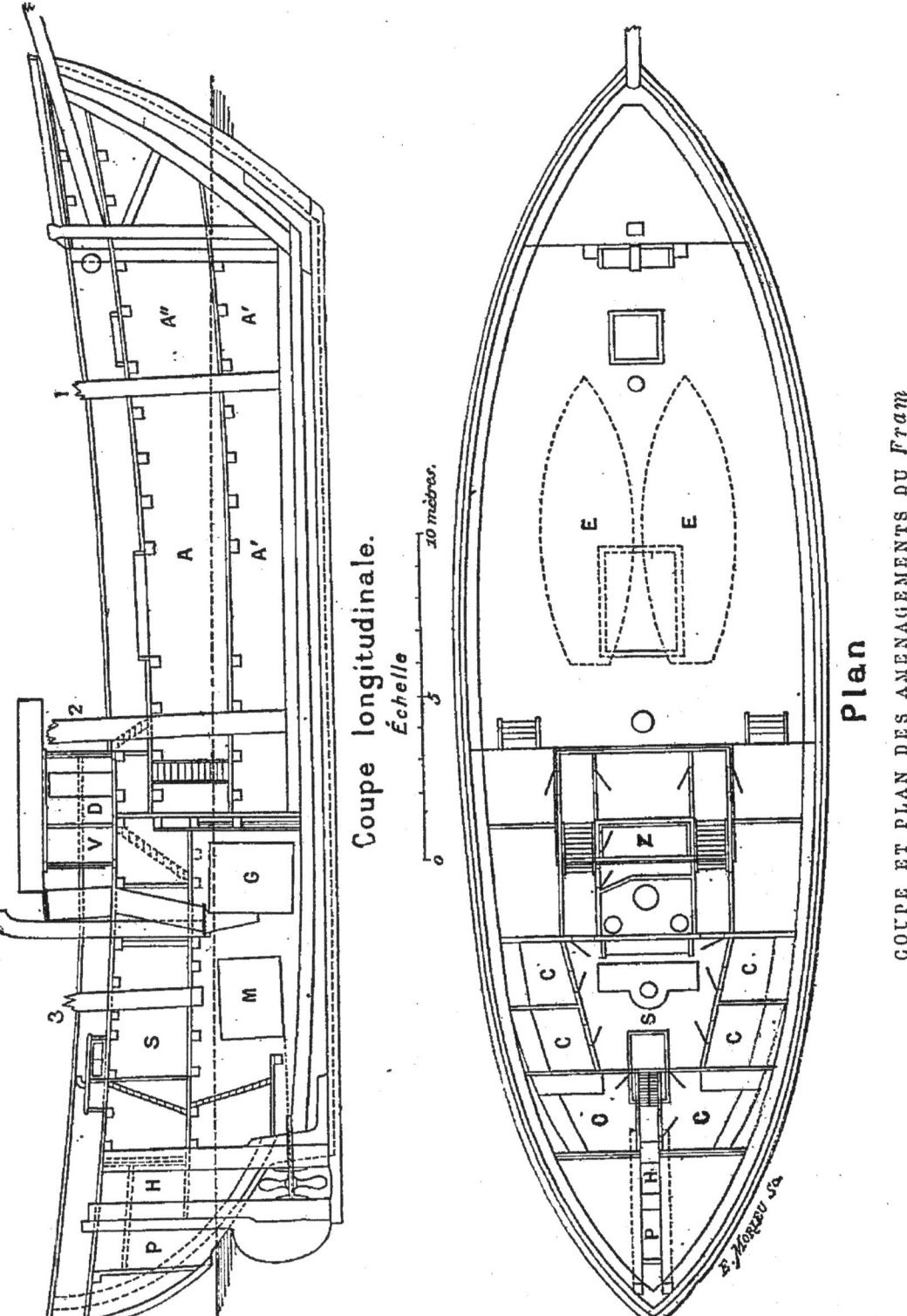

Coupe longitudinale.
Échelle

Plan

COUPE ET PLAN DES AMÉNAGEMENTS DU *Fram*

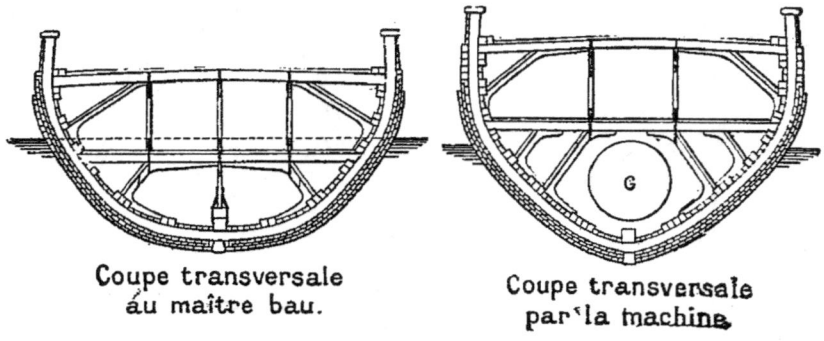

Coupe transversale au maître bau.

Coupe transversale par la machine.

Légende.

1, Mat de misaine.
2, Grand mat.
3, Mat d'artimon.
AA″, Entrepont.
A′, Cale.

C, Cabines.
D, Kiosque des cartes.
E, Embarcations.
G, Chaudière.
H, Puits de l'hélice.

M, Machine.
P, Puits du gouvernail.
S, Carré.
V, Chambre de veille.
Z, Coquerie (cuisine.

de poupe et ne pourrait guère atteindre le gouvernail. Quelque violentes que furent les pressions, nous ne subîmes de ce côté aucune avarie.

Tous les efforts du constructeur tendirent à rendre les flancs du navire aussi solides que possible. La membrure fut faite de bois de chêne primitivement destiné à la marine norvégienne et qui avait été tenu sous un abri pendant plus de trente ans. Les couples furent formés de deux parties travaillées ensemble et reliées par des chevilles dont quelques-unes étaient rivées. Sur chaque joint étaient placés des bandes plates de fer. Ces couples, larges d'environ $0^m,56$, n'étaient séparés que par un intervalle de 2 à 3 centimètres, rempli d'un mélange de craie et de sciure de bois depuis la quille jusqu'au-dessus de la flottaison. Cette disposition avait pour but de maintenir le navire à peu près étanche, même dans le cas où le bordé aurait été enlevé.

Le bordé extérieur était composé de trois couches : celle de l'intérieur, en chêne, était épaisse de $0^m,075$, fixée par des clous et soigneusement calfatée ; la seconde, épaisse d'un décimètre, était maintenue par des chevilles et également calfatée; en dehors se trouvait le bordé en *Greenheart* contre la glace, qui, comme les autres, descendait jusqu'à la quille. Son épaisseur de $0^m,15$ à la flottaison diminuait graduellement vers le fond jusqu'à $0^m,075$. Il était fixé par des clous et par des boulons à crochet et non par des chevilles traversant le tout; grâce à cette disposition, si le bordé extérieur (ou chemise de glace) eût été enlevé, la coque du navire n'eût pas subi grand dommage. Le vaigrage intérieur était en bois de pin d'une épaisseur variant de $0^m,10$ à $0^m,20$. Il fut également calfaté avec soin une fois ou deux.

L'épaisseur totale des murailles du navire était donc de 70 à 80 centimètres. Une telle muraille, avec ses formes arrondies, devait présenter une très grande résistance à la glace. Pour la rendre encore plus solide, l'intérieur fut accoré dans tous les sens, si bien que la cale ressemblait à une toile d'araignée formée d'épontilles, de cabrions et d'arcs-boutants. En premier lieu, il y avait deux rangées de baux : le pont supérieur et l'entrepont, principalement en chêne, mais aussi en bois de pin dans quelques parties. Toutes ces parties étaient, en outre, solidement liées l'une avec l'autre et avec les flancs du navire par de nombreux supports, ainsi que le montre le diagramme de la page précédente. Les entretoises obliques avaient été, bien entendu, placées aussi normalement que possible aux côtés du navire, de façon à les renforcer contre les pressions extérieures et à mieux répartir les efforts de ces pressions. Les épontilles entre les deux rangées de baux et entre les baux inférieurs et la carlingue étaient parfaitement établies pour satisfaire à cette dernière condition. Toutes les pièces se trouvaient reliées à l'aide de fortes courbes et de chevilles pour que l'ensemble formât une même masse. Sur les navires des précédentes expéditions on avait simplement renforcé un couple de baux de la maîtresse partie; à bord du *Fram*, au contraire, tous les baux étaient consolidés de la manière qui vient d'être indiquée. Dans la chambre de la machine où la place faisait défaut pour les supports, on avait établi des entretoises latérales. Les baux du pont inférieur étaient placés un peu au-dessous de la ligne de flottaison, c'est-à-dire dans la partie où la pression des glaces était le plus à craindre; mais, dans l'arrière-cale, ils avaient dû être surélevés pour ménager l'emplacement de la machine. Le pont supérieur, à l'arrière, était donc un peu plus haut que le pont lui-même; le navire avait ainsi une dunette renfermant les cabines des membres de l'expédition ainsi que la coquerie. De fortes porques en fer régnaient sur toute la longueur du *Fram*, dans les espaces compris entre les baux, s'étendant de la banquière du pont presque jusqu'à la carlingue. Celle-ci était formée de deux parties et avait une hauteur d'environ $0^m,80$, sauf dans la chambre des machines, où sa hauteur était réduite à celle de la partie inférieure. La quille se composait de deux lourds blocs d'orme d'Amérique de $0^m,35$, et, comme je l'ai dit plus haut, ne laissait passer hors bordée qu'une épaisseur de $0^m,075$. Les côtés de la coque étaient arrondis en dessous jusqu'à la quille de telle sorte que la section latérale au maître-couple ressemblait à celle de la moitié d'une noix de coco. Pour éviter une bande trop forte dans le cas où le bâtiment serait soulevé très haut par les pressions de la glace, les fonds étaient plats : une excellente disposition, comme le prouva l'expérience.

Principales dimensions du navire :

Longueur sur quille.	$31^m,00$
Longueur à la flottaison.	34 ,50
Longueur sur le pont.	39 ,00
Plus grande largeur.	11 ,00
Largeur à la flottaison en dehors de la chemise de glace.	10 ,40
Profondeur.	5 ,20
Tirant d'eau avec faible chargement.	3 ,81
Déplacement avec faible chargement.	530 tonnes
Tirant d'eau avec fort chargement.	$4^m,58$
Déplacement avec fort chargement.	800 tonnes

Le gréement devait être tout à la fois simple et résistant, et en même temps établi de manière à donner le moins de prise possible au vent, lorsque le navire marcherait à la vapeur. En second lieu, notre équipage étant peu nombreux, il était nécessaire qu'il fût facile à manœuvrer du pont. Pour cette raison, le *Fram* fut gréé en trois-mâts goélette. Sa voilure avait une superficie de 600 mètres carrés.

La machine était à triple expansion. Des avaries pouvant se produire dans un cylindre, chacun d'eux fut installé de manière à pouvoir être fermé et à agir indépendamment des autres. Par la simple manœuvre d'un robinet la machine pouvait être ainsi transformée en compound à haute ou à basse pression. Elle était d'une force de 220 chevaux et, par temps calme, donnait une vitesse de 6 à 7 milles à l'heure. Nous emportâmes deux hélices et un gouvernail de rechange. Mais, heureusement, nous n'eûmes pas à nous en servir.

Le logement fut établi à l'arrière, sous la dunette. Autour du salon étaient groupées quatre cabines à une couchette et deux à quatre couchettes. Cette installation avait pour but de protéger la pièce centrale contre le froid extérieur. Le plafond, les murs et le plancher du carré furent recouverts d'une épaisse couche de matières non conductrices de la chaleur, et derrière ces parois fut partout cloué du linoleum pour empêcher l'introduction de l'air chaud et humide dans les cabines, où sa condensation aurait formé des dépôts de glace. Le revêtement des parois du navire était formé d'une couche de feutre, d'un matelas de liège, d'un panneau de sapin, d'une seconde couche de feutre, puis de linoleum et d'un second panneau de bois. En dessous du pont et au-dessus du salon et des cabines existait un revêtement du même genre de près de $0^m,38$. Le plancher était formé d'une nappe de liège recouverte de bois et de linoleum. Grâce à ces précautions, lorsque le feu fut allumé dans le salon, jamais il n'y eut d'humidité, même dans les cabines.

Pour assurer la sécurité du navire en cas d'une ouverture de voie d'eau, la cale fut divisé en trois compartiments étanches.

Le *Fram* était éclairé à l'électricité, à l'aide d'un dynamo actionné par la machine, lorsque nous marchions. Plus tard, quand nous serions immobiles, la force nécessaire à la production de l'électricité fut obtenue à l'aide d'un moulin à vent installé sur le pont.

Notre navire était muni de huit embarcations, dont deux très grandes capables de recevoir l'équipage entier et des approvisionnements pour plusieurs mois. Au cas où le navire aurait été brisé, j'avais l'intention de nous établir dans ces canots pendant que nous continuerions à dériver. J'emportai une vedette à vapeur munie d'un brûleur à pétrole, mais cette machine fut pour nous une source de déboires.

Afin d'éviter le scorbut, j'apportai tous mes soins aux approvisionnements et les choisis en vue de nous procurer une nourriture tout à la fois saine et variée. Avant d'être adopté par l'expédition, chaque article fut soumis à l'analyse chimique. L'emballage fut également l'objet de soins minutieux ; même les légumes secs et le biscuit furent enfermés dans des boîtes en zinc. Il est, en effet, inutile d'emporter une quantité considérable de vivres, si les plus minutieuses précautions ne sont pas prises pour en assurer la conservation. La plus petite négligence peut, de ce côté, entraîner les plus terribles conséquences.

L'expédition emporta naturellement un nombreux matériel pour les observations scientifiques. De concert avec plusieurs savants, qui voulurent bien me prêter leur collaboration dans ce travail, je pris surtout des instruments pratiques et très bien construits. Outre des thermomètres, des baromètres, des psychromètres, des anémomètres, j'emportai des instruments enregistreurs, un grand théodolite pour les observations astronomiques, deux plus petits pour les expéditions en traîneaux, plusieurs sextants de différentes dimensions, quatre chronomètres de navire, des chronomètres de poche; enfin les instruments nécessaires à la mesure de la déclinaison, de l'inclinaison et de l'intensité magnétique. Cette énumération montre l'importance de notre équipement scientifique; toutes les mesures furent prises pour nous permettre de recueillir une riche moisson d'observations.

OTTO NEUMANN SVERDRUP, capitaine du *Fram*.

Il était de la plus haute importance pour le succès de l'expédition de posséder de vigoureux chiens pour tirer les traîneaux. Le baron de Toll, le célèbre explorateur russe de la Sibérie septentrionale, m'offrit de nous procurer les meutes désirées, au cours du nouveau voyage qu'il allait entreprendre dans l'Asie arctique. A son passage à Tioumen, en janvier 1893, il chargea le nommé Alexandre Ivanovitch Trontheim d'acheter trente chiens ostiaks et de les conduire à Kabarova, village samoyède situé sur les bords du Yougor

Char, à l'entrée de la mer de Kara. Cela fait, M. de Toll ne considéra pas sa mission comme terminée. Comme les chiens de la Sibérie orientale sont de meilleures bêtes de traits que ceux de la Sibérie occidentale, il confia à un Norvégien établi dans le pays le soin de nous conduire une troupe nombreuse de ces animaux à l'embouchure de l'Olonek, sur la côte nord d'Asie. Au printemps 1893, cet explorateur russe visita les

LE LIEUTENANT SCOTT-HANSEN

îles de la Nouvelle-Sibérie et, à notre intention, y établit plusieurs dépôts de vivres, pour le cas où un accident serait arrivé à notre expédition.

L'équipage du *Fram* se composait de treize personnes. Après l'heureux succès de cette expédition, l'ancienne et puérile superstition attachée à ce chiffre n'a plus sa raison d'être.

Voici la liste de mes compagnons :

Otto Neumann Sverdrup, commandant du *Fram*, né en

1855. Marié et père d'un enfant. Dès qu'il connut mes projets de voyage, il m'offrit ses services, que je m'empressai d'accepter. La direction du navire ne pouvait être placée en de meilleures mains. Sverdrup m'avait accompagné dans ma précédente expédition au Grönland.

Sigurd Scott-Hansen, lieutenant en premier de la marine royale, né en 1868. Il eut à bord la charge des observations météorologiques, astronomiques et magnétiques.

LE Dʳ H. GREVE BLESSING

Henrik Greve Blessing, docteur et botaniste, né en 1866.

Théodore-Claudius Jacobsen, second du *Fram*, né en 1855. Depuis l'âge de quinze ans, il avait navigué. De 1886 à 1890, il avait fait, chaque été, une campagne de chasse et de pêche dans l'Océan Glacial. Marié et père d'un enfant.

Anton Amundsen, premier mécanicien. Au service de la marine royale depuis vingt-cinq ans. Marié et père de sept enfants.

TH. CLAUDIUS JACOBSEN, second du *Fram*.

ANTON AMUNDSEN, premier mécanicien.

Adolf Juell, cuisinier et commis aux vivres. Il avait le brevet de maître au cabotage et pendant plusieurs années avait commandé un bâtiment. Né en 1860. Marié et père de quatre enfants.

Lars Peterson, second mécanicien. Excellent forgeron et ouvrier. Au service dans la marine royale depuis plusieurs années. Né en 1860. Marié et père de quatre enfants.

ADOLF JUELL, cuisinier.

Fredrik Hjalmar Johansen, lieutenant de réserve dans l'armée. Né en 1867. Il avait un tel désir de prendre part à l'expédition qu'il accepta les fonctions de chauffeur, aucun autre poste ne se trouvant libre lors de son admission. Pendant le cours du voyage, il remplit le plus souvent les fonctions d'aide-météorologiste.

Peter Leonard Henriksen. Né en 1859. Harponneur. Quatorze campagnes dans l'Océan Glacial. Marié et père de quatre enfants.

LARS PETERSON, second mécanicien.

LE LIEUTENANT HJALMAR JOHANSEN, chauffeur.

Bernhard Nordahl. Né en 1862. Il avait navigué pendant quatorze ans dans la marine royale, puis, après avoir été agent de police, était devenu électricien. A bord, il remplissait naturellement les fonctions de son état, jointes à celle de chauffeur et parfois de météorologiste. Marié et père de cinq enfants.

Ivar Otto Irgens Mogstad. Né en 1856. D'abord garde forestier, puis gardien-chef d'un asile d'aliénés. Sachant tous les métiers, depuis celui d'horloger jusqu'à celui de valet de meute, il nous rendit les services les plus variés.

Bernt Bentzen. Né en 1860. Maître breveté au cabotage. Il fut engagé au dernier moment. A huit heures du soir, il vint me trouver, et à dix heures nous quittions Tromsö, notre avant-dernière station.

CHAPITRE PREMIER

LE DÉPART — KABAROVA — LA MER DE KARA — LE CAP TCHÉLIOUSKINE — L'ENTRÉE DANS LA BANQUISE

Le 24 juin 1893, en Norvège, le jour de la fête de l'été. Pour nous, il arrive plein de tristesse. C'est le moment du départ. Je quitte ma maison, et seul je descends à travers le jardin vers la grève où m'attend la vedette du *Fram*. Derrière moi je laisse tout ce que j'ai de plus cher au monde. Maintenant quand les reverrai-je, ces êtres adorés? Ma petite Liv est là, assise à la fenêtre, elle bat des mains. Pauvre enfant, elle ignore encore heureusement les vicissitudes de la vie!

Le canot file comme une flèche sur la nappe unie du fjord et accoste bientôt le *Fram*. Tout est paré à bord. Aussitôt le navire lève l'ancre, salué par la population de Christiania massée sur les quais, et lentement descend le fjord... Encore un dernier salut aux miens et à ma petite maison située là-bas sur cette presqu'île..... Ce jour du départ a été le plus triste du voyage.

De Christiania nous longeâmes la Norvège jusqu'à Vardö. Sur presque toute leur étendue, les côtes de notre pays sont protégées par un large archipel; en quelques points seulement cet abri fait défaut, par exemple au cap Stat et au Lindesnæs, et devant ces promontoires la mer est toujours très forte. Au Lindesnæs nous eûmes la mauvaise chance de rencontrer une grosse houle qui faillit causer de sérieuses avaries à notre navire lourdement chargé. Le *Fram* roulait comme une futaille vide et embarquait d'énormes paquets d'eau qui brisaient tout sur le pont. Sous les chocs répétés des vagues, les daviers des grosses embarcations menacèrent d'être brisés. Si pareil accident était arrivé, non seulement les embarcations auraient été enlevées, mais encore une partie de la mâture serait venue en bas. Devant le Lindesnæs nous passâmes un mauvais quart d'heure.

Le 12 juillet seulement, nous mouillons devant Tromsö, le petit Paris du Nord. Là nous sommes salués par une tourmente de neige. Tout le pays est encore enfoui sous un épais linceul. Nous sommes arrivés au seuil du domaine du froid.

A Vardö, après avoir pris congé du monde civilisé, nous levons l'ancre dans le calme du matin pour commencer notre voyage. Un triste début : pendant quatre jours nous naviguons dans un épais brouillard. Dans la matinée du 25 juillet, lorsque je monte sur le pont, un clair soleil illumine le ciel bleu, et la mer, doucement bercée par une légère houle, luit dans un chatoiement de lumière éclatante. Après les longues journées tristes de brume, ce rayonnement de la nature nous met au cœur la joie et l'espérance. Dans l'après-midi, la Nouvelle-Zemble est en vue. Immédiatement les fusils et les cartouches sont préparés, et déjà nous nous réjouissons à la pensée de nous régaler de gibier. Sur ces entrefaites le brouillard arrive de nouveau et couvre rapidement la mer de sa nappe grise ; nous voilà encore isolés et séparés du monde !

Le 27 juillet, tout à coup la brume blanchit : les premières glaces sont en vue ! Nous les traversons facilement, mais le lendemain matin elles sont beaucoup plus compactes. La navigation au milieu d'une banquise, par un « temps bouché », n'est pas précisément facile, comme cela se conçoit aisément ;

on risque en effet d'être « pincé » avant de savoir où l'on se trouve. La présence de cette glace dans une mer ordinairement complètement libre à cette époque de l'année, était un indice de mauvais augure. A Tromsö et à Vardö, du reste, les nouvelles que l'on nous avait données n'avaient pas été encourageantes. Quelques jours seulement avant notre arrivée, la mer Blanche avait été débloquée et un navire, parti comme

LES PREMIÈRES GLACES.

nous pour le Yougor Char, avait été arrêté par la glace. Dans la mer de Kara quelle serait la situation? Nous n'osions trop y penser.

Le 29, nous faisons route vers le Yougor Char. Nous avançons pendant plusieurs heures sans pouvoir découvrir les terres qui enserrent le détroit. Enfin, après une longue attente, on distingue comme une ombre à la surface de la mer, c'est Vaïgatch; une autre tache plus au sud marque la côte russe. Une terre toute basse, toute unie; pas le moindre accident de terrain, et elle s'étend ainsi infinie vers le nord

PETER HENRIKSEN, harponneur.

BERNHARD NORDHAL, électricien.

IVAR MOGSTAD, matelot.

BERNT BENTZEN, matelot.

comme vers le sud. Nous sommes au seuil des immenses plaines de l'Asie septentrionale. La vigie cherche la position de Kabarova, où nous attend Trontheim avec sa meute. Sur la côte sud du détroit apparaît un mât de pavillon avec un drapeau rouge. Kabarova doit être là par derrière. Bientôt, en effet, nous découvrons quelques baraques entourées de

LES ÉGLISES DE KABAROVA

tentes coniques. Une barque se détache du rivage et accoste le navire. Un homme de taille moyenne, qui a l'air d'un Scandinave, monte à bord, suivi d'une bande de Samoyèdes, vêtus de larges robes en peau de renne traînant jusqu'à terre. C'est Trontheim, il nous amène trente-quatre chiens en parfait état.

Après le souper, escortés par une troupe de Russes et de Samoyèdes qui nous contemplent avec la plus vive curiosité, nous allons visiter les monuments de Kabarova; deux églises en

LES GLACES DANS LA MER DE KARA

bois, l'une très ancienne, de forme oblongue et rectangulaire; l'autre toute neuve, une construction octogonale qui ressemble à un pavillon de jardin. Un peu plus loin se trouve un monastère. Les six moines qui l'habitaient sont morts du scorbut, disent les indigènes. Vraisemblablement l'œuvre de la maladie a été singulièrement facilitée par l'alcool.

Nous fîmes à Kabarova une relâche de plusieurs jours, nécessitée par le nettoyage de la chaudière et des cylindres. J'en profitai pour aller reconnaître l'état des glaces de l'autre côté du Yougor Char. Au cours de cette expédition notre canot à pétrole nous donna pas mal de tablature, et finalement nous dûmes revenir à la rame. Longeant d'abord la côte de Vaïgatch, nous traversons ensuite le détroit. Au milieu du chenal nous découvrons un banc recouvert seulement de 30 à 50 centimètres d'eau et balayé par un courant très rapide. Les hauts-fonds sont extrêmement nombreux dans cette passe, notamment le long de la côte méridionale; la navigation dans ce détroit exige donc de grandes précautions.

Sur le continent nous allâmes gravir des mamelons dominant un vaste panorama. A perte de vue s'étendait la *toundra*. Combien différent était l'aspect de ce désert de l'idée que l'on s'en fait généralement. Loin de présenter l'image d'une affreuse désolation, la vaste plaine était partout couverte d'une nappe de verdure foncée, parsemée de fleurs d'une rare beauté. Pendant tout le long hiver de Sibérie, ces immenses solitudes dorment enfouies sous une épaisse couche de neige; mais, dès que le soleil brille, la nappe blanche disparaît, découvrant de merveilleux tapis de frêles et délicates fleurs. En face de cette verdure, lorsqu'un beau ciel bleu et transparent rayonne au-dessus de vous, on en vient presque à douter de la position septentrionale du pays. Les *toundras* sont le séjour des Samoyèdes. Au milieu de ces déserts sans fin ils mènent une libre vie errante, dressant leur tente là où il leur plaît, puis repartant plus loin quand bon leur semble.

LE *Fram* DANS LA MER DE KARA

Point de soucis, point de tracas; dans ces solitudes, l'existence s'écoule douce et facile, toujours pareille, et j'en viens à envier presque la vie de ces simples.

De notre observatoire nous apercevons sur la mer de Kara une banquise s'étendant jusqu'à l'horizon. Elle paraît relativement compacte et massive; heureusement, entre la glace et la côte s'étend un chenal libre. Il sera donc possible d'avancer facilement dans cette direction.

Le lendemain, avec l'aide d'Amundsen, je remets en état la machine du canot à pétrole; mais, par ce travail, je crains bien d'avoir perdu pour longtemps l'estime des habitants de Kabarova. Pendant cette opération plusieurs Russes et Samoyèdes qui se trouvaient à bord, me virent peiner comme un manœuvre, les mains et le visage pleins d'huile et de cambouis. Lorsqu'ils revinrent à terre, ils interpellèrent Trontheim et lui déclarèrent que, très certainement je n'étais pas le grand personnage qu'il s'était plu à leur représenter. A bord je travaillais comme un simple matelot, et j'étais plus sale que le plus pauvre mendiant. Trontheim, ignorant ce qui s'était passé, ne put malheureusement me disculper dans l'esprit des indigènes.

Le soir, nous procédons à l'essai des chiens. Trontheim en attelle dix à un traîneau samoyède; à peine ai-je pris place sur le véhicule, que la meute part d'un bond à la poursuite d'un malheureux chien qui est venu rôder dans le voisinage. Au premier moment je suis abasourdi par cette course folle et par les hurlements des animaux; enfin, je parviens à sauter à terre, tombe sur les plus acharnés, et réussis à arrêter la poursuite. Après avoir remis l'ordre dans l'attelage, Trontheim s'assied à côté de moi et fait claquer son fouet, en poussant une sorte de hennissement que l'on peut traduire par *Pr-r-r-r*, *pr-r-r-r*. Aussitôt toute la bande fuit dans une course folle à travers la plaine herbeuse, nous entraînant vers une lagune. J'essaye d'enrayer, Trontheim hurle : *Sass, sass;*

nous ne réussissons à arrêter l'attelage que lorsque les chiens de tête sont déjà entrés dans l'eau. Nous nous remettons en route dans une autre direction; aussitôt la meute prend une telle allure, que j'ai toutes les peines du monde à me maintenir sur le traîneau. Je revins à bord très satisfait de cette expérience; les chiens devaient, en effet, avoir une très grande force pour pouvoir traîner deux hommes à une pareille vitesse sur un semblable terrain.

Le harnachement des chiens sibériens est très simple. Une corde ou un morceau de toile à voile, passé autour du ventre, fixé au collier par une autre corde. Les traits attachés sous le ventre des animaux passent entre leurs jambes.

Le lendemain, 1er août, c'est la Saint-Élie, la grande fête religieuse de Kabarova. De tous côtés arrivent des troupes de Samoyèdes, dans leurs traîneaux attelés de rennes. Ils viennent assister aux cérémonies religieuses, et, en même temps, se proposent de rendre hommage au saint par de copieuses libations.

Dans l'après-midi, il ne fut pas facile de trouver les travailleurs dont j'avais besoin pour faire de l'eau. Trontheim décida cependant quelques pauvres hères à nous aider, par la promesse d'un salaire qui leur permettrait de se payer l'ivresse traditionnelle en ce jour de fête.

Dès le matin, les femmes avaient revêtu leurs plus beaux atours, chamarrés d'étoffes voyantes, de volants de peau de diverses couleurs, et de vieille ferraille. Partout, c'était des groupes pittoresques et amusants. Voici, par exemple, un vieux Samoyède et une jeune fille qui viennent offrir un renne fort maigre à l'ancienne église, le temple des vieux croyants.

— La neuve est affectée au culte orthodoxe. — Jusque dans cette contrée lointaine des divergences religieuses divisent les hommes ! La fête fut célébrée dans les deux sanctuaires. Tous les indigènes entraient d'abord dans l'église neuve, et en ressortaient presque aussitôt après pour se diriger vers la vieille chapelle. Aucun prêtre de la secte des vieux croyants ne se trouvant à Kabarova, les Samoyèdes offrirent au pope orthodoxe la somme de deux roubles pour célébrer le service dans leur église. Après un instant de réflexion, il se décida à accepter la proposition et se rendit en grande pompe à l'ancien sanctuaire. Dans l'intérieur, rempli d'une foule crasseuse vêtue de pelleteries, l'air était absolument irrespirable, et, après un séjour de deux minutes, je dus sortir en toute hâte.

LES PLAINES DE IALMAL

Dans l'après-midi, lorsque la fête battit son plein, le tumulte devint indescriptible. Des Samoyèdes parcouraient à toute vitesse la plaine dans leurs traîneaux attelés de rennes. Complètement ivres, ils roulaient à chaque instant par terre et étaient ensuite traînés sur le sol. C'étaient alors des hurlements de bêtes fauves et un sabbat infernal. Un jeune indigène attira surtout notre attention par sa fantasia désordonnée. Une fois monté dans son véhicule, il pique ses bêtes et les lance droit à travers les tentes; renversant tout sur son passage. Tout à coup, il culbute et est ensuite roulé sur une grande distance. Pendant ce temps les spectateurs, hommes et femmes, se gorgeaient d'alcool et tombaient ivres morts. Le bon saint Élie devait être flatté d'un tel hommage. Le matin seulement le tumulte diminua; peu à peu, un silence de sommeil s'étendit sur tous ces ivrognes.

DÉBARQUEMENT SUR LA CÔTE DE IALMAL

Un voilier norvégien devait nous apporter à Kabarova du charbon pour remplacer le combustible brûlé depuis le départ de Vardö. Ce tender n'étant pas encore arrivé, je résolus de ne pas l'attendre plus longtemps. Le 3 août, les chiens furent embarqués et logés à l'avant, où ils nous gratifièrent aussitôt d'une sérénade terriblement bruyante et discordante. Tout était prêt maintenant pour le départ; après avoir remis nos dernières lettres à mon secrétaire qui devait attendre l'arrivée du charbonnier, je donnai l'ordre de lever l'ancre.

Le 4 août, de grand matin, le *Fram*, entrait dans la mer de Kara. Maintenant le sort de l'expédition va se décider. Si nous réussissons à traverser cette mer et à doubler le cap Tchéliouskine, nous aurons surmonté les plus grandes difficultés du voyage. Aujourd'hui, les apparences ne sont pas mauvaises; entre la terre et la banquise qui couvre la pleine mer, un chenal libre s'étend vers l'est à perte de vue. Cette ouverture nous permet de gagner facilement la côte ouest de la longue presqu'île de Ialmal, mais bientôt la glace nous oblige à mouiller. Une morne solitude, cette terre de Ialmal; une immense plaine sablonneuse, parsemée de touffes de fleurs, percée de petites flaques d'eau circulaires, d'une régularité parfaite. D'après mes observations astronomiques, cette partie de la côte se trouve portée sur les cartes à 36 ou 38 minutes trop à l'ouest.

Le 13 août, le *Fram* doublait l'extrémité nord de Ialmal et l'île Blanche (Béli-Ostrov). Aucune glace ne se trouvant en vue, je pris la résolution d'abandonner la côte et de marcher au nord, vers l'île de la Solitude, afin d'abréger la distance qui nous sépare encore du cap Tchéliouskine. Bientôt, dans cette direction, une banquise compacte nous arrête. Nous changeons alors de cap pour faire route vers l'est et le sud-est. De ce côté nous découvrons une île à laquelle nous donnons le nom de Sverdrup, notre vaillant capitaine, qui, le premier, a signalé cette terre. Plus loin, la côte de Sibérie est en vue vers l'embouchure de l'Ienisseï, un peu plus haute ici qu'à Ialmal, parsemée de larges traînées de neige qui s'étendent jusqu'au rivage. Le 19 août, apparaissent les Kamennï-Ostrov (Iles des pierres), remarquables par la netteté de leurs anciennes lignes de rivage. Dans cette région comme dans le nord scandinave, un changement s'est produit dans les niveaux respectifs de l'Océan et des terres, depuis l'époque glaciaire.

20 *août*. — Temps admirable. La mer est bleue et le soleil

éclatant. Impossible de se croire à une aussi haute latitude. Dans l'après-midi les îles Kjellman sont signalées; plus au sud, nous apercevons un archipel qui ne se trouve pas marqué sur les cartes. Partout les rochers présentent des surfaces polies et arrondies, indice certain que ces terres ont été recouvertes par des glaciers quaternaires.

Pour permettre aux mécaniciens de nettoyer la chaudière,

UNE CHASSE A L'OURS.

nous relâchons devant la plus grande de ces îles. Du haut du *nid de corbeau*[1], la vigie annonce la présence de plusieurs rennes en train de paître tranquillement près du rivage. Aussitôt émoi général; nous sautons sur nos fusils et de suite nous mettons en quête du gibier. Pendant vingt-quatre

1. Tonne vide placée au sommet du grand mât, servant d'observatoire.
(*Note du traducteur.*)

heures, sans une minute de repos, nous battons le terrain. Deux rennes et deux ours, tel fut le butin de cette chasse acharnée.

La sortie de l'archipel fut particulièrement pénible ; partout de petits fonds ; avec cela, un courant très rapide et un vent contraire, très frais, soufflant par moments en tempête. A chaque instant le *Fram* risquait de s'échouer. Le 24 août seulement, nous sortîmes de cette situation dangereuse. Ensuite, c'est toujours la même navigation monotone entre la côte et la banquise. La mer est très peu profonde : de tous côtés des bancs et des groupes d'îles inconnues. La terre se trouve précédée par un archipel dont l'existence a jusqu'ici échappé à l'attention des précédents explorateurs derrière le rideau des brumes endémiques dans ces parages. A coup sûr, une expédition qui se proposerait d'exécuter l'hydrographie de la côte septentrionale de Sibérie ferait d'intéressantes découvertes, mais le but de notre voyage est tout différent. Pour nous, avant tout, il s'agit de doubler le plus rapidement possible le cap Tchéliouskine et la saison avance. L'hiver approche. Le 23, une abondante chute de neige s'est déjà produite.

27 *août*. — Mon livre de bord renferme à chaque page la même mention : « Toujours des îles nouvelles et des bas-fonds. » Dans l'après-midi, le continent est en vue, une terre peu élevée, mollement ondulée, découpée par des fjords. Déjà, à plusieurs reprises, j'ai aperçu de profonds goulets pénétrant à une grande distance dans l'intérieur. Sur cette côte de Sibérie, relativement basse, la formation fjordienne me paraît très développée.

En vue de l'île de Taïmyr la situation devint critique. Au milieu des îles qui apparaissent de tous côtés, impossible de nous reconnaître. Je prends alors le parti de gagner la pleine mer et de passer au large des îles d'Almqvist, situées au nord-ouest de l'île de Taïmyr. Tout à coup, voici que, à travers la brume une terre se découvre droit devant nous. Nous venons immédiatement dans l'ouest pour la doubler et reprendre ensuite notre route vers le nord. Dans cette direction nous distinguons un archipel très étendu (Archipel Nordenskiöld), qui nous empêche de poursuivre notre route. Pendant l'après-midi nous atteignons enfin l'extrémité septentrionale de cette chaîne d'îles; là, à notre grand désappointement, une banquise compacte nous barre la route. Y engager le *Fram* serait risquer de se faire « pincer » définitivement pour l'hiver. Dans ces conditions, il faut revenir en arrière et essayer de passer entre ces îles et Taïmyr.

Le 30 août, nous nous engageons dans ce chenal. Le *Fram* avance rapidement; nous allons donc enfin pouvoir sortir de ce dédale, lorsque, subitement, le détroit se trouve complètement barré par une épaisse nappe de glace. Au delà, la mer est probablement libre; mais il nous est absolument impossible de nous frayer de vive force un chemin à travers cette nappe cristalline. A coup sûr, une telle masse de glace ne pourra fondre avant l'hiver. Notre situation devient par suite très critique. Peut-être, il est vrai, le détroit de Taïmyr entre l'île du même nom et le continent est-il libre? mais, d'après Nordenskiöld, les fonds y sont trop petits pour permettre le passage d'un bâtiment, même de faible tonnage. Dans ces conditions, nous n'avons qu'à attendre. Notre salut ne peut venir que d'une tempête du sud-ouest qui disloquera cette banquise et nous ouvrira la route. En attendant, le bâtiment est mouillé et les mécaniciens procèdent à un nettoyage complet de la chaudière, tandis que nous allons donner la chasse aux nombreuses troupes de phoques qui s'ébattent sur la glace. Ces animaux sont ici aussi abondants que sur la côte occidentale du Grönland. Si, en 1878, Nordenskiöld ne rencontra dans ces parages qu'un très petit nombre de ces amphibies, c'est que, cette année-là, les glaces qui constituent leur milieu d'élection étaient rares dans la mer de Kara.

Une fois la machine remise en état, je résolus de tenter le passage par le détroit de Taïmyr. De ce côté la route se trouvant également fermée par la glace, le cap est mis au sud pour essayer de trouver une ouverture dans cette direction. Bien que le temps soit très clair, impossible de savoir où nous nous trouvons; nous n'apercevons pas des îles marquées sur la carte, et, par contre, nous en distinguons d'autres que ce document n'indique pas... Finalement découvrant un chenal étroit, nous nous y engageons. Bientôt nous reconnaissons que la terre qui s'étend au nord et que nous pensions être le continent est une île et que la passe se prolonge encore plus loin dans l'intérieur des terres. Le mystère devient de plus en plus impénétrable. Peut-être après tout, sommes-nous dans le détroit de Taïmyr? Apercevant quelques flaques de glace, je donne l'ordre d'ancrer dans un mouillage abrité. Le lendemain, partant en canot, je réussis à avancer très loin, dans un goulet suffisamment profond pour le *Fram*; cependant le soir, nous trouvons de nouveau la glace. Le temps est froid; la nuit dernière il a neigé abondamment; à vouloir nous engager au milieu de cette banquise, nous risquons d'être faits prisonniers.

5 *septembre*. — Voilà déjà neuf jours perdus. Aujourd'hui encore il neige et la bise est très fraîche. Dans la soirée, poussées par le vent, des masses de glace arrivent sur nous. Peut-être allons-nous être bloqués pour l'hiver avant qu'un chenal se soit ouvert dans cette banquise diabolique. Si l'expédition est détenue dans ces parages pendant de longs mois, elle y trouvera, il est vrai, un emploi utile de son activité. Toute cette côte de Sibérie est très peu connue, et l'intérieur du pays n'a jamais été exploré. Mais non, je ne puis m'habituer à cette idée d'un hivernage prématuré. Ensuite, c'est par série d'années que la glace est abondante; si, à cette époque-ci, nous sommes bloqués en 1893, peut-être la saison prochaine ne serons-nous pas plus heureux.

.Le 6 septembre est l'anniversaire de ma naissance. J'avoue ma superstition; en me réveillant, je suis convaincu que, si un changement doit survenir dans l'état des glaces, c'est aujourd'hui qu'il se produira. Je monte donc en toute hâte sur le pont. Le vent a diminué et le soleil brille; dans cette radieuse clarté l'avenir me semble moins sombre. Le chenal qui s'ouvre à l'est est couvert d'un solide embâcle. Si le *Fram*

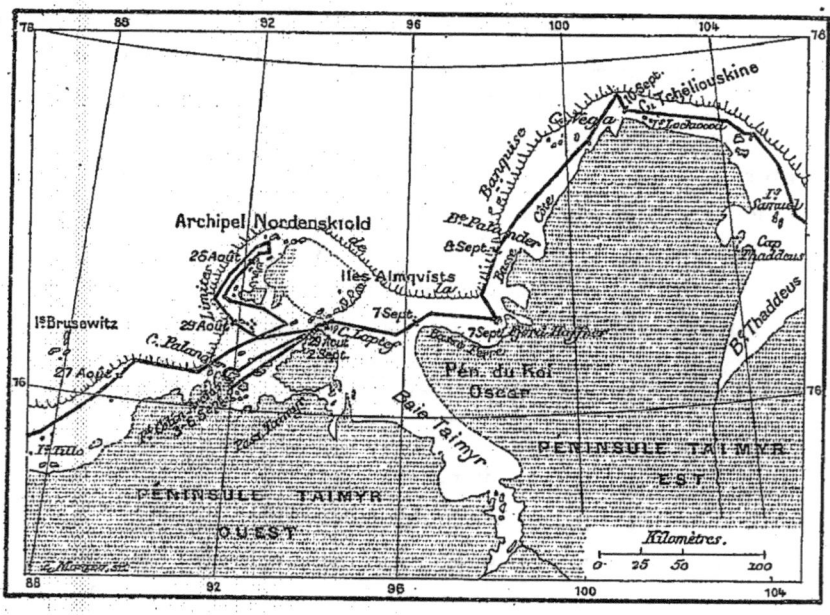

ITINÉRAIRES DU *Fram* AUTOUR DE L'ÎLE TAÏMYR

n'avait pas abandonné le détroit, il serait maintenant prisonnier, pour Dieu sait combien de temps. Par contre, la passe située au nord du mouillage a été débloquée par la tempête. Peut-être également les glaces qui, il y a dix jours, nous ont barré la route au delà de l'archipel situé au nord de Taïmyr, ont-elles également été disloquées par la bourrasque. Essayons donc de passer de ce côté. Je suis sûr qu'aujourd'hui la chance me sera favorable. En effet, le lendemain, à six heures du matin, nous doublons le cap Laptef, la pointe nord de l'île Taïmyr.

Mais nous n'en avons pas fini avec les difficultés. De l'autre côté de ce passage redoutable, voici de nouveau la glace. Nous nous frayons un chemin à la vapeur, mais au delà la mer est très peu profond : 15, 13, 11 mètres. On avance lentement, la sonde à la main. L'eau est bourbeuse, et un courant très violent porte dans le nord-est. Plus loin la mer devient bleue et transparente; en même temps, la profondeur augmente. En passant, notons que la séparation entre les eaux bleues et argileuses était marquée par une ligne absolument nette.

Une fois hors de cette zone difficile, nous poursuivons

LE CAP TCHÉLIOUSKINE

notre route en serrant la côte de près. Toujours des plaines basses s'élevant à peine au-dessus de la mer, constituées, semble-t-il, par des couches de sable et d'argile. Dans ces parages, je découvre une vaste nappe d'eau paraissant s'étendre à une grande distance vers l'est, dans l'intérieur des terres. Probablement une large rivière qui s'épanche en lac avant de se jeter dans l'Océan, comme nombre d'autres cours d'eau de Sibérie.

Le 9 septembre, le baromètre est très bas : 733^{mm}; le vent souffle de terre en rafales terribles, soulevant d'épais nuages de sable. Peut-être, en présence de la mauvaise apparence du temps, serait-il prudent de rester au mouillage, mais la tempête a chassé les glaces; profitons donc de l'occasion. Couvert de toile, le *Fram* file huit nœuds, avec l'aide de l'hélice. Jamais auparavant sa marche n'avait été aussi rapide ; notre navire semble avoir conscience de notre situation et vouloir rattraper le temps que les glaces nous ont fait perdre autour de Taïmyr. Les caps succèdent aux caps, les fjords aux fjords, et vers le soir, dans un lointain vaporeux, nous distinguons, à l'aide de la lunette, des montagnes. Le cap Tchéliouskine, l'extrémité septentrionale de l'ancien monde, n'est pas bien loin.

La côte est toujours basse, mais à une certaine distance dans l'intérieur des terres s'élèvent des chaînes de montagnes campaniformes, très escarpées, qui paraissent formées de couches sédimentaires horizontales. Les plus éloignées sont entièrement couvertes de neige. Sur un point, ce relief semble revêtu d'une carapace de glace ou de neige descendant en larges franges sur les pentes. Nous approchons du cap Tchéliouskine. Lorsque nous aurons doublé ce promontoire, une des principales difficultés du voyage sera vaincue. Je monte dans le « nid de corbeau » pour examiner l'horizon. Depuis longtemps le soleil a disparu, laissant dans le ciel une longue traînée jaune, une lumière de rêve, une lueur irréelle. Une seule étoile scintille au-dessus de ce cap redouté, comme un phare céleste qui nous promet l'espérance. Et, dans la mélancolie de cette belle nuit claire, le *Fram* avance lentement vers le nord, sans bruit, comme le vaisseau fantôme.

Le 10 septembre, à quatre heures du matin, le cap Tchéliouskine est doublé ; en l'honneur de cet heureux événement les « couleurs » sont hissées, aux acclamations de l'équipage.

Après avoir échappé aux dangers d'un hivernage dans la mer de Kara, devant nous la route s'ouvre maintenant libre vers la banquise des îles de la Nouvelle-Sibérie, qui doit nous entraîner à travers l'inconnu glacé du bassin polaire.

Un peu plus tard, nouvelle alerte. Une nappe de glace nous ferme le passage entre le continent et quelques îlots situés à l'est du cap Tchéliouskine. Après une courte reconnaissance à terre, nous réussissons cependant à doubler ces îles; toute la nuit, nous avançons rapidement vers le sud le long de la côte. Par moments, notre vitesse atteint neuf milles.

11 septembre. — Dans la matinée, une terre, hérissée de

LA CÔTE A L'EST DU CAP TCHÉLIOUSKINE

hauts sommets et découpée de profondes vallées, est en vue. Depuis Vardö, nous n'avons pas contemplé un paysage aussi accidenté; habitués aux plaines basses de Sibérie, nos yeux s'arrêtent avec plaisir sur ce panorama pittoresque.

Mettant le cap vers l'est, nous voyons disparaître la côte dans l'après-midi; plus tard, en vain, nous cherchons à apercevoir les îles Saint-Pierre et Saint-Paul; les cartes leur assignent pourtant une position très voisine de notre route.

12 septembre. — Des morses sont couchés sur un glaçon tout près du navire! crie à ma porte Henriksen. En deux minutes, je m'habille; les harpons et les fusils sont prêts, et aussitôt je pousse du bord avec Henriksen et Juell. Une légère brise souffle du sud; pour nous placer à faux vent, nous nous dirigeons vers la pointe nord du glaçon, tout en prenant nos dispositions de combat. Henriksen se tient à l'avant, un harpon à la main; je me place derrière lui, pendant que Juell continue à ramer très doucement. Un morse, chargé,

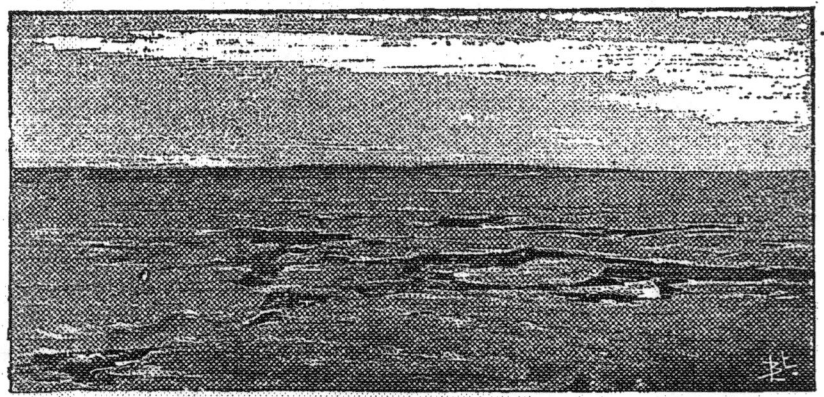

VUE DE LA BANQUISE DANS LAQUELLE LE *Fram* A ÉTÉ PRIS

sans doute, de la garde du troupeau, lève la tête; aussitôt nous nous arrêtons, puis continuons notre marche, dès qu'il ne regarde plus de notre côté. Entassés les uns contre les autres sur une petite plaque de glace, tous ces animaux forment un énorme monceau de chair. Quel tas de bonne nourriture! fait observer Juell, le cuisinier du bord. De temps à autre, une des dames de la société s'évente de ses nageoires, puis, après cet exercice, s'assoupit de nouveau. Au moment d'aborder le glaçon, Henriksen ajuste un morse et lance son harpon. Malheureusement il a visé trop haut; l'arme glisse sur la tête de l'animal et rebondit sur son dos. De suite, avec une agilité absolument extraordinaire, ces monstrueuses bêtes

4

se jettent à l'eau et se tournent vers nous, la tête haute. J'envoie une balle à une des plus grosses, elle chancelle, puis disparaît; maintenant à une autre et celle-là, non moins gravement blessée, enfonce immédiatement. Toute la bande plonge pour revenir bientôt après, plus menaçante. Dressés à moitié hors de l'eau, les morses se précipitent vers le canot en poussant des hurlements terribles, puis de nouveau s'enfoncent, en battant l'eau furieusement pour reparaître à la surface aussitôt après. Leur exaspération est indescriptible; d'un instant à l'autre, je m'attends à voir un de ces monstres s'accrocher au bordage du canot et le faire chavirer. Les blessés, quoique perdant des flots de sang par le nez et la bouche, se montrent aussi acharnés que les autres. Au milieu de la bagarre, je parviens à leur envoyer de nouvelles balles. Touchés cette fois-ci à mort, ils flottent bientôt inertes à la surface de la mer. Pour les empêcher de couler, Henriksen les harponne. Nous tuons un troisième morse, mais le harpon avec lequel nous l'avions saisi, trop faible, lâche prise, et l'animal coule à pic. Pendant que nous remorquons notre gibier vers un glaçon, le reste de la bande nous suit, toujours menaçant et hurlant; inutile de leur envoyer des balles, nous n'avons aucun moyen de ramener à bord un butin plus considérable. Bientôt le *Fram* vient à notre rencontre, et, après avoir embarqué nos deux morses, poursuit sa route. Dans cette région, ces amphibies sont très abondants; si nous en avions eu le temps, il eût été facile d'en tuer un grand nombre.

Passé l'embouchure de la Khatanga, nous avons à vaincre un fort courant contraire. — La partie orientale de la presqu'île de Taïmyr constitue une région montagneuse relativement haute, précédée, le long de la mer, par une zone de terres basses.

La mer paraissant assez dégagée, j'essaie de faire route dans l'est directement vers l'embouchure de l'Olonek; mal-

LE DÉPÈCEMENT DES MORSES

heureusement, la glace nous arrête et nous oblige à rentrer dans le chenal côtier.

A l'est de la Khatanga, la mer est très peu profonde. Un moment, dans la nuit du 13 au 14, la sonde indique seulement 7^m,20. Le 15, les fonds ne dépassent pas 12 à 13 mètres. Le bruissement des vagues indique la mer libre dans l'est. La couleur foncée de l'eau, sa faible salinité comme sa teneur en sédiments, annoncent l'approche de l'embouchure de la Léna.

Ce serait folie que d'essayer de remonter l'Olonek à une époque aussi avancée de la saison. D'abord, il n'est pas certain que nous puissions entrer dans le fleuve; en second lieu, si, par malheur, nous nous mettions au plein, cela serait une terrible aventure. Je serais certes très heureux de renforcer ma meute[1], mais je risquerais un hivernage dans cette région. Ce serait une année de perdue; le jeu n'en vaut pas la chandelle. En avant donc vers les îles de la Nouvelle-Sibérie !

16 septembre. — Route au N.-O. (du compas) à travers une mer libre. Aucune glace en vue; plus au nord, la couleur foncée du ciel indique également l'absence de banquise. Temps doux; température de la mer +1°,64. Courant contraire qui nous porte dans l'ouest; par suite de cette dérive, nous nous trouvons toujours à l'ouest de notre point estimé. Plusieurs vols d'eiders.

18 septembre. — Route au nord dans l'ouest de l'île Bielkov. Mer libre, bon vent d'ouest, temps clair; le *Fram* avance rapidement. Maintenant le moment décisif approche. Si la théorie sur laquelle repose toute l'expédition est exacte, nous devons prochainement rencontrer un courant portant dans le nord. Nous sommes par 75°30' Lat. N.; pas trace de banquise. Dans la soirée, j'aperçois à la surface de la mer des

---

[1]. Des chiens de la Sibérie orientale destinés à l'expédition avaient été amenés à l'embouchure de l'Olonek par les soins d'un négociant sibérien (voir plus haut, p. 20).

taches blanches très régulières, peut-être les îles Bielkov et Kotelnoï, qui doivent être couvertes de neige. Malgré mon désir de visiter ces terres si intéressantes et d'inspecter les dépôts laissés à notre intention par le baron de Toll, je poursuis ma route. Les heures sont si précieuses !

Que nous apportera demain : l'espérance ou la désillusion ? Si tout tourne bien, nous pouvons atteindre l'île Sannikov, une terre inconnue ! Quelle joie de voguer ainsi vers des régions mystérieuses sur une mer que n'a jamais sillonnée aucun navire. — L'air est si doux que nous pourrions nous croire à des centaines de milles plus au sud.

19 *septembre*. — Jamais je n'ai vu plus belle navigation. Poussé par le vent et par l'hélice, le *Fram* avance toujours, et toujours la mer libre ! Combien cela durera-t-il ? Instinctivement l'œil se tourne vers le nord. C'est regarder dans l'avenir. La même tache sombre, indice de l'absence des glaces, persiste à l'horizon. Depuis le 6 septembre, la fortune nous est favorable. On ne se doute guère, en Norvège, qu'à ce moment nous faisons route droit vers le pôle à travers une mer libre, et que nous nous trouvons aussi loin au nord. Si il y a deux jours seulement, on m'avait prédit pareille chance, j'aurais refusé d'y croire. Toute la journée nous marchons à vitesse réduite, de crainte de donner inopinément sur quelque chose — terre ou glace. Nous sommes maintenant par 77° Lat. N. — Jusqu'où irons-nous ainsi ? J'ai toujours dit que je serais satisfait, si nous arrivions au 78° Lat. N.; mais Sverdrup est plus difficile, il parle du 80°, même du 84° et du 85°. Il croit sérieusement à l'existence de la fameuse mer libre du pôle, rêve des géographes en chambre dont il a lu les ouvrages, et il y revient sans cesse en dépit de mes railleries. Je me demande si véritablement je ne suis pas le jouet d'une illusion, si je ne rêve pas.

20 *septembre*. — Ce matin, je suis brutalement tiré de mon rêve. Tandis que, penché sur mes cartes, je songeais à la

prochaine réalisation de mes espérances, — nous étions près du 78° Lat. N., — le *Fram* éprouve tout à coup un choc. D'un bond je suis sur le pont, et que vois-je devant moi, à travers la brume ? une large et compacte nappe de glace. Juste à ce

LE *Fram* EN MER LIBRE

moment, le soleil perce les nuages, vite le sextant ! L'observation nous place par 77° 44' Lat. N.

Dans la pensée de pouvoir avancer encore plus loin, je fais route au nord-ouest, le long de la banquise. Toute la journée brume : impossible de reconnaître si une terre se trouve dans ces parages, comme semble l'indiquer la présence de vols de petits échassiers.

21 *septembre*. — Bien que le temps soit plus clair, nous n'apercevons également rien. Nous nous trouvons cependant à la même longitude, mais plus au nord, que la côte méridionale de la terre Sannikov, telle qu'elle est portée sur la carte du baron de Toll. Suivant toute vraisemblance, cette île est donc de petites dimensions et ne doit pas avoir une grande extension vers le nord.

Dans l'après-midi, temps « bouché ». Nous restons immobiles, dans l'attente d'une éclaircie. L'estime nous place par 78° 30'. Sondé : pas de fond! Nous découvrons la présence de punaises à bord, des passagères dont il sera nécessaire de nous débarrasser.

22 *septembre*. — Nous sommes dans une baie formant, nous semble-t-il, l'extrême limite de l'eau libre. Devant nous la glace est compacte, et vers le nord la teinte blanchâtre de l'horizon indique l'extension de la banquise.

Les anciens explorateurs arctiques croyaient nécessaire à la sécurité de leur navire de prendre leurs quartiers d'hiver près de la côte. C'était précisément ce que je voulais éviter. Tout mon désir était de faire entrer le *Fram* dans une banquise en dérive et de le tenir éloigné de toute terre. En conséquence, j'amarrai le bâtiment à un gros bloc. Le navire flotte encore librement, entouré de quelques larges *floe*[1], mais j'ai le pressentiment que cette glace sera notre havre d'hivernage.

Aujourd'hui guerre aux punaises. Nous faisons passer un jet de vapeur à travers les matelas, les coussins des canapés, bref à travers tous les repaires supposés de nos ennemis. Après cela, les vêtements, enfermés dans un baril soigneusement clos, sont soumis au même traitement. Espérons que nous serons débarrassés de ces désagréables compagnons.

24 *septembre*. — Le *Fram* est complètement entouré par

---

1. *Floe*. Glaçon d'une certaine étendue, généralement très compact. (*Note du traducteur.*)

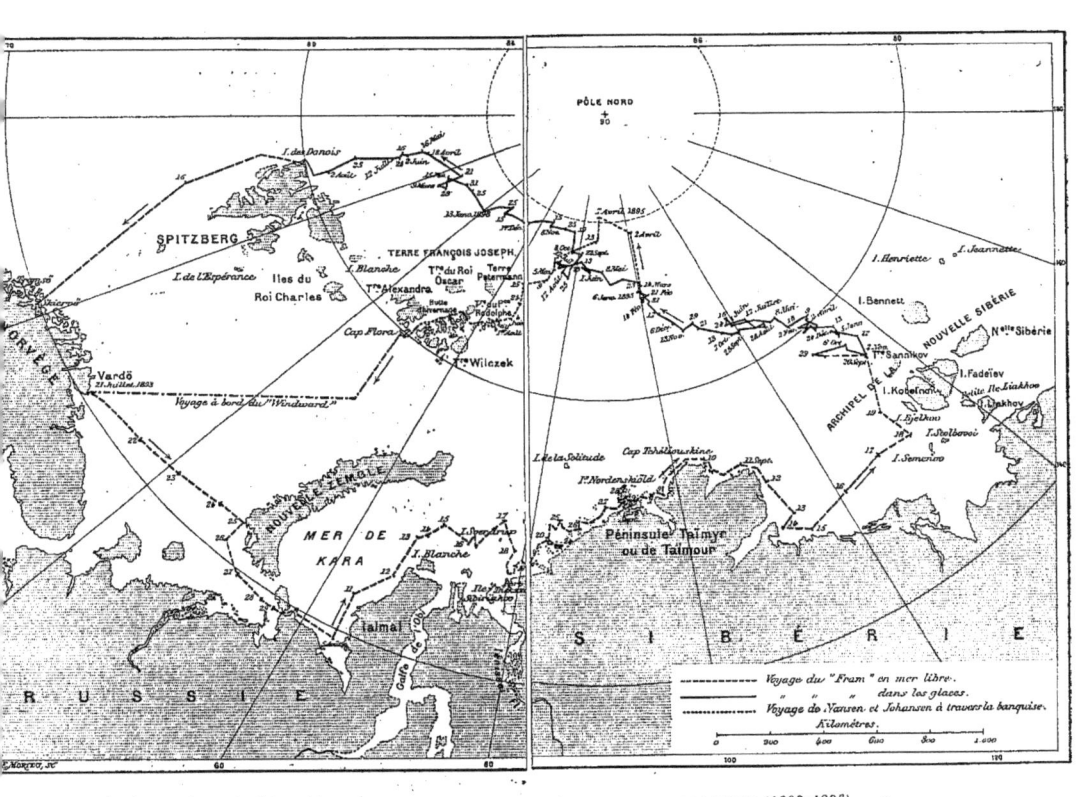

ITINÉRAIRE DE L'EXPÉDITION NORVÉGIENNE A TRAVERS LE BASSIN POLAIRE (1893-1896)

la glace. Entre les *floe* s'étend déjà de la *slush ice*[1] qui sera bientôt très solide. Dans le nord existe encore un petit bassin d'eau libre et du « nid de corbeau » la mer apparaît dégagée dans le sud. Un phoque (*Phoca fœtida*), des pistes d'ours vieilles de plusieurs jours, sont les seules traces de vie relevées dans cette solitude.

25 *septembre.* — La glace épaissit de jour en jour. Temps clair et beau. La nuit dernière — 13°. L'hiver approche à grands pas !

---

1. *Slush ice.* Agrégat de petits disques de glace de formation nouvelle. (*Note du traducteur.*)

CHAPITRE II

LE PREMIER HIVERNAGE

Toutes les apparences indiquent que maintenant nous sommes définitivement pris dans la banquise, et je ne m'attends plus à voir le *Fram* hors de la glace que lorsqu'il sera arrivé de l'autre côté du pôle, dans le voisinage de l'Atlantique.

De jour en jour le soleil décline sur l'horizon et la température s'abaisse; la longue nuit si redoutée de l'hiver arctique approche.

Donc, nous faisons nos préparatifs en vue de cette longue détention. Convertir le navire en confortables quartiers d'hiver, prendre toutes les précautions pour le protéger contre le froid, la glace et les pressions, en un mot contre toutes les forces terribles de la nature, auxquelles les prophètes de mauvais augure ont prédit que nous succomberions, telles sont tout d'abord nos occupations. Pour soustraire le gouvernail aux attaques des glaces, nous le relevons; l'hélice est, au contraire, laissée en place, sa cage contribuant à renforcer l'arrière. Amundsen démonte la machine, et après avoir nettoyé et huilé soigneusement toutes les pièces, les range dans le plus grand ordre. Notre mécanicien a pour notre moteur les soins d'un père pour son enfant. Pendant les trois ans que dura le voyage, pas une journée ne se passa sans qu'il descendît dans la chaufferie, ne fût-ce que pour regarder et pour caresser quelque organe de sa chère machine.

La menuiserie est établie dans la cale, l'atelier du mécanicien dans la chambre de la machine et celui du ferblantier dans le kiosque des cartes. La forge, installée d'abord sur le pont, fut transportée plus tard sur la glace. Les cordonniers et les ouvriers chargés des menus travaux élisent domicile dans le carré. Plus tard, lorsque nous eûmes besoin de très longues lignes de sonde, une corderie fut établie sur la glace. Tous les instruments, depuis les plus délicats jusqu'aux plus grossiers, pouvaient être fabriqués à bord.

Dès les premiers jours de notre détention, le moulin à vent destiné à actionner la dynamo et à produire la lumière électrique, fut dressé à bâbord, dans la partie avant du navire.

Nos journées étaient très remplies. Nous avions à entretenir en bon état toutes les parties du bâtiment, ensuite les corvées. Il fallait, par exemple, monter les vivres de la cale, et aller chercher de la glace d'eau douce pour obtenir, par fusion, la quantité d'eau nécessaire à tous les besoins du bord, etc. De plus, dans les différents ateliers la besogne ne manquait pas. Le forgeron Lars avait un jour à redresser les pistolets des embarcations tordus par les vagues de la mer de Kara, un autre jour à fabriquer un couteau, un hameçon ou un piège à ours; le mécanicien Amundsen quelque instrument à réparer; Mogtad, horloger à ses heures, un ressort de montre à remplacer ou un thermographe à nettoyer; le voilier, des harnais pour les chiens. Chacun était, en outre, son propre cordonnier et se confectionnait des chaussures en grosse toile, garnies de chaudes et épaisses semelles en bois, d'après un modèle créé par Sverdrup. Le moulin à vent nous donnait, en outre, du travail. Nous avions à surveiller sa marche, à l'orienter dans la direction du vent, et, lorsque

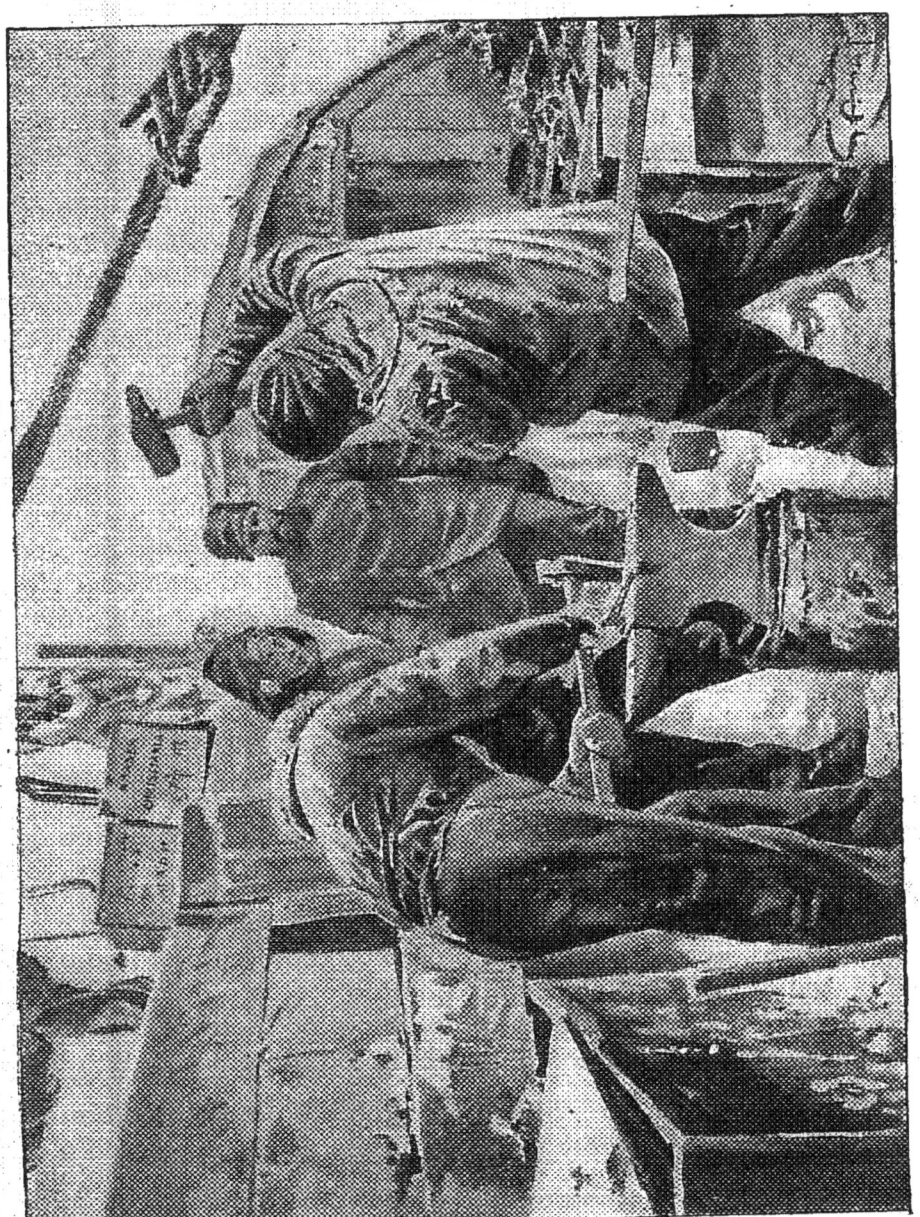

LA FORGE SUR LE PONT DU *Fram*.

la brise fraîchissait, à grimper aux ailes pour prendre des ris, un travail peu agréable par les froids terribles, qui, le plus souvent, entraînait quelques morsures de gelée aux doigts ou au nez. Enfin, de temps à autre, il était nécessaire de manœuvrer les pompes. A mesure que la température s'abaissa, cette opération devint de plus en plus rarement nécessaire et, de décembre 1893 à juillet 1895, devint même complètement inutile. Pendant cette période une seule voie d'eau se produisit, insignifiante pour ainsi dire.

A toutes ces occupations venaient s'ajouter les travaux scientifiques. Les plus absorbants étaient les observations météorologiques. Nuit et jour elles furent effectuées toutes les quatre heures et même tous les deux heures pendant un certain temps. Elles incombaient à Scott-Hansen, assisté de Johansen jusqu'en mars 1895, et, après cette date, de Nordahl. Les observations de nuit étaient faites par l'homme de quart. Tous les deux jours, lorsque le temps était clair, Scott-Hanssen et son adjoint déterminaient astronomiquement la position du navire. Pendant que notre camarade effectuait ses calculs, tout l'équipage se pressait à la porte de sa cabine, attendant avec impatience leur proclamation. La dérive avait-elle porté vers le nord ou vers le sud, et de combien? C'était, pour nous, une question capitale. Du résultat de l'observation dépendait en grande partie notre état d'esprit pendant la journée.

Scott-Hansen avait, en outre, à déterminer les éléments magnétiques. Ces observations furent, au début, effectuées dans une tente construite à cet effet et dressée sur la glace, ultérieurement dans une hutte en neige beaucoup plus confortable. Le docteur était beaucoup moins occupé; après avoir vainement attendu les malades, en désespoir de cause, il donna ses soins aux chiens. Une fois par mois, il procédait à la pesée de chaque membre de l'expédition, et à la détermination sur chaque sujet du nombre de globules rouges et de la proportion d'hémoglobine. Le résultat de ces recherches était également attendu avec impatience, nos hommes pensant devoir en déduire leur immunité contre le scorbut pendant un certain laps de temps.

Les observations de la température de la mer et de sa salinité à différentes profondeurs, l'examen de la faune marine,

LA LECTURE DES BAROMÈTRES

l'étude de la formation de la glace et la détermination de sa température dans ses différentes couches, enfin celle des courants marins, constituaient mon département scientifique. J'observai de plus régulièrement les aurores boréales ; après mon départ, le Dr Blessing se chargea de ce travail. Des sondages et des dragages à de grandes profondeurs furent en outre exécutés pendant toute la durée du voyage.

Les jours se suivaient et se ressemblaient, et en donnant l'emploi de notre temps pour une journée le lecteur pourra se représenter notre vie.

A huit heures, lever. Aussitôt après, déjeuner composé de pain sec, de fromage, de *corned beef* ou de mouton conservé, de jambon, de langue de Chicago ou de lard, de caviar de morue, d'anchois, de biscuits de farine d'avoine ou de biscuits de mer anglais, enfin de marmelade d'orange ou de compote. Trois fois par semaine du pain frais. Comme boisson, du thé, du café ou du chocolat.

Le repas achevé nous allions donner la pitance aux chiens, — la moitié d'une morue sèche ou quelques biscuits par tête, — après quoi, nous les détachions, puis la petite colonie se dispersait pour vaquer à ses occupations. A tour de rôle, chacun de nous avait sa semaine comme aide-cuisinier et maître d'hôtel. Le « coq » faisait ses comptes pour le dîner, et immédiatement après se remettait à ses fourneaux. Pendant ce temps, quelques-uns d'entre nous se réunissaient sur la banquise pour examiner son état.

A une heure, tout le monde était de nouveau réuni dans le carré pour le dîner. Le menu était généralement composé de trois plats : soupe, viande et dessert ; souvent le dessert ou la soupe étaient remplacés par du poisson. La viande était toujours accompagnée de pommes de terre, ou de légumes verts, ou encore de macaroni.

Le dîner achevé, les fumeurs faisaient cercle dans la cuisine, les pipes, cigares et cigarettes étant formellement interdits dans les logements, excepté les jours de fête. Après une petite sieste, on se remettait au travail jusqu'au souper, à six heures du soir. Le menu de ce troisième repas était le même que celui du déjeuner. La soirée se passait à fumer dans la cuisine ou à lire et à jouer aux cartes dans le carré, pendant que l'un de nous faisait fonctionner l'orgue ou que Johansen exécutait sur son accordéon ses morceaux fameux :

Oh! Suzanne et la *Marche de Napoléon en canot à travers les Alpes*.

A minuit, on allait se coucher sauf l'homme de veille. Le quart de nuit ne durait qu'une heure et était pris à tour de rôle par chacun de nous. Cette garde était le plus souvent employée à écrire les journaux, et ce travail n'était guère interrompu que par les aboiements des chiens, lorsqu'ils flai-

UNE SOIRÉE DE MUSIQUE

raient quelque ours dans le voisinage. Toutes les quatre heures, et, pendant une période, toutes les deux heures, l'homme de veille devait aller noter les observations météorologiques.

Grâce à la régularité de notre existence, le temps s'écoula fort agréablement et avec la plus grande rapidité.

Mes notes prises au jour le jour donnent l'impression de la monotonie de notre vie. Elles ne rapportent guère d'événements importants; par leur indigence même, elles présentent un tableau exact de notre existence à bord du *Fram*.

26 *septembre*. — La température s'abaisse à — 14°,5 dans la soirée. L'observation n'indique aucune dérive dans la direction du nord; nous sommes toujours immobiles par 78° 50′. Dans la soirée, je me promène sur la banquise. Il n'existe rien de plus merveilleusement beau que cette nuit arctique. C'est le pays des rêves, coloré des teintes les plus délicates qu'on puisse imaginer : c'est la couleur irréelle ! Les nuances se fondent les unes dans les autres dans une merveilleuse harmonie. Toute la beauté de la vie n'est-elle pas haute, délicate et pure comme cette nuit ? Le ciel est une immense coupole bleue au zénith, passant vers l'horizon au vert, puis au lilas et au violet. Sur les champs de glace apparaissent de froides ombres bleu foncé, et, çà et là, les hautes arêtes de la banquise s'allument de lueurs roses, derniers reflets du jour mourant. En haut brillent les étoiles, éternels symboles de la paix.

Au sud se lève une grande lueur rougeâtre, cerclée de nuages d'or jaune, flottant sur le fond bleu. En même temps, l'aurore boréale étend sa draperie changeante, tantôt argentée, tantôt jaune, verte ou rouge. A chaque moment, sa forme varie; un instant, le météore s'étale, un autre il se contracte, puis se déchire en cercles d'argent hérissés de rayons flamboyants, et, finalement, s'éteint subitement comme une mystérieuse apparition. Un instant après, des langues de feu flambent au zénith, et, de l'horizon, monte une raie brillante qui vient se confondre dans la clarté lunaire. Pendant des heures, le phénomène lumineux s'irradie en clartés étranges au-dessus du grand désert glacé, laissant une impression de vague et d'inexistence, qui vous fait un instant douter de la réalité. Et le silence est profond, impressionnant comme la symphonie de l'espace. Non, jamais je ne pourrai croire que ce monde puisse finir dans la désolation et dans le néant.

L'OBSERVATOIRE MAGNÉTIQUE

Pourquoi, alors, toute cette beauté, s'il n'existe plus aucune créature pour en jouir?

Je commence maintenant à deviner ce secret : voici la terre promise qui unit la beauté à la mort. Mais dans quel but? Ah! quelle est la destinée finale de toutes ces sphères? Lisez la réponse, si vous le pouvez, dans ce ciel bleu constellé d'étoiles.

28 septembre. — Chute de neige et vent. Aujourd'hui nous lâchons les chiens. Depuis notre départ de Kabarova, la vie a été triste pour ces malheureux, enchaînés sur le pont, sous la pluie continuelle des embruns et des paquets de mer. Ils se sont à moitié étranglés dans leurs laisses ; ils ont eu le mal de mer, et, par le beau comme par le mauvais temps, ils ont dû rester là où ils étaient attachés. Vous qui serez peut-être notre dernière ressource à l'heure suprême, nous vous avons bien mal traités. En revanche, lorsqu'arrivera le moment de la lutte à outrance, vous serez à l'honneur. En attendant ayez la liberté ! C'est alors une joie folle ; tous se roulent dans la neige et gambadent sur la glace en aboyant à nous rompre le tympan. La banquise, jusque-là si triste et si morne, est maintenant bruyante et animée. Le silence séculaire est rompu.

29 septembre. — L'anniversaire de la naissance de Blessing. En son honneur une grande fête est organisée, la première de toutes celles que nous donnerons à bord. Nous avons d'ailleurs un autre motif de nous réjouir ; l'observation de midi nous place au 79° 5′; un nouveau degré de latitude gagné vers le pôle ! La fête consiste en un dîner-concert. Au menu cinq plats, au programme vingt morceaux.

30 septembre. — La position du *Fram* ne me paraît pas offrir toutes les conditions désirables de sûreté. Le grand glaçon situé à bâbord, auquel nous sommes amarrés, projette vers le centre du navire une forte saillie qui pourrait produire un choc dangereux dans cette partie de la coque, en cas de pression des glaces. Aussi commencons-nous aujourd'hui à déhaler le *Fram* pour prendre un mouillage plus sûr; un travail qui ne laisse pas que d'être pénible. Il faut d'abord casser une épaisse couche de glace, puis, à l'aide du cabestan, faire lentement avancer le navire à travers le passage que nous lui avons frayé.

Le soir, température — 12°,6. Magnifique coucher de soleil.

2 *octobre*. — Halé le navire jusqu'au milieu du bassin couvert de « jeune glace[1] », situé en arrière. Nous avons à bâbord le grand *floe*, sur lequel les chiens sont installés, très plat et sans saillie menaçante de ce côté, et, à tribord, de la glace également basse; entre ces plaques et le navire s'étend une nappe de « jeune glace ». En amenant le *Fram* dans son nouvel ancrage, une partie de la glace qui l'entourait a été refoulée et pressée en dessous de la surface de l'eau contre la coque, de telle sorte que le bâtiment se trouve maintenant dans un excellent lit de glace.

L'après-midi, Sverdrup, Juell et moi étions occupés dans le kiosque des cartes à épisser des cordes pour la ligne de sonde, lorsque, tout à coup, Henriksen signale l'approche d'un ours. De suite je saute sur mon fusil.

— Où est-il, cet ours?

— Là, sur tribord, près de la tente, il se dirige droit vers l'observatoire.

J'aperçois, en effet, dans cette direction un ours énorme poursuivant Hansen, Blessing et Johansen qui se sauvent à toutes jambes vers le navire. A ma vue, il s'arrête étonné; évidemment, il se demande quel est l'insecte qui se trouve maintenant devant lui. Dès qu'il tourne la tête, je lui envoie une balle dans le cou; le projectile frappe juste et l'énorme bête s'affaisse sans mouvement. Pour les habituer à cette chasse, quelques chiens sont aussitôt lâchés, mais leur attitude est

---

1. Glace nouvellement formée. (*N. du traducteur.*)

absolument lamentable; Kvik, dont je comptais me servir en pareille occasion, s'approche du cadavre, pas à pas, le poil tout hérissé, la queue entre les jambes ; un spectacle absolument décourageant.

Très amusante avait été la rencontre de nos trois compagnons avec l'ours. Blessing et Johansen étaient allés aider Hansen à dresser, sur la glace, sa tente pour les observations magnétiques ; pendant qu'ils étaient occupés à ce travail survint l'animal.

Sur l'avis de Hansen, pour ne pas effrayer l'ours et ne pas l'attirer de leur côté, ils s'accroupissent tous les trois les uns contre les autres.

Après un instant d'attente, Blessing émet l'avis d'essayer de gagner le bord et de donner l'alarme.

— Parfaitement, répond Hansen.

Et Blessing s'achemine vers le navire sur la pointe des pieds, toujours pour ne pas effrayer l'ours. Entre temps maître Martin découvrant les camarades se dirige vers eux, puis, apercevant Blessing, se met à sa poursuite. Notre bon docteur s'arrête alors, incertain de la conduite qu'il doit tenir; finalement, pensant qu'il est plus amusant d'être trois que de rester tout seul en tête-à-tête avec l'ennemi, il rejoint rapidement Hansen et Johansen. Notre astronome essaie alors d'un stratagème recommandé dans les livres. Il se lève, agite furieusement les bras, et, avec le concours des autres, se met à pousser des hurlements terribles; la bête continue toujours à avancer... En présence de cette situation critique chacun prend les armes qu'il a à sa disposition: Hansen un bâton ferré, Johansen une hache ; quant à Blessing, il n'a rien du tout. Tous poussent en chœur un cri terrible : Un ours, un ours! et s'acheminent à toute vitesse sur le navire. L'animal, au lieu de leur donner la chasse, trotte vers la tente, et, pendant qu'il en examine le contenu, nos camarades rentrent à bord.

Après cette aventure, les membres de l'expédition ne sortent plus qu'armés jusqu'aux dents.

4 *octobre*. — Toute la journée sondages. Profondeur maxima : 1.440 mètres. Le fond est formé par une couche d'argile grise, épaisse de 10 à 11 centimètres, reposant sur de l'argile brune. La température dans la nappe d'eau inférieure s'élève à $+ 0°,18$, tandis qu'à 135 mètres elle est de $- 0°,4$. Une étrange découverte qui réduit à néant la

LES CHIENS ENCHAINÉS SUR LA GLACE

théorie d'un bassin polaire, peu profond, rempli par des eaux très fraîches.

Dans l'après-midi, brusquement une crevasse s'ouvre près de l'arrière du *Fram*, et en quelques minutes devient très large. Le soir, les blocs de la banquise sont pressés les uns contre les autres, et plusieurs autres ouvertures se forment.

De jour en jour le froid devient plus vif. Le 15, 18° sous zéro. Entre temps, une nouvelle chasse à l'ours également heureuse.

Enchaînés sur la glace, les chiens courent le risque de geler sur place, aussi prenons-nous le parti de les lâcher. Nous verrons si ce régime peut être maintenu. Cette ère de liberté est inaugurée par plusieurs batailles terribles qui se terminent pour quelques-uns non sans perte de sang.

7 *octobre*. — Depuis plusieurs jours, vent de nord persistant. Sous son influence nous dérivons au sud.

Toujours les mêmes crépuscules d'une beauté si triste et si profondément émouvante ! En Norvège, ils sont également d'une grave mélancolie. Aussi bien, tous ces couchers de soleil évoquent-ils en moi de doux souvenirs et en même temps aggravent-ils mes tristesses.

8 *octobre*. — Excursion en patins [1] à l'ouest du navire. Du sommet d'un *hummock* [2], que j'escalade au terme de notre promenade, la vue embrasse la plaine neigeuse, infinie et solitaire; dans toutes les directions, à perte de vue, rien que de la neige.

L'observation de midi nous réserve une désagréable surprise; nous nous trouvons maintenant par 78° 35', juste un demi-degré perdu en neuf jours. Cette dérive est facile à expliquer, mais elle n'en est pas moins ennuyeuse. La mer se trouvant encore libre dans le sud, notre banquise, poussée par les vents persistants de nord et de nord-ouest, a retrogradé. Lorsque la nappe d'eau voisine de la côte sibérienne sera prise à son tour, nous dériverons certainement vers le nord.

---

1. Les patins norvégiens, les *ski*, nom sous lequel nous les désignerons désormais, sont de longues et étroites lamelles de bois, permettant d'avancer rapidement sans enfoncer sur la neige. Dimensions des *ski* : longueur, 2^{m}30 à 3^m; largeur, 0^m,09.

Les *ski* ne doivent pas être confondus avec les raquettes en usage dans les Alpes et dans l'Amérique du Nord et qui ont principalement pour but d'empêcher d'enfoncer dans la neige pulvérulente. (*N. du traducteur*.)

2. Monticule de glace accidentant la banquise, formé généralement par le soulèvement d'un bloc dans la rencontre de deux glaçons lors d'une pression. (*N. du traducteur*.)

9 *octobre*. — Première pression des glaces. Pendant que nous causions dans le carré, un bruit effroyable se fait tout à coup entendre, et le bâtiment branle dans toutes ses parties. Immédiatement nous grimpons sur le pont. Le *Fram*, comme je l'avais espéré, se comporte admirablement. La glace, toujours poussée en avant, avance contre le navire, mais, rencontrant les surfaces rondes de la coque, glisse en-dessous du bâtiment sans y mordre et en nous soulevant lentement. Ces pressions se reproduisirent dans l'après-midi. A différentes reprises, leur poussée éleva le *Fram* de plusieurs pieds ; incapable du supporter un pareil poids, la glace se brisait bientôt sous le navire. Le soir, la banquise se détend et autour de nous se forme un bassin d'eau libre. Il faut alors amarrer le *Fram* à notre vieux *floe* pour l'empêcher de dériver. La banquise a dû subir une violente convulsion. Du reste, de sourdes détonations produites par le choc des glaces ont été entendues dans le voisinage.

11 *octobre*. — Job, un de nos meilleurs chiens, a été mis en pièces par ses compagnons. Le malheureux gît inanimé, veillé par le vieux Suggen qui empêche les autres de venir profaner son cadavre. Quels monstres que ces animaux, pas un jour ne se passe sans combat. Dans la crainte de nouvelles batailles, le pauvre Barabas reste à bord, n'osant plus s'aventurer sur la glace au milieu de ses congénères.

Aujourd'hui encore de nouvelles pressions. Cela commence par un léger craquement et par un gémissement sur les flancs du navire. Le bruit augmente ensuite graduellement en passant par toute la gamme; successivement c'est une plainte d'un ton très élevé, puis un grognement suivi d'un grondement. Le tapage redouble; on dirait le fracas produit par le jeu simultané de tous les tuyaux d'un orgue. Le navire tremble et tressaute, soulevé tantôt doucement, tantôt par saccades. Certains de la résistance du *Fram*, nous éprouvons une sensation agréable à regarder cette scène terrible. Tout autre bâtiment aurait été broyé depuis longtemps. Contre les murailles du navire les glaçons s'écrasent, puis s'enfoncent pour s'entasser sous sa coque invulnérable en un lit cristallin. Aussitôt que la rumeur des glaces en travail s'affaiblit, le *Fram* reprend sa position première... Maintenant l'assaut est terminé, la plaine blanche redevient silencieuse, hérissée de quelques nouveaux amoncellements de glaçons[1], seuls vestiges de la lutte. Vers le soir, la banquise se détend et le *Fram* se trouve de nouveau dans un large bassin d'eau libre.

12 octobre. — Hier matin nous étions étroitement bloqués, aujourd'hui le *floe* auquel nous sommes amarrés flotte dans un large et long chenal, et vers le nord s'ouvre une vaste nappe d'eau libre dont nous n'apercevons pas la fin. En présence de ce changement extraordinaire, peut-être allons-nous pouvoir nous remettre en marche.

Un ciel clair et ensoleillé, un magnifique temps d'hiver plein d'une douce poésie ! La sonde indique des fonds de 90 mètres. Pêche aujourd'hui avec un filet de Murray[2], à une profondeur de 50 mètres ; excellente récolte : des ostracodes, des copépodes, des amphipodes et une *spadella*. La manœuvre de cet engin est très difficile. A peine est-il immergé à travers un trou de la banquise que les glaçons, se rapprochant rapidement, menacent de fermer l'ouverture. En toute hâte il faut relever l'appareil pour ne pas le perdre. Le soir tous les bassins d'eau libre, même les plus petits, scintillent de lueurs phosphorescentes[3]. La faune n'est donc pas aussi pauvre qu'on pourrait le supposer.

1. Le vocabulaire arctique donne à ces amoncellements de glaçons brisés par les pressions le nom de *Toross*, emprunté à la langue russe. (*N. du trad.*)
2. Ce filet en soie est destiné aux dragages à différentes profondeurs effectués de l'arrière soit d'un navire, soit d'une embarcation. Pendant notre dérive nous en avons fait un fréquent usage en l'introduisant sous la glace; souvent les récoltes ont été très abondantes.
3. La phosphorescence de la mer est produite principalement par deux petits crustacés lumineux appartenant au genre des Copépodes.

UNE OBSERVATION MÉRIDIENNE

13 octobre, — Nous voici exposés en plein à ces terribles pressions auxquelles les prophètes de mauvais augure ont prédit que nous succomberions. Autour du navire la glace se presse s'entasse et s'amoncelle en monticules menaçants. De hautes murailles de blocs se dressent jusqu'au-dessus des bastingages, enserrant le *Fram* comme pour l'embrasser dans une suprême étreinte. Confiants dans la solidité de notre bâtiment, ce nouvel assaut nous laisse indifférents ; nul ne songe à se déranger pour surveiller l'attaque. Ni les chocs, ni les détonations de la banquise n'arrêtent même les conversations et les rires dans le carré.

La nuit dernière, le *floe* sur lequel les chiens sont installés a reçu un violent assaut. Les glaçons, après avoir été soulevés, ont ensuite dégringolé sur sa surface, ensevelissant notre ancre à glace d'arrière et une partie de son câble d'acier. Des planches et des traîneaux laissés sur la banquise ont été également enfouis ; les chiens auraient même été écrasés sous les avalanches, si l'homme de veille ne les avait lâchés à temps. Finalement, attaqué et pressé de tous côtés, le *floe* s'est fendu en deux. Ce matin, éclairée par un soleil brillant, cette scène de destruction laisse une impression de navrante tristesse. Le *Fram* se trouvait à la limite de l'effort de la glace. Nous nous tirons de cette nouvelle attaque avec la perte d'une ancre à glace, d'un bout de câble d'acier, de quelques planches et de la moitié d'un traîneau samoyède ; encore tout cela aurait-il pu être sauvé si les hommes avaient pris à temps leurs précautions. Ils sont devenus si absolument indifférents aux pressions que même le plus formidable grondement ne les attire plus sur le pont.

Ce matin comme hier, à la suite de la pression, détente de la banquise et formation d'une large nappe d'eau autour du navire. La teinte foncée de l'horizon indique toujours l'existence d'une vaste étendue de mer libre dans le nord. En conséquence, je donne l'ordre de remonter la machine et de la

LE *Fram* AU MILIEU DE LA BANQUISE

tenir prête à être remise en marche. Il faut faire route vers le nord et reconnaître la situation de ce côté! Peut-être, cette tache foncée marque-t-elle la limite entre la banquise où était bloquée la *Jeannette* et celle où nous sommes en dérive vers le sud, ou bien peut-être est-ce une terre?

Dans l'après-midi, changement de mouillage. Nous abandonnons notre vieux *floe*, maintenant tout disloqué, pour aller ancrer un peu plus en arrière. Le soir, un assaut très violent s'étant produit autour des débris de ce glaçon, nous nous félicitons d'avoir quitté son voisinage.

Les pressions, affectant une étendue importante de la banquise, sont dans une étroite relation avec le phénomène des marées. Deux fois par jour la banquise subit une détente, puis une compression. La compression se produit de quatre à six heures du matin, et à pareille heure le soir; dans l'intervalle la détente donne naissance à des plaques d'eau libre. L'attaque terrible qui vient de se produire a été probablement déterminée par la marée de syzygie. La lune a commencé le 9 et précisément ce jour-là, vers midi, a eu lieu la première convulsion. Depuis, chaque jour, l'agitation de la glace commence à une heure de plus en plus tardive; aujourd'hui elle survient à huit heures.

Les pressions se produisent particulièrement aux époques de syzygies et se montrent plus violentes à la nouvelle lune qu'à la pleine lune. Durant les périodes intermédiaires, elles sont faibles ou même nulles. Ce phénomène ne se manifesta pas pendant toute la durée de notre dérive; il fut particulièrement terrible le premier automne, dans le voisinage de la nappe libre, située au nord de la côte sibérienne, et la dernière année aux approches de l'Atlantique. Pendant notre traversée du bassin polaire, il fut moins fréquent et plus irrégulier. Dans cette région, les pressions sont principalement dues à l'action du vent sur les banquises. Lorsque les énormes masses de glace de cette zone, entraînées par la dérive, rencontrent d'autres champs chassés par une brise ayant une direction différente de celle qui pousse les premières, les collisions, comme on le comprend, doivent être terribles.

Cette lutte des glaces les unes contre les autres est à coup sûr un spectacle extraordinaire. On se sent en présence de forces titanesques. Au début d'une grande pression, il semble que tout le globe doive être ébranlé par ces chocs. C'est d'abord comme un roulement de tremblement de terre très lointain, puis le bruit se rapproche et éclate en même temps sur différents points.

Les échos du grand désert neigeux, jusque-là silencieux, répètent ce mugissement en fracas de tonnerre...; les géants de la nature se préparent au combat. Partout la glace craque, se brise et s'empile en *toross*, et soudain vous vous trouvez au milieu de cette lutte effroyable. Tout grince et mugit, la glace frémit sous vos pas..., de tous côtés d'effroyables convulsions. A travers une demi-obscurité, vous voyez les blocs monter en hautes crêtes et approcher en vagues menaçantes. Dans les collisions, des quartiers épais de 4 ou 5 mètres sont projetés en l'air, montent les uns au-dessus des autres ou tombent pulvérisés... Maintenant, de tous côtés vous êtes enveloppé par des masses de glace mouvante prêtes à débouler sur vous. Pour échapper à leur étreinte mortelle, vous vous disposez à fuir, mais juste devant vous la glace cède ; un trou noir s'ouvre béant et l'eau affluant par l'ouverture s'épanche à flots. Voulez-vous vous sauver dans une autre direction : à travers l'obscurité, vous distinguez une nouvelle crête de blocs en marche sur vous. Vous cherchez un autre passage, toute issue est fermée. Un fracas de tonnerre roule sans discontinuer, pareil au grondement de quelque puissante cascade traversé par le fracas d'une canonnade. Ce mugissement formidable approche de plus en plus; le *floe* sur lequel vous vous êtes réfugié, serré et heurté comme à coups de bélier, s'effritte, l'eau afflue de tous côtés.

Pour vous sauver vous n'avez d'autre ressource que d'escalader une de ces arêtes de glaces mouvantes afin d'atteindre une autre région de la banquise... Maintenant, peu à peu, le calme se fait, le bruit diminue et lentement s'éteint dans un grand silence de mort.

Les mois succèdent aux mois, les années aux années, jamais cette lutte effroyable ne prend fin. Partout la banquise est découpée de crevasses et hérissée d'arêtes produites par ces bouleversements. Si, d'un seul coup d'œil, on pouvait embrasser l'immensité de ce désert blanc, il apparaîtrait quadrillé par un réseau de crêtes (*toross*). Cette vue nous rappelait l'aspect des campagnes de Norvège, couvertes de neige, avec leurs brusques protubérances formées par les murettes séparant les champs. A première vue, ces crêtes semblaient affecter le plus complet désordre, un examen plus attentif de la banquise montrait cependant leur tendance à prendre certaines directions, notamment une orientation perpendiculaire à la ligne des pressions qui leur avaient donné naissance. Les explorateurs ont souvent évalué à 18 mètres la hauteur des *toross* et des *hummocks*. Ces chiffres sont exagérés. Pendant notre dérive et notre voyage à travers la banquise de l'extrême nord, l'*hummock* le plus élevé que j'ai vu ne dépassait pas, à vue d'œil, 10 mètres. — Je n'avais malheureusement pas les moyens de le mesurer. — Les *hummocks* les plus saillants dont j'ai déterminé les dimensions atteignaient une hauteur de 6^m à 7^m,50 ; ceux-là étaient nombreux. Les entassements de glace de mer ayant une hauteur de 8^m,50 sont très rares.

14 octobre. — Un chenal reste toujours ouvert dans la direction du nord, et au delà la mer apparaît libre à perte de vue. La machine est remontée ; demain nous serons parés pour le départ. Dans la soirée, violente pression. A plusieurs reprises, les blocs empilés sur bâbord menacent de culbuter sur le pont par-dessus le bastingage. Cette glace, peu épaisse, ne peut causer grand dommage, mais sa force d'impulsion est énorme. Sans une minute d'arrêt, elle arrive en vagues qui, de prime abord, paraissent irrésistibles, puis lentement, mais sûrement, elle vient mourir contre la solide coque du *Fram*.

15 octobre. — Maintenant que nous sommes prêts à partir, la banquise reste absolument fermée. Dans la matinée, aux premiers indices de détente de la glace, je donne l'ordre d'allumer les feux. Entre temps, je me mets à la recherche d'un ours que les hommes ont blessé la nuit dernière et qui ne doit pas être loin du navire. A mon retour, la glace n'a pas bougé.

16 et 17 octobre. — La banquise demeure absolument compacte. Violente pression dans la nuit.

18 octobre. — Le matin, Johansen tue, du pont, un ours qui est venu rôder tout contre le navire. L'après-midi, Henriksen en abat un second.

Temps très clair. Du haut du « nid de corbeau », aucune terre en vue. L'ouverture, qui s'étendait les jours précédents vers le nord, est complètement fermée; en revanche, durant la nuit, une nouvelle nappe s'est formée tout près du *Fram*.

21 octobre. — Profondeur : 135 mètres. Nous arrivons au-dessus d'une fosse marine. La ligne de sonde indique une dérive vers le sud-ouest. Je ne comprends rien à ce recul constant, d'autant que, ces jours derniers, la brise a été faible. Quelle peut bien être la raison de cette retraite vers le sud? Dans cette région, le courant devrait porter dans le nord. Comment expliquer autrement l'existence de la large étendue de mer libre que nous avons traversée et celle de la baie où nous avons été arrêtés au point culminant de notre marche. Ces ouvertures n'ont pu être formées que par un mouvement des eaux vers le nord. La seule objection contre ma théorie est fournie par l'existence du courant se dirigeant vers l'ouest que nous avons observé pendant tout notre trajet de Kabarova à l'Olenek. Mais non, jamais nous ne serons ramenés au sud des îles de la Nouvelle-Sibérie, puis à l'ouest, vers la côte de Sibérie, et ensuite au nord dans la direction du cap Tchéliouskine.

23 octobre. — Profondeur : 447 mètres, 12 mètres de moins qu'hier. La ligne de sonde indique maintenant une dérive vers le nord-est. Le 12 octobre, nous avons été ramenés jusqu'au 78°5'; d'après les observations du 19, nous nous trouvons à 10 milles plus au nord. Enfin, maintenant que le vent est tombé, le courant commence à porter dans la bonne direction.

24 octobre. — Entre quatre et cinq heures du matin, une violente pression a soulevé légèrement le *Fram*. L'assaut des glaces semble devoir se renouveler. Demain, en effet, nous avons une marée de pleine lune. Dans la matinée, la banquise s'ouvre tout contre le navire, puis se referme. Vers onze heures du matin, une attaque assez forte se produit; après cela un temps d'arrêt, puis, nouvelles pressions dans l'après-midi, particulièrement violentes entre quatre heures et quatre heures et demie.

25 octobre. — La nuit dernière, la banquise a éprouvé une convulsion. Réveillé en sursaut, j'ai senti le *Fram* soulevé, secoué et remué en tous sens; en même temps, j'ai entendu la glace s'écraser contre sa coque. Après avoir écouté un instant, je me suis rendormi, en pensant qu'il faisait bon être à bord du *Fram*. Ce serait véritablement terrible d'être obligé de quitter le navire à la moindre pression et de fuir avec tous nos bagages sur le dos, comme les gens du *Tegethoff*.

La brise souffle aujourd'hui du sud-ouest. Le moulin, prêt depuis plusieurs jours, fonctionne pour la première fois. L'essai est particulièrement heureux; quoique la brise soit faible (5 à 8 mètres à la seconde), notre éclairage est cependant très intense. La lumière exerce une puissante influence sur le moral de l'homme. A dîner, la gaieté est générale. La lumière agit sur nos esprits comme un verre de bon vin. Le carré a un air de fête.

26 *octobre*. — L'anniversaire du lancement du navire est célébré en grande pompe. La fête débute par un tir à la cible. Le vainqueur reçoit la grande croix en bois de l'ordre du *Fram*. Au dîner, quatre plats, et, après le repas, permission de fumer dans le carré.

Mes pensées se reportent involontairement à la scène du lancement. Je revois ma chère femme projetant la bouteille de champagne contre l'étrave en s'écriant : « Que *Fram* soit ton nom »; en même temps, le solide bâtiment, glissant doucement sur son berceau, prenait possession de son élément... Je serrai violemment sa main dans la mienne, et les larmes me vinrent aux yeux; ni l'un ni l'autre ne fûmes capables de dire un mot! Maintenant, nous sommes séparés par la mer et par la glace. Pour combien de temps? A coup sûr, ce sera très long. Je veux m'arracher à cette triste pensée.

Aujourd'hui, le soleil nous fait ses adieux; la nuit d'hiver va commencer. Où serons-nous quand reparaîtra l'astre de la vie? Pour nous consoler de son départ, la lune brille d'un éclat absolument extraordinaire.

D'après les observations, nous nous trouvons aujourd'hui à trois minutes plus au nord, et un peu plus à l'ouest que le 19. Nous devons être dans un remous où la glace tourne sur elle-même sans avancer. Si seulement un vent de sud se levait et nous poussait dans le nord, le découragement ferait promptement place à l'espoir!

Le 27 octobre, dans l'après-midi, un météore lumineux traverse le ciel, puis disparaît près de l'ε de la constellation du Cygne, le second que nous apercevons depuis notre arrivée dans ces parages. Le lendemain nous tuons un renard blanc. Déjà à plusieurs reprises nous avions vu ses pistes autour du navire. Que diable ces animaux peuvent-ils faire aussi loin de terre? Après tout, cela ne doit pas nous étonner, n'a-t-on pas trouvé des traces de renards sur la banquise entre Jan-Mayen et le Spitzberg.

5 *novembre*. — Le temps se traîne. Je travaille, je lis, je m'absorbe dans des réflexions et dans des rêveries ; après quoi je joue de l'orgue, puis me promène sur la glace dans la nuit obscure. Très bas sur l'horizon, dans le sud-ouest, il y a encore un faible afflux de lumière, une lueur rouge foncé comme une tache de sang, passant à l'orange, au vert, au bleu pâle, enfin au bleu foncé tout piqué d'étoiles. Dans le nord vacillent des fusées d'aurore boréale toujours changeantes et mobiles, jamais en repos, absolument comme l'âme humaine. Et, sans y prendre garde, mes pensées reviennent toujours à mes chers adorés... Je songe au retour ; notre tâche est maintenant accomplie, le *Fram* remonte à toute vitesse le fjord. La terre aimée de la patrie nous sourit dans un gai soleil, et... les souffrances poignantes, les longues angoisses sont oubliées dans un moment d'inexprimable joie. Oh ! non, c'est trop pénible ! A grands pas je me promène pour chasser cette hantise déprimante.

De plus en plus décourageant le résultat des observations. Nous sommes aujourd'hui par 77° 43′ et 138° 8′ de Long. Est. Jamais encore nous n'avions rétrogradé aussi loin. Depuis le 29 septembre nous avons été repoussés de 83 milles vers le sud. Toute la théorie dont la vérité me paraissait indiscutable, s'écroule comme un château de cartes détruit par la plus légère brise. Imaginez les plus ingénieuses hypothèses, bientôt les faits les auront réduits à néant. Suis-je véritablement sincère en écrivant ces tristes réflexions ? Oui, sur le moment, car elles sont le résultat de l'amertume de mon découragement. Après tout, si nous sommes dans une mauvaise voie, à quoi cela aboutira-t-il ? A la déception d'espérances humaines, tout simplement. Et si nous périssons dans cette entreprise, quelle influence cela aura-t-il sur les cycles infinis de l'éternité ?

9 *novembre*. — Pris dans la journée une série de températures et d'échantillons d'eau de 10 en 10 mètres, depuis la

surface jusqu'au fond, situé à une profondeur de 53 mètres. Partout la mer a une température uniforme de —1°,5, la même température que j'ai observée à une latitude plus méridionale. Il n'y a donc ici que de l'eau originaire du bassin polaire. La salure est très faible. L'apport des fleuves sibériens fait sentir son influence jusqu'ici.

11 novembre. — La « jeune glace » autour du navire atteint une épaisseur de $0^m,39$. Dure à la surface, elle devient en dessous poreuse et friable. Cette couche date de quinze jours. Dès la première nuit, elle a atteint une épaisseur de $0^m,078$; les deux nuits suivantes, elle a seulement augmenté de 0,052, et, pendant les douze nuits suivantes, de 0,26. L'accroissement d'une couche de la glace se ralentit donc à mesure que son épaisseur augmente, et cesse même complètement lorsqu'elle a atteint une certaine hauteur.

19 novembre. — Toujours la même vie monotone. Depuis une semaine, vent du sud ; aujourd'hui, par exception, brise légère de nord-nord-ouest. La banquise reste calme, hermétiquement fermée autour du navire. Depuis la dernière pression violente, le *Fram* a certainement sous sa quille une épaisseur de glace de 3 à 7 mètres[1]. A notre grande joie, l'observation d'hier constate un gain de 44 milles vers le nord depuis le 8. Nous avons également fait un pas considérable vers l'est. Que seulement la dérive nous porte dans cette direction !

Le *Fram* constitue au milieu de la banquise un abri chaud et confortable. Même par un froid de 30° le poêle n'est pas allumé. Une lampe suffit à rendre la température très agréable dans le carré. Mes compagnons, du reste, ne s'aperçoivent pas du froid. Alors que le thermomètre marque 30° sous zéro, Bentsen va en chemise lire sur le pont les thermomètres. Presque nulle part trace d'humidité ; partout

---

1. Plus tard nous creusâmes la glace jusqu'à une profondeur de 10 mètres sans réussir à atteindre l'eau.

excellente ventilation, grâce à la manche à air qui répand dans tout le navire des flots d'air froid et vivifiant.

27 *novembre*. — La température de l'air se maintient sans grande variation entre —25° et —30°. Dans la cale du navire elle descend à —11°.

A différentes reprises, les rayons de l'aurore boréale me semblent prendre une orientation parallèle à la direction du vent. Dans la matinée du 23, ce phénomène se montrant dans le sud-est, j'annonce à mes compagnons que la brise qui, en ce moment, souffle du nord-est, descendra au sud-est ; quelques heures plus tard cette prédiction se réalise.

Ce matin, à neuf heures, une forte pression ; dans la soirée, la glace gémit bruyamment aux environs. Le *Fram* ne se trouve plus, semble-t-il, au centre des convulsions. Probablement le dernier assaut violent a comprimé autour de nous toute la glace en une masse très résistante que le froid a solidifiée, tandis que, plus loin, la banquise, moins compacte, peut s'ouvrir et par suite être soumise à des pressions.

3 *décembre*. — Dérive au nord-est, terriblement lente. Depuis le 28 novembre, nous avons avancé seulement de cinq milles.

5 *décembre*. — 35°,7, la plus basse température éprouvée jusqu'ici. Nous sommes par 78°50', à 6 milles plus au nord que le 2; la vitesse de dérive serait de 2 milles par jour.

— Dans l'après-midi, magnifique aurore boréale; de l'est à l'ouest, le ciel est illuminé par une arcade flamboyante. Un peu plus tard, le temps devient couvert ; une seule étoile est visible, l'étoile du foyer. Comme je l'aime, ce petit point lumineux ! Chaque fois que je monte sur le pont, je la cherche, cette étoile, et toujours elle est là brillante dans son impassibilité radieuse. Elle me semble notre protectrice.

8 *décembre*. — De 7 à 8 heures du matin, encore une pression. L'après-midi je dessinais dans le carré, lorsque subitement un choc violent, suivi d'un craquement formi-

dable, se fait entendre juste au-dessus de ma tête, comme si de gros blocs de glace tombaient de la mâture sur le pont. En un clin d'œil, tous les hommes sont debout; les paresseux qui faisaient la sieste à ce moment passent en hâte un vêtement et accourent dans le carré. Kvik, effrayé par la violence de la détonation, a même quitté ses quartiers d'hiver. Qu'est-ce qui a bien pu se passer? Impossible de découvrir la cause de ce fracas épouvantable. La glace est en mouvement et paraît en train de s'écarter du navire. Ce bruit a été probablement causé par une pression inopinée qui a déterminé le décollement de la glace sur toute la longueur du bâtiment. On n'entend aucun craquement dans les œuvres du navire; le *Fram* n'a donc pas éprouvé d'avarie. Dehors, il fait très froid, le mieux est de rentrer.

A six heures du soir, nouvelle pression d'une durée de vingt minutes. La banquise grince et détone à l'arrière; dans le carré, le bruit est tel que toute conversation devient impossible à moins de hurler à tue-tête. Pendant ce sabbat, l'orgue fait entendre des phrases de la mélodie de Kjerulf : « Le chant des rossignols m'empêche de dormir. »

10 décembre. — Aujourd'hui, grand événement dans la vie monotone du bord : apparition d'un journal, le *Framsjaa*, la *Vigie du* Fram; directeur, notre excellent docteur. Le premier numéro, lu le soir à haute voix dans le carré, excite une gaieté générale. Dans notre situation, l'entrain est un remède préventif contre la maladie; par son amusante initiative, Blessing contribue ainsi à fortifier notre excellent état sanitaire.

13 décembre. — Depuis hier soir, sans une minute de repos, les chiens aboient furieusement. A plusieurs reprises, les hommes de garde ont cherché et exploré les environs; en dépit de leurs recherches, impossible de découvrir la cause de cet émoi. Ce matin, on constate la disparition de trois chiens. Après le déjeuner, Mogstad et Peter vont examiner la neige autour du navire, espérant découvrir les pistes des fugitifs. « Vous feriez bien de prendre un fusil, » leur dit Jacobsen. « Oh! non, nous n'en avons pas besoin, » réplique Peter. En bas de l'échelle, il y a pourtant des traces d'ours et de sang. Nos deux gaillards ne s'acheminent pas moins sur la banquise, armés seulement d'une lanterne et escortés par toute la meute. A quelques centaines de pas du navire, surgit tout à coup de l'obscurité un ours énorme. A cette vue, nos hommes prennent aussitôt leur galop vers le bord. Mogstad, chaussé de légers mocassins, s'esquive rapidement, mais Peter, empêtré dans ses lourdes bottes à semelle en bois, n'avance que très lentement. Notre homme a beau faire diligence, jamais il n'aperçoit le navire. Dans la confusion de la retraite, le malheureux s'est trompé de route! Heureusement l'ours ne le suit plus; le voilà donc tranquille, lorsque, à deux pas de là, le pauvre Peter glisse et roule au milieu des *hummocks*. Enfin, il arrive sur la glace plate qui entoure le navire; encore quelques pas, et il sera en sûreté quand soudain quelque chose bouge tout près de lui. Un chien, suppose-t-il; avant qu'il ait eu le temps d'élucider la question, l'ours arrive sur lui et le mord au côté. Notre homme empoigne alors sa lanterne et en assène un coup si violent sur le museau de l'animal que le verre se brise bruyamment en mille morceaux. La bête effrayée recule, et, profitant de son effarement, l'ami Pierre a le temps de grimper lestement à bord. A la nouvelle de cette attaque, nous sautons sur nos fusils; quelques minutes après, l'assaillant tombait mort.

Après cet incident, nous partons à la recherche des bêtes disparues, et découvrons bientôt leurs cadavres éventrés. Sans éveiller notre attention, l'ours a pu grimper à bord par l'échelle, enlever les chiens à sa portée et redescendre ensuite aussi tranquillement qu'il était venu.

Kvik met au monde treize enfants, un précieux renfort pour la meute réduite maintenant à un effectif de vingt-six bêtes.

Elle ne peut en nourrir que huit, il faut donc nous décider à noyer les autres.

Position d'hier : 79° 8′ Lat. N. Un gain de 8 milles en trois jours !

Depuis le début de notre dérive, pas une chute de neige ne s'est produite. Noël approche pourtant, et il n'y a pas de vrai Noël sans d'épais flocons. Oh ! la belle chose que la neige silencieuse, adoucissant de sa nappe virginale tous les contours brusques. Cette banquise de glace vive est comme une vie sans amour ; rien ne l'adoucit. L'amour, c'est la

LE PIÈGE A OURS DE SVERDRUP

neige de la vie. Il ferme les blessures reçues dans le combat de l'existence et resplendit plus pure que la neige. Qu'est-ce qu'une vie sans amour ? Elle est pareille à ce champ de glace, une chose froide et rugueuse errant à la dérive des vents, sans rien pour couvrir les gouffres qui la déchirent, pour amortir le choc des collisions et pour arrondir les angles saillants de ses blocs brisés. Oui, une telle vie est semblable à cette glace flottante nue et pleine d'aspérités.

21 décembre. — Le temps passe avec une rapidité extraordinaire. Voici déjà le jour le plus court de l'année, si je puis m'exprimer ainsi, puisque nous n'avons plus de jour. Maintenant nous irons vers le retour du soleil et vers l'été. Aujourd'hui sondage ; à 2,100 mètres, pas de fond ! Qui aurait pu s'attendre à trouver ici une pareille profondeur ?

22 décembre. — Dans la nuit nouvelle visite d'ours. L'animal se dirige d'abord vers le navire, puis, apercevant le piège dressé par Sverdrup et Lars, s'achemine immédiatement vers l'instrument. A cette vue, le cœur bat à notre capitaine ; d'une minute à l'autre il s'attend à entendre le bruit produit par le déclanchement de l'appareil. Mais maître Martin est très prudent ; il examine soigneusement la machine, et, se levant sur les pattes de derrière, s'appuie juste à côté de la trappe pour contempler un instant le délicieux morceau de graisse qui constitue l'appât ; après un moment d'hésitation, il redescend à terre. Évidemment cette grande chose plantée là, au milieu de la glace, ne lui dit rien qui vaille. Il flaire le support, tourne tout autour, et, après avoir de nouveau contemplé le piège, s'en va en hochant la tête. Il semble dire : « Ces mauvais gars ont fort bien arrangé la chose à mon intention, mais je ne suis pas si bête pour m'y laisser prendre. » Décidément, malgré toute l'ingéniosité de Sverdrupt, le fusil est encore plus sûr. Arrivé à soixante pas du navire, l'ours, reçu par une salve nourrie, tombe mort. Une seule balle l'avait frappée ; comme d'habitude en pareil cas, chacun des quatre tireurs s'attribua l'honneur du coup.

24 décembre. — Un radieux clair de lune illumine la silencieuse nuit arctique... A l'approche du grand jour de la Noël, notre petit monde est de plus en plus gai. Chacun songe évidemment aux absents, mais personne ne laisse deviner ses soucis. — Le carré et les cabines sont brillamment illuminés et le menu du repas particulièrement soigné. Faire bombance, c'est pour nous la seule manière de fêter les solennités. Le dîner est excellent et le souper non moins exquis. Après cela on sert les gâteaux traditionnels, auxquels Juell travaille depuis des semaines. Le « clou » de la fête est l'arrivée de deux boîtes contenant les cadeaux de Noël, pré-

CARICATURES EXTRAITES DU « FRAMSJAA »

Promenade en temps de paix avec les chaussures patentées de Sverdrup.

Les compagnons du *Fram* sur le sentier de la guerre : différence entre la chaussure Sverdrup et le mocassin lapon.

Les compagnons du *Fram* sont encore sur le sentier de la guerre.

sents de la mère et de la fiancée de Hansen. C'est avec une véritable joie d'enfant que chacun reçoit son petit souvenir : une pipe, un couteau ou une autre bagatelle de ce genre. Il semble que ces caisses soient un message de tous les chers absents. Après cela, une série de toasts et de discours, puis lecture d'un nouveau numéro du *Framsjaa* accompagné d'un supplément illustré dû au crayon du célèbre artiste polaire Huttetu. Les gravures reproduites à la page précédente, représentant les aventures de Peter avec son ours, donnent une idée de ce talent jusqu'ici méconnu.

25 *décembre*. — Là-bas, au pays, très certainement ils songent aujourd'hui à nous et s'attristent à la pensée des souffrances que nous devons endurer, supposent-ils, au milieu du grand désert glacé de l'Océan Arctique. Que ne peuvent-ils nous voir gais et bien portants! A coup sûr notre vie n'est pas plus pénible que la leur. Jamais je n'ai mené une existence aussi douce et jamais je n'ai autant redouté l'embonpoint. Voyez, par exemple, le menu du dîner. Pas moins de cinq plats. Une soupe à l'*oxtail*, un pudding de poisson, un rôti de renne avec des petits pois, des pommes de terre, de la confiture d'airelle, de la confiture de baies de marais[1] avec de la crème et des galettes. Tout le monde fait si bien honneur au repas que personne n'a faim au souper. Dans la soirée on sert le café avec accompagnement d'ananas, de macarons, de gâteaux au gingembre et de mendiants. Pour vous donner une idée de notre ordinaire, n'oublions pas le déjeuner composé de café, de pain frais, de langue, de *corned beef*, de fromage et de marmelade. A l'exception des gâteaux, notre menu quotidien n'est pas différent. Avec cela, nous habitons une bonne et solide maison, bien éclairée par de grandes lampes à pétrole ou par l'électricité; nous avons toute espèce de jeux pour nous distraire et toute une bibliothèque pour nous instruire. Que peut-on demander de plus?

26 *décembre*. — Aujourd'hui et hier — 38°, la plus basse température observée depuis le commencement de l'hivernage. Dans la journée en me promenant sur la banquise, j'arrive sur le bord d'un grand lac, couvert de « jeune glace » coupée par une large crevasse. Les rayons de la lune

---

1. Baie de marais ou ronce faux mûrier (*Rubus Chamæmorus*).

jouent sur la surface noire de l'eau et cette vue me rappelle soudain les scènes du pays des fjords. A perte de vue, du haut

LES RAYONS DE LA LUNE JOUENT SUR LA SURFACE DE L'EAU

d'un monticule de glace, la nappe d'eau bleue s'étend dans la direction du nord.

28 *décembre*. — En avant du *Fram*, dans une direction perpendiculaire à celle de son gisement, s'est ouvert un chenal; la glace formée à sa surface la nuit dernière porte des

traces de pression. Nous ne prêtons pas la moindre attention à tous ces mouvements de la banquise qui ont causé tant d'émois à nos prédécesseurs. Aucun préparatif n'a été fait à bord en vue d'un accident. Nous n'avons sur le pont ni vivres, ni tente, ni équipement prêts à être débarqués. Et ce n'est pas par négligence ; mais nous n'avons pas lieu de craindre les convulsions de la glace. Nous avons pu apprécier la résistance de notre bâtiment, et notre confiance en lui est absolue. Contre sa coque inébranlable, les blocs les plus durs viennent s'aplatir et perdre leur force d'impulsion.

De l'avis de tous les explorateurs, la longue nuit de l'hiver arctique exercerait l'influence la plus pernicieuse sur l'organisme et déterminerait fatalement l'éclosion du scorbut parmi les équipages. Un marin anglais avec lequel je m'entretins de cette question avant mon départ fut particulièrement pessimiste. « Non, jamais, assurait-il, une expédition polaire ne pourrait échapper au scorbut ; c'était là un mal inévitable ; tous les chefs de mission qui prétendaient en avoir été indemnes, avaient simplement donné un autre nom à la terrible maladie. » Maintenant, je suis en mesure de réfuter cette opinion par notre expérience. La nuit polaire n'a eu aucune influence débilitante ou déprimante sur moi ; tout au contraire, pendant cet hivernage, j'ai l'impression de rajeunir. Cette vie régulière me convient parfaitement ; jamais je ne me souviens avoir été en meilleure santé. Bien plus, je recommanderai les régions arctiques comme un excellent sanatorium pour les personnes affaiblies ou atteintes d'affections nerveuses.

J'en viens même à avoir honte de nous ; ces terribles souffrances de la longue nuit de l'hiver polaire, décrites en termes si dramatiques par nos prédécesseurs, nous n'en éprouvons aucune. Elles sont pourtant bien nécessaires pour donner de l'intérêt à une relation d'expédition arctique ! Si cela continue ainsi, qu'aurons-nous à raconter au retour ? Tous mes compagnons sont également gros et gras; aucun d'eux n'a la mine pâle et les joues caves traditionnelles des hiverneurs

LA LECTURE DE L'ANÉMOMÈTRE

polaires, et chez eux pas trace d'abattement. Écoutez seulement dans le carré l'animation des conversations et les éclats de rire. Cet excellent état sanitaire et moral, nous le devons à la qualité et à la variété de notre ordinaire; à la bonne ventilation du navire, à nos fréquentes promenades en plein air, à l'absence de tout surmenage physique, enfin aux quotidiennes distractions que nous apportent la lecture et les jeux. Notre système de vie en commun, sans aucune inégalité de traitement pour les divers membres de l'expédition, a également exercé la plus heureuse influence.

Plusieurs de mes camarades se plaignent d'insomnie. Le manque de sommeil est aussi, dit-on, une conséquence inévitable de l'obscurité de l'hiver arctique. Pour mon compte je n'en ai jamais souffert; je ne fais pas, il est vrai, la sieste dans l'après-midi, comme la plupart de mes compagnons. Après avoir dormi plusieurs heures dans la journée, mes camarades ne pouvaient s'attendre à ronfler ensuite toute la nuit. L'homme ne peut toujours dormir, disait justement Sverdrup.

31 *décembre*. — Voici le dernier jour de l'année. Une longue année, qui nous a apporté et beaucoup de bien, et beaucoup de mal! Elle a débuté par le bien, par la naissance de la petite Liv, un bonheur si étrange que d'abord j'y pouvais à peine croire. Ensuite est venue l'heure triste du départ. Nulle année n'a apporté une peine plus lourde que celle-là. Depuis, ma vie n'est qu'une longue attente. Comme l'a dit le poète : « Veux-tu ignorer les peines et les soucis, n'aime jamais. »

L'attente! il y a des maux pires!

Vieille année, tu m'as apporté la déception; tu ne m'as pas conduit aussi loin vers le nord que je l'avais espéré. Après tout, tu aurais pu me traiter encore plus mal. Mes calculs ne se sont-ils pas réalisés en partie? Le *Fram* n'a-t-il pas été poussé dans la direction désirée? Une seule chose me contrarie; la multiplicité des zigzags de la dérive.

Une nuit magnifique termine l'année. Au-dessus de la grande étendue blanche, le ciel d'une incomparable pureté n'est qu'un scintillement d'étoiles, illuminé par le flamboiement silencieux de l'aurore boréale, et sur ce fond de paillettes brillantes, le *Fram* détache en vigueur sa masse noire argentée de givre.

Tout naturellement, grande réjouissance dans la soirée. A minuit, j'adresse à mes compagnons une courte allocution de circonstance, les remerciant de leur bon esprit de camaraderie et de leur confiance. Ensuite chants et lecture de poésies.

3 janvier 1894. — La température varie entre —39° et —40°!!! Par un pareil froid, la lecture des instruments de météorologie n'est pas précisément agréable, surtout celle des thermomètres à maximum et à minimum placés dans le « nid de corbeau ». Plus pénibles encore sont les observations astronomiques exécutées tous les deux jours. Pour manier les petites vis très délicates des instruments, naturellement Hansen et son aide doivent être dégantés, d'où de fréquentes congélations aux mains. Souvent le froid est tellement pénétrant que les observateurs doivent interrompre leur travail pour battre la semelle et pour se frapper les bras. Et cependant, jamais ils ne veulent avouer leurs souffrances. « Hansen, il ne fait pas chaud là-haut, lui demandons-nous, lorsqu'il rentre au carré. — Ma foi non, cependant la température est, je vous assure, très supportable. — Soit, mais vous avez les pieds gelés. — Non, en vérité, je ne puis le dire, j'ai seulement un peu froid aux doigts. » En effet... deux de ses doigts sont « mordus », et il s'obstine à refuser les gants en peau de loup que je lui offre. Aujourd'hui, le temps est trop doux pour une telle précaution, affirme t-il.

Un jour, par 40° sous zéro, Hansen monta sur le pont en chemise et en caleçon pour une lecture d'instrument. Et des explorateurs ont affirmé l'impossibilité d'exécuter des observations par de pareilles températures !

4 janvier. — L'aube me semble plus claire, mais, peut-être est-ce par un effet de mon imagination ? Je suis de très belle humeur, bien que nous dérivions encore vers le sud. Après tout, qu'importe? Peut-être dans cette direction notre expédition ne sera-t-elle pas moins fructueuse pour la science? En attendant, je connais maintenant la nature du bassin polaire. La mer profonde à travers laquelle nous dérivons est un prolongement des grandes fosses atlantiques. Mes prévisions se trouveraient vérifiées complètement, si seulement nous avions un vent favorable. Bien d'autres, avant nous, n'ont-ils pas attendu une bonne brise! Au fond, ce désir d'atteindre le pôle est une suggestion du démon de la vanité.

La vanité? n'est-ce pas une maladie d'enfant qui devient plus aiguë avec les années et qui pourtant devrait disparaître?

Tous mes calculs, à l'exception d'un seul, se sont trouvés justes. Nous avons suivi notre route le long de la côte de Sibérie, en dépit de toutes les prédictions défavorables ; nous sommes parvenus au nord plus loin que je n'avais osé l'espérer et juste à la longitude que je souhaitais atteindre ; comme je le désirais, nous avons été pris dans les glaces, et le *Fram* a supporté sans la moindre avarie toutes les pressions, alors que les explorateurs les plus expérimentés avaient affirmé sa perte certaine. Enfin, notre hivernage sur cette banquise en dérive est bien moins pénible que celui des précédentes expéditions. Notre vie ressemble à celle que nous mènerions en Norvège. Tous réunis dans une même pièce, nous formons comme un petit coin de la patrie.

Le seul point sur lequel mes calculs se sont trouvés en défaut est, je ne puis le cacher, d'une très haute importance. Le plus grand fond rencontré par la *Jeannette* n'était que de 164 mètres; je croyais donc l'Océan polaire peu profond et supposais par suite l'action des courants très sensible dans cette mer et l'apport des fleuves sibériens capable de repousser la banquise très loin vers le nord. Aussi, grand a été mon étonnement de trouver dans cet Océan des abîmes atteignant 1.800 mètres au moins et peut-être même le double. Au milieu d'une pareille masse d'eau un courant, s'il existe, doit être très faible. Mon seul espoir maintenant est dans les vents. Christophe Colomb a découvert l'Amérique par suite d'un faux calcul, dont il n'était pas d'ailleurs responsable. Seul, le ciel sait où nous conduira mon erreur. Mais, en vérité, je le dis : le bois flotté de provenance sibérienne qui se rencontre sur les côtes du Grönland ne peut mentir ; nous devons donc suivre le même chemin que lui.

8 janvier. — La petite Liv a aujourd'hui un an. A la maison c'est grande fête. Que ne donnerai-je pour te voir aujourd'hui, cher petit être ? Tu m'as sans doute oublié depuis longtemps et tu ne sais plus ce que c'est qu'un père ? Tu le sauras un jour de nouveau.

Dans l'après-midi, Vénus apparaît pour la première fois au-dessus de l'horizon. Entourée d'une auréole rouge, elle éclaire le grand désert glacé comme un phare puissant... C'est l'étoile de Liv, comme Jupiter est l'étoile du foyer. Un pareil jour ne peut nous apporter que joie et bonheur. En effet, nous dérivons vers le nord ; nous sommes certainement au delà du 79°.

15 janvier. — Un bon pas vers le nord. Hier nous étions par 79°49′ et 137°31′ Long. E. — Dans la journée je fais une longue excursion à pied. La glace est unie, excellente pour le traînage ; à mesure que j'avance, elle devient de plus en plus plane. Plus j'examine cette banquise et plus mûrit dans ma tête un projet auquel j'ai depuis longtemps déjà souvent réfléchi. Sur une telle glace il serait possible d'atteindre le pôle avec des traîneaux et des chiens, en laissant le navire poursuivre sa route vers la Terre François-Joseph, le Spitzberg ou le Grönland. Ce serait une entreprise facile pour deux hommes... En tous cas, il serait prématuré de partir au printemps prochain. Je dois d'abord connaître les résultats de la dérive pendant l'été. En second lieu est-il juste d'abandonner les autres ? Si je réussissais à revenir en Norvège et que mes compagnons périssent avec le *Fram!* Mais, d'autre part, n'est-ce pas pour explorer le bassin polaire que l'expédition est partie, et n'est-ce pas dans ce but que le peuple norvégien a libéralement donné son argent? Mon devoir est de faire tous les efforts possibles pour arriver au but... Pour le moment il faut attendre les événements.

Jeudi 18 janvier. — Vent de S-S-E, de S-E, et d'E-S-E, Vitesse de 5 à 6 mètres par seconde. Ces grandes brises déterminent presque toujours une hausse du thermomètre; aujourd'hui il monte à —25°. Moins violents, les vents du sud produisent un refroidissement de l'air, tandis que ceux de la partie nord, lorsqu'ils sont faibles, amènent une élévation de température. Payer attribue l'échauffement des couches d'air observées, par les brises fraîches, à leur passage au-dessus de nappes d'eau libre. Cette explication ne me semble pas exacte, surtout dans cette région où il existe peu ou point d'ouvertures dans la banquise. A mon avis, cette hausse de température serait déterminée par l'arrivée, à la surface de la terre, de nappes d'air provenant des hautes régions de l'atmosphère. L'air des régions supérieures doit, en effet, avoir une température plus élevée que celle des nappes ambiantes à notre globe, refroidies par la radiation des neiges et des glaces. En second lieu, en descendant, l'air subit un échauffement en raison de l'augmentation de pression qu'il éprouve.

23 janvier. — Ce matin, lorsque je monte sur le pont, Caïaphas aboie furieusement dans la direction de l'est. Il doit y avoir quelque animal de ce côté. Muni seulement d'un revolver, je pars à la découverte, accompagné de Sverdrup. Aussitôt le chien file devant nous, toujours en donnant de la voix. J'examine soigneusement les environs; impossible de rien distinguer. Caïaphas aboie toujours et pointe les oreilles. D'une seconde à l'autre je m'attends à voir surgir un ours. Nous voici sur le bord de l'ouverture voisine du navire; notre chien avance lentement et avec précaution, puis s'arrête en grognant sourdement. Évidemment nous approchons du gibier. Je grimpe sur un *hummock*, et devant moi j'aperçois quelque chose de sombre qui semble remuer. « Un chien noir, dis-je à Sverdrup. — Mais non, répond-il, c'est un ours. » Ce que j'ai pris tout d'abord pour un chien est seulement la tête de la bête ; sa démarche est bien celle de l'ours, mais cet ours blanc est terriblement noir. Je m'avance vers lui, le revolver à la main, prêt à lui envoyer mes six balles dans le museau, lorsque je vois l'animal se lever, et du coup je reconnais un morse. L'énorme bête se jette aussitôt à l'eau et plonge, puis après être revenue à la surface et s'être ébrouée, reste à nous regarder. Inutile d'envoyer des balles de revolver à un pareil monstre ; autant essayer de prendre une oie sauvage en lui déposant le fameux grain de sel sur la queue. Quel dommage que nous n'ayons pas un harpon! Nous revenons en toute hâte à bord chercher les armes nécessaires ; le temps de les préparer, le gibier a disparu. Jamais auparavant, que je sache, on n'avait rencontré un morse sur la banquise en pleine mer.

Bonne dérive vers le nord. 79°41' Lat. N. 135°29' Long. E.

25 *janvier*. — En me promenant j'atteins la fin de l'ouverture située à l'est du *Fram* ; sa longueur n'est pas moindre de 11 kilomètres. Au retour de cette excursion, la banquise commence à s'agiter. La jeune glace qui couvre le chenal se brise sous mes pas et s'amoncelle en deux hautes murailles avec des bruits étranges. Tantôt on croit entendre un gémissement de chien, tantôt un fracas de puissante chute d'eau. A différentes reprises le passage m'est fermé, soit par la brusque ouverture d'une nappe d'eau, soit par le soulèvement d'un monticule de blocs. La partie de la banquise où est enfermé le *Fram*, située au sud de nous, paraît être poussée vers l'est, à moins que ce ne soit la portion du *pack* sur laquelle nous nous trouvons qui dérive dans l'ouest.

27 *janvier*. — Le jour augmente sensiblement. A midi on

peut lire les caractères d'un journal. Le soir, pendant deux heures, très violentes pressions. Les glaces craquent et se brisent dans des heurts terribles, et leurs débris s'empilent en hautes murailles le long des rives du lac. On entend venir le grondement... il approche de plus en plus... le navire éprouve des chocs violents; il semble qu'il soit soulevé par des vagues de glace arrivant par l'arrière. Les *hummocks* à tribord grincent, le bruit devient assourdissant. Une accalmie se produit et je regagne le carré. A peine me suis-je remis au travail que les pressions reprennent de plus en plus violentes.

A bâbord le vieil *hummock* est lentement soulevé, tandis que se déchire la grande flaque située dans son voisinage. Le fracas et la violence des chocs augmentent de minute en minute; le navire frémit, et cela dure ainsi jusqu'à dix heures et demie. A minuit moins un quart, nouvelle attaque de la glace, plus faible; puis, tout rentre dans le calme. L'assaut a été particulièrement violent à l'arrière. Un monticule formé de blocs empilés dépasse six mètres[1]; des glaçons épais de trois mètres environ ont été brisés et entassés les uns au-dessus des autres.

La lune est à son dernier quartier; la production de cette forte pression à cette époque ne concorde donc pas avec nos observations antérieures. Peut-être est-elle due au voisinage d'une terre.

30 *janvier*. — Depuis avant-hier, calme plat, néanmoins légère dérive au sud-est. Lorsque le vent a, pendant quelque temps, soufflé d'un point du compas, la banquise éprouve une compression dans cette direction, puis, dès que la brise tombe, subit une détente et s'étend en sens contraire. A cette réaction sont dus, je crois, le recul d'un mille constaté depuis le 27, et l'attaque de ce jour-là. Depuis cette date, la glace est

---

[1]. Il reçut le nom de *Grand Hummock* et suivit le *Fram* pendant toute sa dérive.

calme. Les pressions se produisent probablement lors du changement de direction de la dérive.

2 *février*. — 82° 10′ Lat. N. et 132° 10′ Long. E. En l'honneur du passage du 80°, grande fête à bord.

6 *février*. — Le thermomètre oscille entre — 47° et — 48°. Dans le salon il s'élève à + 22°. Lorsque l'on sort, la différence de température est donc de 69 à 70°. Néanmoins, fût-on même légèrement vêtu et tête nue, on n'éprouve pas une impression de froid.

L'air est calme et remarquablement clair. L'horizon, dans le sud, resplendit d'une lueur jaune très intense passant au vert et au bleu. Le ciel d'Italie n'est pas d'un bleu plus intense. Cette puissante coloration se produit toujours par les grands froids. Le lendemain, le thermomètre descend à — 49°,6.

Depuis le mois dernier, tous les membres de notre petite colonie ont augmenté de poids; pour quelques uns, l'accroissement atteint deux kilogrammes. Sverdrup, Blessing et Juell tiennent le « record » avec 86^{ks} 2.

15 *février*. — Longue excursion en traîneau. Sur la glace unie, quatre chiens peuvent traîner deux hommes. J'étudie l'importante question de la marche sur la banquise en vue des plans d'avenir.

Combien exagérées sont les craintes qu'inspirent les basses températures arctiques! Certainement il ne fait pas chaud par — 40° et — 42°; mais un tel froid ne cause aucune souffrance. Hier, dans une promenade sur les *ski*, j'étais vêtu d'une chemise ordinaire et de deux blouses en peau; aux jambes, caleçon, pantalon, jambières en drap, et je suais à grosses gouttes.

Aujourd'hui, pour la promenade en traîneau, je porte une chemise de flanelle, un gilet, un jersey en laine, une veste en vadmel et une blouse en peau de phoque. Avec cet accoutrement, la température me semble très agréable; comme hier, je transpire à plusieurs reprises. Sur la figure, je porte un masque de flanelle, mais cet appareil me tient beaucoup trop chaud; je ne le mets que lorsqu'une brise très fraîche me souffle dans le nez.

16 février. — Après une dérive dans le sud, les jours précédents, nous voici de nouveau au nord, au 80°1'; pourtant, depuis le 12, le vent a toujours soufflé du nord.

A midi, grand émoi! Après une absence de cent douze jours,

IMAGE RÉFRACTÉE DU SOLEIL

le soleil, ou du moins son image réfractée, apparaît à l'horizon. Un long trait de feu brille d'abord, puis deux autres superposés et séparés par un intervalle sombre. Du haut de la mâture j'aperçois quatre, puis cinq raies horizontales, toutes d'égale longueur. L'ensemble forme un soleil rectangulaire, d'un rouge pâle, traversé de bandes horizontales sombres. A midi, d'après une observation, l'astre se trouvait encore à 2° 22' au-dessous de l'horizon. Le 20 février seulement, le soleil devait se trouver au-dessus de l'horizon. Cet événement fut, bien entendu, l'occasion d'une fête.

22 *février*. — Depuis trois jours, vent de sud; cependant nous ne sommes qu'au 80° 11'. En septembre, nous étions par 79°; depuis, nous n'avons guère gagné plus d'un degré. A cette vitesse, il nous faudra encore quarante-cinq mois pour atteindre le Pôle, quatre-vingts ou cent mois pour regagner, de l'autre côté, le 80° de Lat., ensuite un ou deux mois pour revenir en Norvège. En admettant que la dérive se poursuive toujours dans les mêmes conditions de vitesse, nous ne reviendrons que dans huit ans !!!

Avant mon départ, lorsque je plantais de petits arbustes et de jeunes arbres dans le jardin pour les générations futures, Brogger écrivait avec juste raison : « Personne ne peut savoir la longueur de leur ombre lorsqu'il sera de retour. » Ils sont maintenant sous la neige ; mais au printemps ils recommen-

STRATIFICATION DE LA GLACE

ceront à bourgeonner et à grandir. Combien de fois avant mon retour? Pourvu que leurs ombres ne soient pas trop longues !

Cette inactivité est absolument énervante; j'éprouve un impérieux besoin d'exercice violent. Qu'un ouragan n'arrive-t-il et ne secoue-t-il cette banquise en hautes vagues ! Qu'au moins nous puissions lutter et faire quelque chose! Cette inaction est bien la vie la plus misérable. Pour se laisser ainsi conduire vers le but par les forces aveugles de la nature sans jamais pouvoir intervenir, il faut à coup sûr dix fois plus d'énergie que pour le combat.

Le 19, forages dans la glace. A bâbord, son épaisseur est de 1^m,875 et à l'avant de 2^m,08 ; elle n'est donc pas très grande, si l'on songe qu'elle est « vieille » d'un mois, et que pendant ce mois la température est descendue à —50°. La plaque sur laquelle se trouve installé le piège à ours atteint une profon-

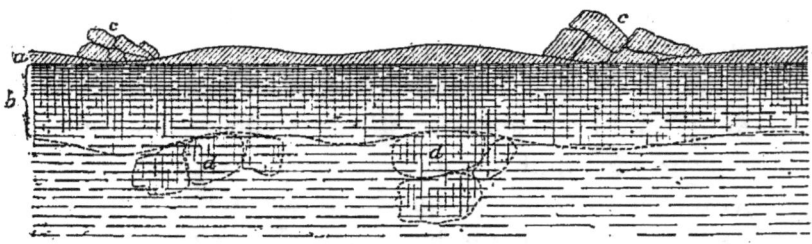

STRATIFICATION DE LA GLACE

deur de 3^m,45 ; de plus, quelques glaçons adhèrent à sa face immergée. Elle présente une sorte de stratification rappelant celle d'un glacier, rendue apparente par des dépôts de matières noires colorées d'organismes rougeâtres, qui se trouvent à la surface de chaque couche. En différents endroits, les strates sont plissées et même brisées comme dans une coupe géologique ; plissements et fractures proviennent évidemment des pressions exercées latéralement dans les chocs des glaçons. Cette disposition était particulièrement frappante près d'un grand *toross* formé par la dernière convulsion de la banquise. (Voir les figures précédentes.) La plaque, épaisse de plus de 3 mètres, avait été plissée sans se briser, notamment au pied du monticule amoncelé à sa surface. Sous le poids de cette surcharge, la surface du glaçon était, en certains endroits, descendue jusqu'au niveau de la mer, tandis qu'ailleurs, pressé par des blocs qui avaient été poussés sous elle, cette flaque s'élevait à 0^m,50 au-dessus de l'eau. En dépit du froid, cette glace est donc très plastique. A cette époque, la température de la banquise, à une très petite profondeur, devait varier de — 30° à — 20°.

4 mars. — Toujours les mêmes alternatives de progrès et de recul. Le 24 février, après vingt-quatre heures seulement de vent de sud, nous sommes repoussés au 79° 54′ ; nous dérivons ensuite dans l'est, puis au nord-est. Le 27, nous atteignons le 80° 10′ ; maintenant nous sommes de nouveau repoussés par un vent de sud-est.

Hier et aujourd'hui, le thermomètre descend à — 37° et à — 38°. Actuellement, le vent du nord détermine un abaissement de température, et celui du sud une hausse du thermomètre. Au commencement de l'hiver, c'était le contraire.

12 mars. — Toujours en dérive vers le sud. Je commence à être découragé. N'en ai-je pas le droit? L'une après l'autre, toutes mes espérances s'évanouissent. Et pendant ce temps, indifférente à tous nos sentiments, la nature poursuit impassible son cycle.

Temps très froid ; le 8 au soir, le thermomètre descend à — 48°,5, le 11 à — 50°, et dans la soirée à — 51°,2. Néanmoins, chaque jour nous faisons des excursions. Quoique nous ne soyons pas plus couverts que d'habitude[1], nous ne sommes nullement incommodés par cette basse température. Tout au contraire, elle nous semble très agréable. Nous nous sentons seulement froid au ventre et aux jambes ; mais il suffit de battre la semelle pour se réchauffer. Très certainement on pourrait supporter une température encore plus basse, de 10°, 20° et même 30°. Les sensations éprouvent des modifications très curieuses. En Norvège, j'ose à peine mettre le nez dehors par une température de — 20°, alors même que l'air est calme ; ici, par un froid de — 50° et avec du vent, je n'hésite pas à sortir.

13 mars. — Nouvelle visite d'un morse. Les chiens l'aperçoivent du pont du navire, à une distance d'au moins

---

1. Les uns étaient vêtus d'une chemise et d'une peau de loup, les autres d'une jaquette de laine et d'une blouse légère en peau de phoque.

1.000 mètres, bien qu'il ne fasse pas très clair. Ces animaux ont une vue extraordinairement perçante.

16 *mars*. — Essai de marche à la voile avec les traîneaux. L'expérience réussit parfaitement. Une légère brise suffit à pousser rapidement les véhicules.

21 *mars*. — Enfin! Vent de sud-est et dérive vers le nord. L'équinoxe de printemps est passé, et nous sommes à la même latitude qu'en automne. Où serons-nous en septembre prochain? Si nous nous trouvons plus au sud, la victoire sera incertaine; si, au contraire, nous avons avancé vers le nord, la bataille est gagnée; mais cela sera peut-être long. Je place maintenant mes espérances dans l'été. La large étendue d'eau libre, qui, en septembre, s'étendait jusqu'au 70°, n'avait certainement pas été produite par la fusion de la banquise, et avait été formée par les vents et les courants. Pour qu'elle se reforme l'été prochain, la glace devra donc être repoussée vers le nord, et, par suite, nous entraînera dans la direction dérivée.

26 *mars*. — Le 23, nous sommes de nouveau au 80°. En quatre jours, nous avons regagné le terrain perdu en trois semaines. Le thermomètre moral remonte; cette hausse est de courte durée; le 26, la dérive s'arrête.

Le soleil monte et illumine de sa joyeuse clarté le grand désert glacé. Le printemps arrive, mais il n'apporte guère la joie. Il est triste et froid. Sept ans d'une pareille vie, mettons même quatre, après une telle épreuve, dans quel état moral serons-nous? Et elle? Je n'ose y penser.

Cette inaction et cette monotonie brisent tous les ressorts de l'homme. Pas la moindre lutte! Tout est calme et mort, enseveli sous une carapace de glace! Cela fait passer des frissons jusque dans l'âme. Que ne donnerai-je pas pour batailler au jour contre les éléments, pour être seulement exposé à un danger quelconque?... Il faut s'armer de patience et attendre le résultat de la lente dérive. Suit-elle une mauvaise direction, je romprai alors tous les ponts et nous partirons vers le nord à pied à travers la banquise; j'y suis bien résolu. Il n'y a point d'autre parti à prendre. Ce sera une entreprise bien téméraire, la lutte pour la vie ou pour la mort. Je n'ai pas à choisir. Il est indigne d'un homme d'assumer une tâche, puis de l'abandonner une fois qu'elle est commencée. Une seule direction nous est ouverte; celle du nord. En avant[1] !

Mes yeux s'arrêtent sur le tableau d'Eilif Pettersen suspendu dans le carré : Une forêt de sapins en Norvège; et j'ai l'impression de me retrouver au milieu de ces bois aimés. Solennelles forêts, vous avez été les confidentes de mon enfance. Au milieu de vous, j'ai appris à sentir les grandes impressions de la nature, sa sauvage majesté et sa mélancolie. Pour la vie vous avez donné à mon âme une impression indélébile... Seul, au milieu des grands bois, assis devant un feu, sur les bords d'une mare solitaire, sous le ciel étoilé, combien j'étais heureux dans cette magnifique harmonie de la nature !

A bord, tout le monde est très affairé. On coupe des voiles pour les canots, pour les traîneaux, pour le moulin; on forge des couteaux, des épieux pour les ours; on fabrique des chaussures à semelles de bois et des clous. Le docteur, toujours en vacances faute de malades, s'établit relieur, tandis qu'avec l'aide d'Amundsen je refais les cartons de musique usés par l'humidité. Je les découpe dans des feuilles de zinc; l'essai donne d'excellents résultats, et maintenant, en avant la manivelle! « Des flots d'harmonie sacrée et profane » remplissent le navire; les valses ont surtout du succès. Cette musique entraînante donne comme un regain de vie aux habitants du *Fram*.

6 *avril*. — Aujourd'hui, grand événement. Une éclipse de

1. Le navire du Dr Nansen portait le nom d'*En Avant* (en norvégien *Fram*).

OBSERVATION D'UNE ÉCLIPSE DE SOLEIL

soleil doit se produire. D'après les calculs de Hansen, elle aura lieu à midi cinquante-six minutes. Il s'agit de prendre une bonne observation afin de contrôler la marche de nos chronomètres. A l'avance, la grande lunette et le théodolite sont disposés sur la glace, et, pendant deux heures Hansen, Johansen et moi, nous nous relayons de cinq en cinq minutes aux instruments. Enfin, le moment décisif approche. Hansen, installé à la grande lunette, surveille le soleil, tandis que Johansen observe le chronomètre. Une ombre paraît sur le bord de l'astre. *Top!* crie notre astronome, *Top!* répond Johansen. Le chronomètre marque exactement 12 h. 56' 7",5 ; seulement sept secondes cinq dixièmes plus tard que Hansen ne l'avait calculé, un résultat excellent qui prouve la marche régulière de nos instruments.

7 *avril*. — Dans la matinée, je suis tout à coup tiré de ma rêverie par un bruit de pas précipités sur la dunette. Évidemment des hommes courent ; un ours s'est sans doute montré aux alentours. N'entendant le bruit d'aucune décharge, je retombe dans mes pensées, lorsque j'entends tout à coup la voix de Johansen. Mogstad et lui ont tué deux ours, du moins ils le croient, et reviennent chercher des cartouches. Tout le monde monte alors sur le pont. Immédiatement je m'habille, chausse mes *ski*, et bientôt rencontre la bande des chasseurs revenant bredouille. Les ours, soi-disant morts sur le coup, se sont relevés et sont loin. Néanmoins, je me mets à leur poursuite. La dimension des pistes indique le passage d'une ourse et d'un ourson. La mère a dû être gravement blessée ; les empreintes laissées sur la neige indiquent qu'elle est tombée à plusieurs reprises. Il sera donc possible de la rejoindre ; dans cet espoir, je continue ma poursuite. Sur ces entrefaites survient un épais brouillard. Le *Fram* est depuis longtemps hors de vue ; je n'en marche pas moins pendant quelque temps encore. Enfin je m'arrête, je me sens une faim terrible. Dans ma hâte, je n'ai pas déjeuné et seule-

ment, à cinq heures et demie du soir, je rentre à bord. Pendant mon absence, quelques hommes, partis à ma rencontre avec un traîneau pour rapporter mon gibier, ont aperçu deux autres ours. Johansen leur a immédiatement donné la chasse, sans plus de résultat que moi. Quatre ours en un jour, après être resté trois mois sans en voir un seul. Cela signifie quelque chose. Peut-être approchons-nous d'une terre. Nous sommes aujourd'hui par 80°15'; jamais nous n'avons atteint une aussi haute latitude.

30 *avril*. — Nous atteignons le 80°44'30" et le vent souffle toujours du sud et du sud-est. Un temps clair et rayonnant de printemps, bien que le thermomètre affirme le contraire. On a commencé la toilette du navire. La neige et la glace qui recouvraient le pont et les murailles du *Fram* ont été enlevées, et le gréement nettoyé; maintenant la mâture dresse sa silhouette noire sur le ciel bleu.

Nous nous chauffons au soleil, suivant des yeux les brumes blanches qui flottent dans l'air diaphane; dans ce repos nous songeons au printemps de Norvège, à l'éclosion des bourgeons et des fleurs. Ici rien de pareil. Dans toutes les directions, la grande blancheur déserte pèse comme un poids de mort sur la mer animée.

CHAPITRE III

LE PRINTEMPS ET L'ÉTÉ AU MILIEU DE LA BANQUISE

Enfin, elle est arrivée, cette saison qu'en Norvège nous appelons le printemps, la saison de la joie et de la vie, le réveil de la nature après le long assoupissement hivernal. Ici elle n'a apporté aucun changement. C'est toujours la même plaine de glace.

Suivant que la dérive nous porte dans le nord ou dans le sud, nous sommes pleins d'espoir ou découragés, et, comme toujours dans ces alternatives, je fais des plans d'avenir. Un jour, il me semble que mon plan se réalisera. Le 17 avril, comme nous sommes poussés dans le nord, je suis persuadé de l'existence d'un courant à travers le bassin polaire. Vingt-quatre heures du vent du nord nous ont fait gagner 9 milles. Nous en avons fini, sans doute, avec cette énervante dérive vers le sud. La présence de couches d'eau ayant une température relativement élevée en est à mes yeux un indice favorable.

Pendant le printemps, nos progrès furent plus satisfaisants que durant l'hiver, comme le montre la carte des pages 56-57. Le 1ᵉʳ mai, nous étions presque au 81°, et le 18 juin nous touchions au 83°, puis en juillet et en août nous revînmes en arrière. Le 1ᵉʳ septembre nous avions rétrogradé au 81°14′. Somme toute, c'était toujours le même genre de locomotion ; le *Fram* avançait à la façon d'un crabe. Chaque fois qu'il avait fait un pas vers le nord, il reculait ensuite. C'était, comme le disait l'un de nous, politicien ardent, une lutte constante entre la droite et la gauche, entre les progressistes et les réactionnaires. Toujours après une période de vent progressiste et de dérive encourageante vers le nord, l'extrême droite l'emportait de nouveau ; le navire restait alors immobile, ou même était ramené en arrière, au grand désespoir d'Amundsen.

Pendant toute la dérive, l'avant du *Fram* fut tourné vers le sud, généralement vers le S. 1/4 S. O., et le navire ne dévia que très peu de cette direction. Il marchait vers le nord, qui était son but, le nez toujours dirigé vers le sud. Il se refusait, semble-t-il, à augmenter la distance entre lui et le monde habité, paraissant soupirer après les rivages méridionaux, tandis qu'une puissance invisible l'entraînait vers l'inconnu.

Pendant le printemps, en vue de préparer mon excursion projetée vers le nord, j'étudiais les conditions de viabilité de la banquise dans des excursions journalières, soit sur les *ski*, soit en traîneau.

En avril, la glace devint très praticable pour les chiens. Sous l'action des rayons solaires, les monticules produits par la pression avaient été en partie nivelés, et les crevasses s'étaient fermées. Pendant des milles, on pouvait cheminer sans rencontrer de grands obstacles. En mai, la situation devint moins bonne par suite de l'ouverture de nombreux canaux dans toutes les directions, autant de larges fossés qui, à chaque instant, arrêtaient la marche. Dans les premiers jours du mois, les froids étant encore très vifs, ces nappes d'eau étaient rapidement recouvertes par une couche cristalline, suffisamment épaisse pour résister au poids d'une caravane; plus tard, par suite de l'élévation de la température, la formation de la glace devint beaucoup plus lente et même s'arrêta complètement. A la fin de mai et au commencement de juin, on n'aurait pu avancer que très lentement à travers

DEUX AMIS

le réseau inextricable de canaux et de lacs qui, à cette époque, morcelaient la banquise.

En juin, le *pack*[1] devint absolument impraticable; de larges bassins couvraient les *floe*; à chaque pas, l'on enfonçait dans l'eau ou dans une bouillie glaciaire. Sur un pareil terrain, la marche eût été presque impossible.

1. Banquise. (*Note du traducteur.*)

Nous sommes absolument bloqués dans une banquise en décomposition. Aucun de mes camarades n'est alarmé par la gravité de la situation; tous sont, au contraire, joyeux de notre dérive vers l'extrême nord, de nos progrès de plus en plus rapides à travers l'inconnu. Tous pourtant savent que c'est une question de vie ou de mort. Si, ainsi qu'on nous l'a prédit, le *Fram* est brisé et coulé, comme la *Jeannette*, avant que nous ayons eu le temps de sauver des approvisionnements suffisants pour pouvoir continuer notre dérive vers le nord sur un glaçon, la retraite au sud deviendra nécessaire et son issue sera, à coup sûr, fatale au milieu de cette banquise disloquée. Terribles furent, en effet, les souffrances de l'expédition américaine. Elle ne se trouvait pourtant qu'au 77° de latitude. La distance qui nous sépare de la terre la plus proche est double de celle qu'elle eut à parcourir pour atteindre la côte de Sibérie. Nous sommes éloignés de plus de deux cent quatre-vingts milles du cap Tchéliouskine, et, de ce promontoire aux premières localités habitées de Sibérie, le trajet est effrayant.

Mais le *Fram* ne sera pas brisé : personne ici ne croit à la possibilité d'une pareille catastrophe. Nous sommes comme le rameur en *kayak*; il sait qu'un faux coup de pagaie suffirait à le faire chavirer et à l'envoyer dans l'éternité; pourtant il va droit son chemin en toute sécurité, persuadé qu'il ne donnera pas un faux coup de pagaie.

En juillet, la banquise devint encore plus mauvaise. Tous les *floe* étaient couverts de nappes d'eau sur lesquelles s'étendait une mince couche de glace. Dès que vous mettiez le pied sur cette pellicule, elle cédait, et vous barbotiez dans une eau glacée. Les amas de neige molle entassés entre les *hummocks* et au pied des *toross* ne portaient pas, fût-on même chaussé de *ski*. Plus tard, après la fusion complète de la neige, le *pack* devenait accessible.

A la surface des *floe* se formèrent bientôt de larges bassins.

LA BANQUISE EN ÉTÉ (12 JUILLET 1894)

Le 8 et le 9 juillet, le *Fram* se trouvait dans un lac d'eau douce, et nous dûmes construire un pont pour pouvoir gagner à pied sec la rive. Plusieurs de ces nappes étaient très étendues et très profondes. Une d'elles, située à tribord, était suffisamment grande pour y organiser des parties de canotage. Ce fut le divertissement de nos soirées pour plusieurs d'entre nous. Chaque embarcation avait un état-major complet : capitaine, second, lieutenant, mais point de matelots. Pendant que le canot courait des bordées, les autres camarades restés sur les rives s'amusaient à bombarder les navigateurs de boules de neige.

Ces parties eurent un résultat pratique ; un jour, nous fîmes un exercice d'embarquement et reconnûmes que tous les treize nous pouvions prendre place dans une seule embarcation. Lorsque les chiens nous virent quitter le *Fram* et nous diriger vers l'étang, ils manifestèrent le plus grand émoi, puis, quand ils nous virent prendre place dans le canot, pensant que nous les abandonnions, ils entamèrent un concert de lamentations épouvantables. Quelques-uns se jetèrent à la nage pour nous suivre, tandis que deux autres, plus malins, contournaient le lac et allaient à notre rencontre de l'autre côté. Quelques jours plus tard, nous eûmes la tristesse de trouver notre étang à sec ; une fissure s'était ouverte au fond de son lit de glace et toute la masse d'eau douce s'était écoulée par cette ouverture.

Pendant l'été, outre ces nappes, s'étendaient dans toutes les directions des réseaux de canaux. Ces chenaux n'atteignaient pas une grande largeur et pouvaient être traversés facilement d'un bond à l'endroit le plus étroit ou en sautant de glaçon en glaçon.

La banquise, quelque découpée et couverte de lacs qu'elle fût, était encore trop compacte pour que nous pussions espérer la délivrance. D'ailleurs, le *Fram* eût-il été rendu à la liberté qu'il n'aurait pu avancer que de quelques encablures vers le nord. A plusieurs reprises, du « nid de corbeau » de larges étendues d'eau libre furent visibles dans notre voisinage ; même, si nous avions pu les atteindre, elles ne nous auraient pas conduits loin. Avant la fin de l'été, le *Fram* sera à coup sûr libre, et nous pourrons faire route au nord, ne cessait de répéter Jacobsen ; cette espérance était partagée par tous, sauf par Sverdrup et par moi.

Tous les explorateurs qui ont été prisonniers dans les banquises attendaient avec impatience la débâcle estivale ; moi, au contraire, je désire voir la glace conserver sa cohésion et poursuivre sa dérive vers le nord. Ici-bas, tout dépend du point de vue auquel on se place. Le navigateur parti avec l'illusion de pouvoir faire voile en eau libre jusqu'au pôle, se lamente d'être bloqué, tandis qu'un autre, décidé à se faire prendre dans la glace, ne se plaint pas, même s'il trouve de l'eau libre. Dans cette vie, qui veut le plus demande souvent le moins.

Toutes ces ouvertures de la banquise sont produites, comme les pressions et les tassements du *pack*, par les vents et les marées qui poussent les glaces tantôt dans une direction, tantôt dans une autre. La surface du bassin polaire est couverte de *floes* en perpétuel mouvement, tantôt cohérents, tantôt détachés et poussés les uns contre les autres.

Durant toute la dérive du *Fram*, des observations furent constamment prises à l'effet d'étudier la formation des glaçons. Pendant l'hiver et pendant le printemps, l'épaisseur de la glace augmenta constamment ; mais, comme cela ressort du tableau suivant, son accroissement est de plus en plus lent, à mesure que sa puissance devient plus grande.

Dates.	Épaisseur de la glace.
10 avril	$2^m,31$
21 avril	$2^m,41$
5 mai	$2^m,45$

Dates.	Épaisseur de la glace.
31 mai	2ᵐ,52
9 juin	2ᵐ,58
20 juin	Ibid.
4 juillet	2ᵐ,57
10 juillet	2ᵐ,76

L'augmentation des glaçons pendant l'été me sembla tout d'abord fort extraordinaire. Par suite des diverses ablations que leur tranche superficielle éprouvait chaque jour et dont la somme pouvait être évaluée à plusieurs centimètres, leur volume aurait dû décroître. Des études attentives me révélèrent la cause de cette anomalie. L'eau douce provenant de la fusion de la neige formait, à la surface de la mer, une nappe d'environ 3 mètres, et, au contact de l'eau salée beaucoup plus froide [1], subissait un abaissement de température et même une congélation. C'est cette couche de glace d'eau douce qui, en s'agglutinant à la partie immergée des floe, augmentait leur épaisseur. Des forages me révélèrent en effet la présence sous les vieux floe d'une nappe de glace peu cohérente. Dans le courant de l'été, la puissance de la banquise diminua, cependant, par suite de l'importance de la fusion superficielle comme l'indiquent les observations suivantes :

Dates.	Épaisseur de la vieille glace.	Épaisseur totale du bloc. La différence avec le chiffre précédent indique l'accroissement de la tranche de glace d'eau douce sous-jacente.
23 juillet 1894	2ᵐ,33	2ᵐ,49
10 août —	1ᵐ,94	2ᵐ,17
22 — —	1ᵐ,86	2ᵐ,06
3 sept. —		2ᵐ,02

[1]. Sa température était d'environ —1°,5'.

Dates.	Épaisseur de la vieille glace.	Épaisseur totale du bloc. La différence avec le chiffre précédent indique l'accroissement de la tranche de glace d'eau douce sous-jacente.	
20 sept. 1894.		1^m,98	
3 octob. —	1^m,75	1^m,98	
12 — —	1^m,80	2^m,08	
10 nov. —	Ibid.	Ibid.	avec légère tendance à l'accroissement
11 déc. —		2^m,11	
3 janv. 1895.		2^m,32	
18 — —		2^m,48	
6 févr. —		2^m,59	

Les blocs et les *floe* d'une très grande puissance sont le produit, non de la congélation de l'eau, mais de l'entassement de la glace sous l'action des pressions. Souvent, dans ces convulsions de la banquise, d'énormes fragments glissent les uns par-dessus les autres; une fois solidifié par le froid, cet agrégat prend l'aspect d'une masse absolument homogène. C'est ainsi que, sous le *Fram*, l'amoncellement des glaçons dépassait une puissance de 10 mètres.

La température de la glace, à la surface du *pack*, voisine du point de fusion pendant l'été, s'abaisse rapidement à mesure que les froids de l'hiver deviennent plus intenses. Elle diminue, au contraire, lentement dans les couches profondes; à la partie inférieure des glaçons baignés par la mer elle se trouve sensiblement égale à celle de l'eau ambiante.

En mars et au commencement d'avril, j'ai observé la plus basse température. A une profondeur de 1^m,20 et de 0^m,80, elle était respectivement de — 16° et de — 20°. A partir des premiers jours d'avril se manifesta une hausse très lente.

Par les grands froids, la glace est dure et cassante; les chocs la rompent donc facilement. En été, elle est, au contraire, molle et plastique, et, par suite, ne peut être aussi

LE HALAGE DE LA LIGNE DE SONDE

LA LECTURE DU THERMOMÈTRE PLONGEUR

aisément brisée. Cette modification dans l'état de la banquise se manifeste d'une façon très particulière. En été, la glace, étant très plastique, peut être entassée et comprimée sans le moindre bruit, tandis qu'en hiver ce phénomène est accompagné de craquements formidables. En juin et juillet, des pressions purent survenir tout près de nous sans que le moindre bruit nous en avertît.

Pendant l'été, nous poursuivîmes nos études scientifiques. Durant l'hiver, nous avions fait une ligne de 4 à 5,000 mètres ; avec cet engin nous réussîmes à atteindre le fond de l'océan

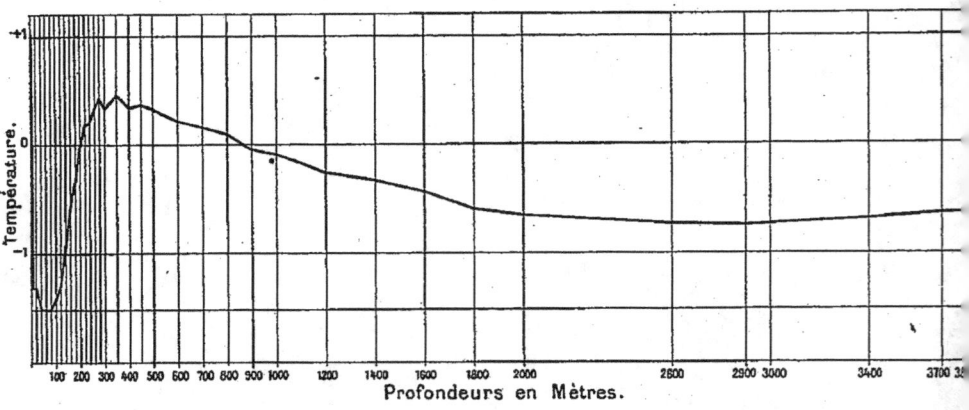

sur lequel nous dérivions. La profondeur variait de 3,300 à 3.900 mètres : une intéressante découverte qui renversait toutes les idées reçues sur la nature du bassin polaire.

En outre de ces sondages, nous fîmes des observations de température de la mer à différentes profondeurs. Ces séries thermométriques révèlent toutes les mêmes oscillations; d'un mois à l'autre les variations de température des différentes couches ne dépassaient pas quelques centièmes de degré. A titre d'exemple, voici les résultats d'un sondage thermométrique exécuté du 13 au 17 août, traduits dans la courbe ci-dessus.

Profondeur en mètres.	Température.	Profondeur en mètres.	Température.	Profondeur en mètres.	Température.
Surface....	+ 1°,02	240 mètres.	+ 0°,20	1,000 mètres.	— 0°,10
2 mètres.	— 1°,32	260 »	+ 0°,34	1,200 »	— 0°,28
20 »	— 1°,33	280 »	+ 0°,42	1,400 »	— 0°,34
40 »	— 1°,50	300 »	+ 0°,34	1,600 »	— 0°,46
60 »	— 1°,50	350 »	+ 0°,44	1,800 »	— 0°,60
80 »	— 1°,50	400 »	+ 0°,35	2,000 »	— 0°,66
100 »	— 1°,40	450 »	+ 0°,36	2,600 »	— 0°,74
120 »	— 1°,24	500 »	+ 0°,34	2,900 »	— 0°,76
140 »	— 0°,97	600 »	+ 0°,26	3,000 »	— 0°,73
160 »	— 0°,58	700 »	+ 0°,14	3,400 »	— 0°,69
180 »	— 0°,31	800 »	+ 0°,07	3,700 »	— 0°,65
200 »	— 0°,03	900 »	— 0°,04	3,800 »	— 0°,64
220 »	+ 0°,19				

La figure précédente met en évidence la présence d'une strate d'eau relativement chaude entre deux couches d'eau froide. Après s'être abaissée de la surface à la profondeur de 80 mètres, la température s'élève ensuite jusqu'à 280 mètres, et, après une nouvelle baisse à 300 mètres, se relève de nouveau. Au delà de 450 mètres, on constate une diminution de température régulière jusqu'à 2,900 mètres, suivie d'un troisième relèvement qui persiste jusqu'au fond.

Parfois, la couche d'eau chaude a atteint une température supérieure à celle indiquée dans le tableau précédent. Ainsi le 17 octobre, à 300 mètres le thermomètre marquait + 0°,85, à 350 mètres + 0°,76, à 400 mètres + 0°,78 et à 500 mètres + 0°,62. A partir de cette profondeur il s'abaissait régulièrement pour remonter ensuite aux approches du fond.

Au milieu de cette banquise, nous ne nous attendions guère à rencontrer une faune ailée abondante. Aussi, grande fut notre surprise, le 13 mai, le jour de la Pentecôte, à la vue d'une mouette. A partir de cette date, quelques oiseaux viennent tous les jours voler autour de notre radeau de glace. Des pagophiles blanches (*Larus eburneus* L.), des mouettes tridactyles (*Larus tridactylus* L.), des pétrels arctiques (*Procellarica glacialis*), parfois des mouettes bourgmestres (*Larus glaucus* L.), des mouettes argentées (*Larus argentatus*), des guillemots (*Uria grylle*). Une ou deux fois, nous aperçûmes des stercoraires (*Lestris parasitica*), et, le 21 juillet, un bruant des neiges.

OBSERVATION DE LA TEMPÉRATURE DE LA MER

Le 3 août, nous eûmes la visite de mouettes de Ross (*Rhodostethia rosea*) et j'eus la bonne fortune de tuer trois jeunes exemplaires de cet oiseau rarissime. Ce mystérieux habitant de l'extrême nord, nul ne sait où il va, ni d'où il vient.

Depuis que nous sommes dans ces parages, je l'ai toujours guetté ; le voici qui arrive juste au moment où je m'y attendais le moins.

MOUETTES DE ROSS (*Rhodostethia rosea.*)

Le corps des trois mouettes de Ross que j'ai tuées mesurait une longueur de 0^m,32. Elles avaient le dos et les ailes gris, le ventre et les côtés blancs, légèrement teintés d'orange, et autour du cou un collier gris. Un peu plus tard ce plumage change. Le dos devient bleu, le ventre rose et le collier noir.

Maintenant que ma résolution est prise de pousser une pointe vers l'extrême nord, toutes mes espérances sont concentrées sur les chiens. Je veille toujours sur eux de crainte de quelque accident et de quelque maladie, et non sans raison! Le 5 mai, un des petits de Kvik a une espèce d'attaque de folie furieuse. Il court en aboyant terriblement et mord tout ce qu'il rencontre. Après l'avoir enfermé pendant quelque temps, il redevient calme. C'est le quatrième cas de ce genre que nous observons. Quelle peut être la cause de ces accidents? A coup sûr, ce n'est pas l'hydrophobie; peut-être quelque attaque épileptiforme? Quoi qu'il en soit, plusieurs de mes tireurs ont déjà succombé à cette étrange maladie. Le 24 juin, Ulenka, un de mes meilleurs chiens, est également atteint; il reste étendu sur le pont comme paralysé, incapable de se tenir sur ses pattes. Nous l'installons dans une caisse, et lui donnons une nourriture soignée. Après quelques jours de ce traitement, l'animal paraît éprouver un mieux sensible, mais de longtemps il ne put recouvrer l'usage des jambes. Évidemment, pour déterminer ainsi la paralysie ces attaques doivent affecter la colonne vertébrale. Le 3 juin, un des enfants de Kvik succombe à son tour...

Les chiens ne paraissent pas goûter les charmes de la belle saison; la glace est à leur gré trop humide, et... trop chaude, bien que la température ne s'élève guère au-dessus du point de congélation.

L'été comme l'hiver nous célébrons ponctuellement toutes les solennités avec la pompe que nous permettent nos moyens. La fête nationale [1] du 17 mai donna lieu à de grandes réjouissances : Réveil au son de l'orgue, puis déjeuner de saumon fumé et de langue de bœuf. Tous les membres de l'expédi-

---

1. L'anniversaire de la Constitution norvégienne.

LE PRINTEMPS ET L'ÉTÉ AU MILIEU DE LA BANQUISE

tion portent à la boutonnière des flots de ruban ; même le vieux Suggen en a un au bout de la queue. Au grand mât flotte le pavillon national.

A onze heures, la colonie du *Fram* s'assemble sur la banquise et se forme en cortège, bannière déployée. Je marche en tête, tenant le drapeau norvégien « pur »[1], suivi par Sverdrup qui brandit la flamme du *Fram*. Derrière, un traîneau conduit par Mogstad porte l'orchestre, composé de Johansen et de

LA PROCESSION DU 17 MAI

son accordéon. A la suite, avancent Jacobsen et Henriksen armés de fusils et de harpons, puis Amundsen et Nordahl, porteurs de grandes bannières rouges ; enfin le docteur avec une bannière de manifestant, réclamant la fixation d'une journée de travail normal. Elle consistait en un jersey de

1. Drapeau sans le rectangle aux couleurs suédoises, indiquant l'*Union* de la Norvège avec la Suède.

laine portant brodées sur la poitrine les deux lettres *N. A*[1]. Hissée au bout d'un long bâton, l'enseigne était d'un effet imposant. Le cortège était fermé par Juell, notre cuisinier, le dos couvert de ses casseroles, et par la bande des météorologistes avec un large écusson en fer-blanc, traversé par une bande rouge décorée des lettres *Al. St.*, *almindelig stemmeret*, signifiant en norvégien : suffrage universel. Les chiens suivaient gravement la procession, comme s'ils n'avaient jamais fait autre chose de la vie.

Au son d'une marche imposante composée pour la circonstance, le cortège fit deux fois le tour du navire, en grande solennité, pour se diriger vers le « grand hummock », où elle fut photographiée. Cette opération terminée, un hourrah fut poussé en l'honneur du *Fram* qui nous avait conduit aussi loin vers le nord, et qui, nous n'en doutions pas, nous ramènerait tous sains et saufs en Norvège. Au moment de rentrer à bord, le photographe adressa à la foule un discours rappelant la solennité du jour. Sa péroraison fut saluée par une décharge de six coups, qui eut pour effet de mettre en fuite quelques chiens. La manifestation terminée, l'équipage se rendit dans le carré décoré pour la circonstance de drapeaux. Une valse entraînante inaugura cette partie de la fête ; après quoi commença le banquet avec accompagnement de musique entre chaque service. Dans la soirée, le violoniste Mogstad fit entendre son répertoire. Ce fut, en un mot, un 17 mai très réussi, surtout par le 81° de Lat. N.

28 mai. — Un doux mois de mai. Dans ces derniers jours, à différentes reprises, la température s'est élevée de plusieurs degrés au-dessus de zéro. On peut se promener avec l'agréable illusion de se croire au pays. Rarement le thermomètre descend au-dessous du point de congélation. En revanche, voici les brouillards d'été. Le ciel, couvert de nuages lumineux, donne une sensation de pays du sud.

---

[1] *Normal arbedsdag* : Journée de travail normal.

A bord, l'élévation de la température est très sensible. Il n'est plus nécessaire d'allumer le poêle du carré, et la glace et le givre qui couvrent les parois du magasin commencent à fondre.

TRAINEAU AVEC SA VOILURE

9 juin. — J'ai transporté mon atelier dans le roof. Assis à la fenêtre, baigné par une lumière éclatante, j'ai la sensation que je vis sur terre au grand jour et non plus dans une caverne éclairée par une lampe. Aussi longtemps que la température ne deviendra pas très basse, j'ai l'intention de rester ici. Cette installation est si agréable et si pleine de calme!

J'éprouve une impression d'été. Je puis me promener au soleil et rêver sur le pont; tout en fumant la pipe, mes yeux errent sur l'infinie nappe blanche. Partout, maintenant, la neige est détrempée, et des nappes d'eau commencent à se former à la surface de la banquise. Dès qu'on creuse un trou dans la glace, immédiatement il se remplit d'eau. Sous l'influence de la chaleur, les particules de sel incluses dans les glaçons fondent les grains de glace qui les enveloppent; par suite, il se forme une quantité de plus en plus notable d'eau saturée de sel qui ne peut geler qu'à une température de beaucoup inférieure à celle régnant actuellement.

La température de la glace s'est élevée notablement. A la profondeur de $1^m,20$ elle est — $3°,8$, et à $1^m,60$ elle atteint — $3°,1$.

10 juin. — A l'exception du docteur, aucun de nous ne souffre d'ophtalmie. C'est là un fait, très rare dans les annales des expéditions arctiques, qui mérite d'être signalé. Il y a quatre ou cinq jours, après une partie de balle sur la glace, Blessing a été atteint de cette affection. Pendant quelque temps, ses yeux pleurèrent abondamment; mais, avec un peu de soin, il fut bientôt rétabli. Il est véritablement humiliant pour le docteur d'avoir été le premier malade. Dans le courant de l'été, à la suite de plusieurs autres cas bénins d'ophtalmie dus à des imprudences, les malades eurent ordre de ne sortir que les yeux abrités par des conserves,

11 juin. — Je fais aujourd'hui une agréable découverte. Je croyais avoir entamé ma dernière boîte de cigares; dans cette pensée, j'avais calculé qu'à raison d'un londrès par jour, ma provision pouvait durer encore un mois, lorsque, dans mon caisson, je déniche une nouvelle provision. Cela me permettra de tuer le temps pendant plusieurs autres mois. Quand elle sera finie, où serons-nous? Tuer le temps est une idée qui ne m'était jamais venue à l'esprit. Toujours jusqu'ici, je regrettais la rapidité avec laquelle il s'envolait; maintenant il ne marche pas assez vite à mon gré.

La veille de la Saint-Jean, nous pensions faire le feu de joie traditionnel, mais le temps ne paraît guère devoir permettre cette réjouissance.

LA BANQUISE EN ÉTÉ

23 *juin.* — Vent de nord avec giboulées de neige. Temps abominablement triste. Toujours en dérive vers le sud. En cinq jours nous avons perdu 9 milles.

J'ai vu bien des veilles de Saint-Jean sous des latitudes très différentes, jamais d'aussi lamentables que celle-ci. Si loin de tous les nôtres! Je songe à la gaieté qui règne autour des feux, là-bas, au pays; j'entends les grincements des violons, les éclats de rire, les décharges des fusils répétées par les échos. Ici, à perte de vue une infinie plaine blanche enveloppée de brumes sur laquelle siffle un vent âpre. En vérité, rien du spectacle gai et heureux qu'éveille dans notre esprit cette date. Le plein été est passé; la longue nuit d'hier approche de nouveau.

Cet après-midi, j'étais occupé à mesurer la salinité d'un échantillon d'eau de mer, lorsque Mogstad est venu m'annoncer la présence d'un ours dans le voisinage. En retournant à leur travail après le dîner, les hommes occupés à creuser, près du « Grand *Hummock* », une cave pour notre provision de viande fraîche[1], ont trouvé des traces toutes récentes de l'animal. Je chausse mes *ski* et me mets de suite en quête du gibier. Le terrain est exécrable; la neige molle ne porte pas; à chaque pas les patins enfoncent profondément. L'ours est venu de l'ouest, et, après avoir inspecté le travail en cours, et fait un détour considérable, s'est acheminé vers l'est, sans prêter plus d'attention au navire. Il a soigneusement visité tous les trous et tous les coins où il supposait avoir chance de trouver un morceau, et fouillé la neige dans l'espoir de découvrir quelque détritus échappé à la voracité des chiens. Il a ensuite examiné soigneusement tous les canaux voisins, pensant y attraper quelque phoque, puis a pris sa course à travers les *hummocks* et les *floes*, sans se soucier de la bouillie glaciaire et de l'eau qui les couvrent. Si l'état de la banquise avait été meilleur, nul doute que je n'eusse rejoint maître Martin.

---

1. La chair des ours et des morses tués pendant l'été précédent fut employée à l'alimentation des chiens. Durant l'hiver, cette provision avait été laissée dans la cale, où elle s'était maintenue en parfait état de conservation. Elle fut ensuite déposée dans le trou creusé, à cet effet, dans la banquise jusqu'à ce qu'elle fût épuisée, ce qui arriva dans le courant de l'été. Dans ces régions, la viande se conserve pendant une très longue période. Ainsi, le 28 juin, nous eûmes à dîner un rôti de renne provenant d'un animal tué sur la côte de Sibérie, au mois de septembre précédent.

L'ARRIÈRE DU *Fram*. JOHANSEN ET SULTAN (16 JUIN 1894)

Un paysage désespérant, tout blanc et tout gris. Aucune ombre, rien que des formes « flou », noyées dans la brume et dans la neige fondante. Tout est dans un état complet de

UN SOIR D'ÉTÉ (14 JUILLET 1894)

désagrégation; à chaque instant le sol manque sous vos pieds. Un terrain très difficile pour un pauvre patineur parti à la poursuite d'un ours, qui, sans le moindre effort, passe partout. La marche est très lente et très pénible; les ski enfoncent ; souvent l'eau vous monte jusqu'à la cheville ; sans les patins, il serait impossible de faire un pas.

Çà et là la monotone plaine, blanche et grise, est mou-

UN SOIR D'ÉTÉ (14 JUILLET 1894)

chetée de taches foncées formées par les lacs et les canaux qui s'étendent au milieu des *hummocks*. Sur leur surface sombre, des glaçons immaculés flottent, pareils à des blocs de marbre blanc posés sur un fond noir. Parfois s'ouvre une large nappe d'eau, ridée de petites vagues qui viennent battre contre les parois du bassin en bruissant gaiement, le seul signe de vie au milieu de ce désert. Un vieil ami aimé, le bruit de ces lames joyeuses. Un instant, on pourrait véritablement se croire à une latitude plus méridionale. Mais l'illusion est de courte durée. Partout de la glace, découpée en figures fantastiques d'une variété infinie, se détachant en vigueur sur l'eau noire. Infinie est la diversité de tous ces morceaux de marbre, et toute cette merveilleuse sculpture sera détruite sans qu'un œil humain ait pu la contempler!

24 juin. — L'anniversaire de notre départ. Vent de nord, encore en dérive au sud !

Depuis le jour où nous quittions le fjord de Christiania, une longue année s'est écoulée. Dans cet intervalle nous avons accompli une bonne partie de la tâche entreprise, bien que cependant nous ne soyons pas parvenus aussi loin vers le nord que je l'espérais.

Assis à la fenêtre, je regarde passer les tourbillon de neige. Une étrange Saint-Jean. Ne croyez pas que je sois fatigué de cette monotonie de glace et de neige; non, en vérité, je ne puis le dire. Je ne soupire pas après la verdure et les bois; tout au contraire... Pendant des heures, je rêve à de nouveaux projets de voyage au milieu des banquises, lorsque celui-ci sera terminé. Je sais les résultats déjà obtenus et à peu près ceux que nous obtiendrons ensuite. Cela suffit pour que je fasse de nouveaux plans d'avenir. Mais les êtres chéris restés là-bas ?...

11 juillet. — Lat. 81° 18′ 8″. De nouveau le vent de sud. Pour le moment notre mouvement de recul se trouve encore une fois arrêté.

Maintenant je désire presque le retour de la nuit polaire avec son monde féerique d'étoiles, ses fantastiques aurores boréales et sa lune lumineuse poursuivant sa course paisible dans le grand silence de la nature endormie. C'est comme un

L'ÉTÉ AU MILIEU DE LA BANQUISE (21 JUILLET 1894)

rêve, comme une échappée dans le domaine de la fantaisie et de l'imagination. Il n'y a plus aucune forme, aucune réalité, rien qu'une vision d'un ruissellement d'argent et de violet planant au-dessus de la terre.

Ce jour sans fin avec son activité continuelle me fatigue. La vie est un tracas perpétuel. Les jours succèdent aux

BLESSING RÉCOLTANT DES ALGUES

jours, les semaines aux semaines, jamais ni les labeurs ni les pensées ne s'arrêtent... Souvent nous ne quittons notre travail qu'à minuit passé... Et toujours cette obsédante attente et cette sensation pénible de vide.

Les saints, assure-t-on, trouvent dans le désert la paix de la vie. Ici, c'est bien un désert, mais la paix je ne la trouve pas. La sainteté me manque sans doute.

18 juillet. — Excursion avec Blessing pour recueillir des échantillons de « glace et neige brunes », et pour récolter des algues et des diatomées dans les nappes d'eau. La surface de presque tous les glaçons présente une coloration brune formée par des dépôts de particules minérales, mélangés de diatomées et d'organismes, comme ceux que j'ai recueillis sur la côte est du Grönland[1]. Il faut poursuivre nos recherches et nous assurer si cette substance brune se compose prin-

NANSEN EN PROMENADE (6 JUILLET 1894)

cipalement de dépôts minéraux et présente une origine continentale.

Tous les canaux, même les plus petits, renferment une

[1]. La poussière que l'on observe en été sur presque tous les glaçons polaires sans distinction d'âge, provient, en très grande partie, des hautes régions de l'atmosphère. Elle tombe probablement à la surface de la terre avec la neige, et, lors de sa fusion en été, s'accumule graduellement en une mince couche sur les glaçons. On observe également sur la banquise, et en grande quantité, des sédiments à peu près de même couleur que les premiers, mais, qui, sans aucun doute, ont une origine terrestre directe. Ils se rencontrent, en effet, sur des blocs qui primitivement se trouvaient dans le voisinage immédiat de la terre.

énorme quantité d'algues. Sur les parois des glaçons baignées par la mer, on observe également une coloration brune, produite par la présence d'une algue vivant sur la glace. D'autre part, dans l'eau, on remarque des vésicules blanches ou jaune foncé, formées d'agrégats de diatomées et d'organismes cellulaires rouges d'un aspect très caractéristique.

MONTICULE DE PRESSION SITUÉ À BABORD DU *Fram* (1ᵉʳ JUILLET 1894)

Ces amas de diatomées, extrêmement abondants dans de petits canaux, se rencontrent tous à une profondeur d'un mètre environ, à la limite séparative entre la couche d'eau douce superficielle et la nappe d'eau salée. Les algues flottent également à la même profondeur, mais se rencontrent parfois jusqu'à la surface.

Pendant de longues journées, je m'acharne à l'étude

LE PRINTEMPS ET L'ÉTÉ AU MILIEU DE LA BANQUISE

microscopique de cette florule. Au milieu de ces végétaux, je découvre des êtres organisés : des infusoires, des flagellifères et même des bactéries. Des recherches du plus haut intérêt, à coup sûr. Combien plus cependant il me plairait de lutter contre la glace, dans une marche vers le nord !

En attendant, nous nous préparons pour la bataille. Nos dispositions pourront servir aussi bien pour l'offensive que pour la retraite, si jamais elle devient nécessaire. Tous les traîneaux à main sont visités et réparés, six traîneaux à chiens commencés. Demain on entreprendra la construction

CARCASSE DE *kayak* SUR UN TRAINEAU A MAIN

des *kayaks*, en peau de phoque ou en toile à voile. Chacune de ces embarcations pourra contenir deux hommes ; elles seront longues de 3 mètres, larges de $0^m,80$, et profondes de $0^m,40$. Il nous en faudra six. Nous aurons ainsi un équipement complet pour une retraite brillante. Par moments, je désirerais presque une défaite décisive pour montrer quelles ressources sont en nous et pour sortir de cette inaction énervante.

Les *kayaks* répondent complètement à nos désidérata. Ne pesant que $30^{kgr},5$, ils peuvent être halés sans difficulté, et, sur mer, portent facilement deux hommes avec cent jours de vivres.

5 *août*. — Lat. 82° 7′, 3. Magnifique journée d'été. Étendu au soleil, je m'imagine que je suis de retour au pays aimé, au milieu de ses hautes montagnes et de ses fjords. Le rayonnement de cette belle lumière rend l'illusion possible. Ici comme là-bas, des nuages légers flottent très haut, et une étincelante coupole bleue s'étend au-dessus du paysage. C'est une féerie d'idéale blancheur au-dessus de l'étendue bleuâtre de la glace.

La température est si douce que la table de jeu est installée sur le pont. C'est, en effet, l'été !

12 *août*. — Une soirée superbe. Tout est calme et silencieux. On n'entend que le murmure de l'eau tombant goutte à goutte des glaçons ou le bruissement étouffé de la neige qui glisse du sommet des *hummocks*.

Le soleil est maintenant très bas sur l'horizon, enveloppé de nuées d'or qui, peu à peu, s'éteignent dans le bleu léger d'un ciel immaculé.

21 *août*. — Lat. 81° 4′, 2. Nous restons pour ainsi dire immobiles. Un jour, la dérive nous porte dans le nord, puis nous ramène vers le sud. Néanmoins, je pense, comme j'en ai toujours été persuadé, que notre voyage ne peut durer plus de trois ans, ou plutôt trois hivers et quatre étés. Dans deux ans à partir de cette époque nous serons de retour[1]. L'hiver prochain, à coup sûr, nous serons entraînés vers le nord, et il approche rapidement, l'hiver.

L'été semble fini maintenant. La température varie entre — 4° et — 6°. Tous les lacs et tous les canaux sont déjà couverts d'une couche de glace, assez épaisse pour supporter le poids d'un homme.

Le matin et l'après-midi je fais une excursion en patins. La

---

1. Cette prédiction devait se réaliser de point en point. Deux ans plus tard, le 22 août, le *Fram* arrivait en effet sur la côte de Norvège.

surface de la banquise est excellente, recouverte d'une nappe moelleuse de neige fraîche. Plusieurs canaux se sont ouverts récemment près du navire. Sur quelques-unes de ces ouvertures, dont les rives ont subi une légère compression, la glace ploie d'une façon très désagréable sous les *ski*. Je parviens cependant à les traverser sans encombre, tandis qu'à plusieurs reprises les chiens percent cette mince croûte. Si la banquise reste dans cet état, elle offrira l'hiver prochain un excellent terrain pour le patinage.

27 août. — Blessing, son quart de nuit terminé, allait redescendre dans sa cabine, lorsqu'il aperçoit quelque chose de blanc remuer sur la neige, à une petite distance de nous. Sur ces entrefaites, Johansen monte sur le pont pour relayer le docteur et tous deux surveillent attentivement les abords du bâtiment. Bientôt aucun doute n'est plus possible, la forme blanche qui se meut là-bas est évidemment un ours. Aussitôt, les deux amis prennent chacun un fusil et s'installent à l'avant pour épier les mouvements de l'animal. Maître Martin avance prudemment, en aspirant longuement les bouffées de la brise, comme pour flairer à distance la grande chose noire qui se trouve devant lui. Notre moulin à vent marche à toute vitesse, mais le tournoiement de ses ailes, bien loin de paraître l'effrayer, semble tout au contraire l'attirer. Finalement, l'ours arrive sur les bords de la crevasse ouverte à l'avant; l'occasion est excellente, Blessing et Johansen tirent et l'animal tombe raide. Nous voici maintenant à la tête d'une bonne provision de viande fraîche. C'est le premier ours tué cette année.

Aujourd'hui, véritable temps d'hiver. Toute la journée une effroyable tourmente de neige.

29 août. — Tourmente de neige. Une jolie journée d'août! Qu'importe, le vent nous porte dans le nord; c'est pour nous l'essentiel. Hier nous étions remontés au 80° 53′.

Ce soir, j'étais occupé à la construction de mon *kayak* en

bambou et Peterson était venu me donner un coup de main. Tout en travaillant, nous causions, nous parlions du *Fram* et de sa solidité : « Depuis longtemps, tout autre bâtiment eût été broyé. Après tout, ajoutait Peterson, je n'éprouverais nulle crainte, si les circonstances nous obligeaient à abandonner cet excellent navire, et à me confier à ces *kayaks* qui me paraissent de merveilleuses embarcations. » Aucune expédition précédente, disait-il, n'avait été aussi bien équipée que la nôtre en vue de toutes les éventualités possibles ; néanmoins il préférait rentrer en Norvège sur le *Fram*. Nous parlâmes ensuite du retour, de ce que nous ferions une fois rentrés au pays.

« Vous, me dit Peterson, pour sûr vous irez au pôle sud.

« — Et vous ? reprendrez-vous votre ancien métier ?

« — Oui. Mais auparavant je prendrai une semaine de congé. Après un tel voyage, j'en aurai besoin avant de me remettre à l'enclume. »

CHAPITRE IV

LE SECOND AUTOMNE DANS LA BANQUISE

L'été est passé et notre second hivernage commence.

Habitués maintenant aux vicissitudes de la dérive, le temps nous semble moins long. Pour ma part je suis absorbé par l'élaboration de nouveaux projets.

Pendant l'été, nous avions pris nos dispositions pour le cas où une retraite à travers la banquise serait devenue nécessaire. En vue de cette éventualité des *kayaks* avaient été construits, les traîneaux remis en état et les approvisionnements préparés. En même temps, je me suis occupé de l'expédition méditée vers le nord; dans ce but, j'ai construit un *kayak* en bambou. A personne, sauf à Sverdrup, je n'ai soufflé mot de cette idée. Avant de parler, je dois connaître d'abord les résultats de la dérive pendant l'hiver. Tandis que je m'absorbe dans mes pensées et dans mes plans, le train de vie habituel continue à bord.

6 septembre. — Lat. 81° 13′, 7. L'anniversaire de mon mariage. Il y a déjà cinq ans!... A pareille époque, l'an dernier, c'était jour de victoire. Nous triomphions des glaces à l'île Taïmyr; aujourd'hui, au contraire, nous n'avons pas lieu d'être satisfaits. La dérive ne nous a pas portés aussi loin vers le nord que je l'espérais, et le vent du nord-ouest s'est levé, nous repoussant encore une fois vers le sud. L'avenir, cependant, ne me semble pas devoir nous réserver d'aussi pénibles attentes et d'aussi grands découragements que cette première année dans les glaces.

Le 6 septembre prochain…, peut-être serons-nous réunis tous les deux et parlerons-nous de ce séjour dans la banquise et de ses vicissitudes, comme d'une chose passée et qui ne reviendra plus… La longue nuit, la terrible nuit s'est écoulée, l'aurore paraît, devant nous se lève radieux un jour plein de promesses… Pourquoi n'aurions-nous pas cette grande joie dans un an? Le *Fram* ne pourrait-il pas être entraîné cet hiver dans l'ouest, au nord de la terre de François-Joseph? Alors, ce serait le moment de partir en avant vers le pôle. A cette pensée mon cœur bondit de joie; nous allons nous préparer en vue de cette expédition, et le temps passera vite.

J'ai déjà réfléchi au plan de cette exploration, et songé au matériel que nous devions emporter et à son transport. Plus j'examine la situation, plus je crois à la possibilité du succès d'une telle entreprise, à condition que le *Fram* arrive, dès les premiers jours du printemps, à une haute latitude. S'il parvient au 84° ou au 85°, je partirai à la fin de février ou au commencement de mars, aussitôt le retour du soleil. A cette époque la marche sera facile. Encore quatre ou cinq mois d'inaction, puis le moment d'agir arrivera. Quelle joie ce sera alors! Mes nerfs, contractés par cette vie calme et tranquille, pourront à la fin se détendre dans une activité féconde. Cela peut sembler une folie de partir ainsi en avant au lieu de rester à bord pour poursuivre d'autres travaux plus importants. Erreur! en mon absence les observations seront poursuivies avec le même zèle.

J'ai célébré l'anniversaire de mon mariage en arrangeant pour l'hiver mon atelier. J'y ai placé un poêle à pétrole;

plus tard, je l'entourerai de murs et d'un toit de neige. Grâce à ces dispositions, même par les froids les plus intenses, la température y sera douce. Si cet abri peut être utilisé pendant tout l'hiver, on pourrait y faire deux fois plus de travail que dans la cale.

9 *septembre*. — Latitude : 81° 4'. Depuis plusieurs jours, le soleil se couche à dix heures du soir, ne laissant derrière

LES CHENILS

lui qu'une immense gloire céleste planant au-dessus de l'éternelle blancheur.

Dans l'après-midi, excursion en *ski*. Plusieurs canaux sont déjà couverts de glace, et les glaçons portent des traces de compression. Je rencontre toutefois un chenal, large, par endroits, de 350 à 450 mètres, s'étendant à perte de vue dans le nord comme dans le sud. La glace est excellente pour le patinage. Sur sa surface, les *ski* glissent rapidement sans le moindre effort, surtout lorsqu'on marche dans la même direction que le vent.

12 septembre. — Des chenils ont été construits à bâbord, de magnifiques huttes en glace divisées en compartiments pouvant contenir quatre chiens, de beaux et chauds quartiers d'hiver. Seuls, les petits de Kvik restent à bord où leurs ébats font notre joie.

La vie continue toujours régulière, aussi uniforme que la banquise qui nous entoure.

L'équinoxe est arrivé. Les nuits maintenant sont obscures,

EXERCICE DE PATINAGE

à midi le soleil n'est plus qu'à 9° au-dessus de l'horizon.

Je passe tout mon temps à l'atelier; souvent j'y ai l'illusion de me croire chez moi, dans ma chambre de travail. Sans la pénible séparation des êtres qui nous sont chers, la vie ne serait nulle part aussi agréable qu'ici, dans ce calme infini. Parfois j'oublie que je me trouve au milieu de la banquise. Le soir, lorsque, absorbé dans mes études et dans mes réflexions, j'entends les chiens aboyer, je me lève en me demandant quel est l'ami qui arrive maintenant. Et alors soudain je reviens au sentiment de la réalité, je me rappelle que je ne suis plus dans ce cher petit *Godthaab*, mais au milieu des glaces polaires, au début de mon second hivernage dans cette zone morte de la terre.

23 septembre. — Il y a juste un an que nous sommes prisonniers au milieu de la banquise. A cette occasion, Hansen

LE RETOUR APRÈS UN EXERCICE DE PATINAGE (28 SEPTEMBRE 1894)

commence une carte de notre dérive. Le chemin parcouru n'est, certes, pas considérable ; la direction suivie est, il est vrai, précisément celle que j'avais prédite.

Depuis le 22 septembre 1893, jour où nous sommes entrés dans la banquise, jusqu'au 22 septembre 1894, nous avons gagné vers le nord 189 milles. — Entre le point le plus méridional atteint au cours de la dérive (le 7 novembre 1893) et le point le plus septentrional (16 juillet 1894), la différence

SUR LE PONT DU *Fram* (OCTOBRE 1834).

est de 305 milles. — Nous avons ainsi progressé de 4° de latitude, du 77°43′ au 81°53′. La direction moyenne de notre trajectoire est le N. 36°O., elle est donc un peu plus septentrionale que celle de la *Jeannette*. Si nous continuons à être poussés suivant la même ligne, nous aboutirons vers les îles au nord-est du Spitzberg, après avoir atteint notre plus haute latitude sous le 84° par 75° de longitude E., au N. N. E. de la terre François-Joseph. Du point où nous nous trouvons actuellement à la terre du Nord-Est, par cette route la distance est de 827 milles. A raison de 189 milles par an, il nous faudrait quatre ans et quatre mois pour y parvenir. Mais, si la dérive s'élève, comme je l'espère, à 305 milles par an, nous arriverons à destination dans deux ans et sept mois. Une pareille vitesse de déplacement est maintenant très vraisemblable; n'ayant plus dans le sud une nappe d'eau libre très étendue et devant nous une masse compacte de glaces, nous ne serons plus exposés à revenir en arrière, comme cela est arrivé l'automne dernier.

Le régime de la dérive pendant l'été me porte à croire que nous en avons fini avec ces alternatives si décourageantes de progrès et de recul. La glace, me semble-t-il, n'a plus actuellement une grande propension à rétrograder vers le sud; elle manifeste, au contraire, une tendance à filer au nord-ouest, à la moindre brise du sud et même d'est. De plus, à mesure que nous avancerons vers le nord-ouest, le mouvement de translation deviendra de plus en plus rapide. La trajectoire du *Fram* est plus septentrionale que celle de la *Jeannette*, et, au delà de la terre François-Joseph, la glace doit être repoussée par cette barrière d'îles dans la direction du nord; je pense donc que nous arriverons à une latitude plus haute que semble l'indiquer la direction de notre dérive. J'espère parvenir au 85°.

27 *septembre*. — A partir d'aujourd'hui, tous les hommes devront patiner deux heures par jour, de onze heures à une

heure. Quelques-uns d'entre nous n'ont pas une grande pratique des *ski*; en cas de retraite, leur inhabileté dans ce genre de sport serait pour tous une cause de graves dangers. Quelques jours après, exercice de halage des traîneaux. Un véhicule chargé de 120 kilogrammes sert à l'expérience. Amundsen qui, tout d'abord, croyait que le halage n'était qu'un jeu, s'arrête bientôt épuisé. Non, en vérité, s'il fallait

BLOC DE GLACE SUR LA BANQUISE (28 SEPTEMBRE 1894)

traîner longtemps un pareil poids, autant vaudrait se coucher sur la neige et attendre la mort, raconte-t-il à ses camarades. Il faut donc exercer mon monde à cette manœuvre. Par contre, trois chiens attelés à ce véhicule l'entraînent comme une plume.

4 *octobre*. — La banquise constitue un excellent terrain pour la marche; seulement dans quelques zones peu étendues, les monticules et les crevasses la rendent impraticable.

La piste est également bonne. Les chiens y enfoncent bien un peu ; lorsque les tempêtes auront rendu la neige plus compacte, cet inconvénient disparaîtra.

A la veille de notre seconde nuit polaire, la plus longue et la plus froide qu'une expédition arctique ait jusqu'ici subie, notre état moral est excellent. De jour en jour la lumière du jour décroît, bientôt elle aura complètement disparu ; notre courage n'en décline pas pour cela. La bonne humeur et l'entrain sont maintenant plus constants ; il n'y a plus ces alternatives de découragement et d'espérance qui ont mis nos caractères à une si rude épreuve. Cet état d'esprit est dû sans doute à l'accoutumance au milieu et au bien-être de notre vie. Nous avançons vers le but lentement mais sûrement, entourés de tout le confort de la civilisation. Et l'hiver prochain s'annonce encore plus agréable que le précédent.

Notre atelier établi sur le pont est une pièce très chaude et très gaie. Un fourneau que j'ai installé pour utiliser à la cuisine notre provision d'huile de graissage, rayonne dans la chambre de travail une partie de sa chaleur. Parfois, la température est si élevée que je sue à grosses gouttes et que je dois ouvrir la fenêtre pour laisser passer un peu d'air à 25 ou 30° sous zéro.

Quelle que soit la durée de l'expédition, nulle crainte de manquer de luminaire et de combustible. Notre provision de pétrole est suffisante pour nous éclairer pendant dix ans, en admettant que les lampes brûlent trois cents jours par an. D'un autre côté, nous avons encore cent tonnes de charbon. Avec un tel approvisionnement on n'aura pas besoin d'économiser le combustible dans les poêles ; on pourra faire du feu à discrétion dans le salon pendant l'hiver. Enfin, pour mieux nous protéger contre le froid, j'ai fait étendre une tente au-dessus du pont jusqu'à la passerelle. L'arrière reste complètement dégagé pour pouvoir observer les environs du navire.

UN SONDAGE THERMOMÉTRIQUE A GRANDE PROFONDEUR — L'ARRIVÉE DU THERMOMÈTRE PLONGEUR
(12 JUILLET 1894)

10 octobre. — J'ai aujourd'hui trente-trois ans. Que dire à ce sujet, sinon que la vie s'en va et ne revient jamais sur ses pas. En mon honneur, grande fête. Le carré est décoré de pavillons, et le navire pavoisé.

Dans la matinée, course sur les *ski* par un temps très froid. Le soir, le thermomètre descend à —31°. Jamais je n'ai eu un temps aussi froid à mon anniversaire. Comme d'habitude en pareille circonstance, le cuisinier a préparé un véritable festin.

16 *octobre.* — Depuis quatre jours souffle un ouragan horrible. Soulevée par le vent, la neige emplit le ciel d'épais tourbillons. Malgré cela, l'excursion habituelle sur les *ski* n'est pas contremandée.

A midi le soleil apparaît à l'horizon comme une boule rouge de forme ellipsoïdale. C'est la dernière fois que nous l'apercevons. Adieu! cher soleil vivifiant!

Nous dérivons rapidement vers le nord. Le 14, l'observation nous place au 81° 32′,8 ; le 17, au 81° 47′ ; le 21, au 82° par 114° 9′ de Long. E.

Pour fêter le passage du 82° de latitude, gala annoncé par une affiche en vers placardée dans le carré. Après le souper, concert. Parmi les exécutants Bentzen se distingue particulièrement. Ses récents exercices avec la manivelle de la ligne de sonde lui ont donné une expérience précieuse pour le maniement de l'orgue. Tantôt il ralentit le mouvement, la musique traîne comme si elle remontait d'un abîme de 2 à 3,000 mètres ; tantôt il l'accélère, comme si elle parvenait tout près de la surface. A la fin, l'enthousiasme est tel que Pettersen et moi, nous ne pouvons résister à l'entraînement. Nous valsons, nous polkons, nous exécutons même quelques pas de deux absolument remarquables. Amundsen se laisse gagner à son tour, et les danses continuent avec plus d'entrain que jamais, tandis que les joueurs restent obstinément à leur table. Entre temps, circulent des rafraîchissements : des conserves de pêches et des bananes sèches. Ainsi, nous avançons toujours gais vers notre but. Nous sommes maintenant à moitié chemin entre les îles de la Nouvelle-Sibérie et la terre de François-Joseph.

Les jours succèdent aux jours sans apporter aucun changement dans notre existence. Pour nous distraire, nous observons les splendeurs de l'aurore boréale plus magnifique que jamais. En fait d'incidents dignes de remarque, mon journal mentionne à la date du 4 novembre une heureuse chasse à l'ours. Dans la matinée, j'étais allé faire un tour, lorsqu'en rentrant, j'aperçois Sverdrup, Johansen, Mogstad et Henriksen accourant tous le fusil à la main. Aussitôt après éclate une salve, puis un tir à volonté très nourri, suivi d'un feu de peloton. Après être resté d'abord immobile, l'un des chasseurs fait quelques pas en avant et tire un coup de feu, tandis qu'un autre décharge son arme dans une direction opposée. Que signifie cette école de tirailleurs? J'avance rapidement... quelle n'est pas ma joie d'apercevoir trois ours gisant sur la glace, une femelle et ses deux petits.

La température est très basse. Le 22 octobre au soir, le thermomètre descend à — 36°. Par un pareil froid il ne fait pas bon toucher le fer. Un de nos jeunes chiens, ayant eu l'idée de lécher un anneau, en fit l'expérience à ses dépens. La langue de la pauvre bête resta adhérente au morceau de métal, comme prise à la glu. Heureusement, au moment de l'accident, Bentzen se trouvait sur le pont. Attrapant l'animal par le cou, pour l'empêcher de s'arracher la langue dans les bonds qu'il faisait pour se dégager, il échauffe le fer avec ses mains garnies de moufles et réussit à rendre la liberté au chien.

13 novembre. — Le thermomètre est à — 39°. Dans la journée, pression dans différentes parties de la banquise. Leur bruit strident annonce la basse température de la glace, un bruit très singulier qui semblerait surnaturel, si on en ignorait la cause.

Une course en patins par un clair de lune magnifique. Non, en vérité, notre vie n'est pas une souffrance constante comme on doit le croire là-bas. Est-ce, par exemple, une pénible épreuve que de glisser, rapide comme une flèche, sur la glace sans fin, par un beau froid, sous un ciel constellé d'étoiles ? Tout autour, s'étend la nappe de la banquise argentée par le clair de lune, mouchetée de grandes taches sombres produites par l'ombre des *hummocks*, et, tout là-bas, une raie claire marque l'horizon de la glace. Très bas dans le sud, une lueur émerge, rougeâtre, plus haut jaune, puis verte, se fondant insensiblement dans l'immense coupole bleue. Une indescriptible harmonie que la musique, seule, pourrait traduire !

C'est plus qu'il n'est permis d'attendre de la vie ; c'est une féerie de l'autre monde, une vision de la vie future. Et, au retour, lorsqu'on s'assied dans la paisible salle de travail, les pieds au feu, la pipe allumée, et qu'on reste là abîmé dans une rêverie, est-ce là une souffrance ?

16 *novembre*. — Au cours d'une promenade en patins, je confie à Sverdrup mes projets d'excursion vers le nord ; dans la soirée, je lui expose plus amplement mon plan qu'il approuve complètement. L'entreprise doit être tentée dans tous les cas, même si, en mars, nous n'avons pas atteint le 85°.

C'est, en effet, le seul moyen de pénétrer dans des régions que nous ne pourrons atteindre autrement. Si nous n'arrivons au pôle, eh bien, nous battrons en retraite. Comme je ne saurais trop le rappeler, le but de notre expédition n'est pas de parvenir à ce point mathématique, mais d'explorer les parties inconnues du bassin polaire.

Que l'on ne m'objecte pas que, pendant que le *Fram* continuera sa dérive, je pourrais faire autant d'observations importantes qu'au cours de cette marche vers le nord. D'abord, notre départ ne suspendra pas les travaux scientifiques à bord ; en second lieu, les études auxquelles nous nous livrerons pendant notre reconnaissance projetée complèteront celles poursuivies sur le *Fram* et apporteront à la science une précieuse contribution.

L'entreprise que je médite doit donc être tentée.

Ce point résolu, une grave question se présente. A quelle époque faudra-t-il partir? Assurément au printemps, en mars au plus tard. Mais quelle année, en 1895 ou en 1896? Mettons les choses au pis. Admettons qu'en mars prochain nous soyons seulement par 83° et 110° de Long. E.; même, dans ce cas, nous devrons nous mettre en route immédiatement. Si, en effet, nous attendons l'année suivante, nous risquons d'avoir dépassé le point d'où l'expédition peut être entreprise dans les conditions les plus favorables.

Du point d'où je suppose que nous partirons au cap Fligely, sur l'île la plus septentrionale de la terre François-Joseph, la distance est de 400 milles, soit légèrement supérieure à celle que j'ai parcourue sur les glaciers, dans ma traversée du Grönland. Un pareil trajet pourra être effectué sans trop de difficulté, même si, aux approches des côtes, la banquise devient très accidentée. Une fois sur la terre ferme, nous tirerons notre subsistance des produits de la chasse. A cette distance de 400 milles il faut ajouter celle que nous aurons parcourue dans la direction du pôle. Quelle que soit la latitude que nous réussissions à atteindre, avec l'aide des chiens nous sommes assurés de pouvoir effectuer le retour.

Étudions maintenant les conditions du voyage. L'expédition, composée de deux hommes et de vingt-huit chiens, aura à traîner un poids de 1,050 kilogrammes.

Du 83° au Pôle la distance est de 420 milles ou de 777 kilomètres. Aidés de deux hommes, les chiens pourront avancer à raison de 15 kilomètres par jour, chacun d'eux tirant un poids de $37^{kgr},5$, pendant les premiers temps du voyage. Pour cela, la glace devra présenter une surface unie comme la banquise qui nous entoure, et nous n'avons pas lieu de douter qu'il en soit différemment. Donc, cinquante jours après avoir quitté le *Fram*, nous arriverons au Pôle. En soixante-cinq jours, au Grönland, nous avons parcouru 345 milles à travers des glaciers atteignant l'altitude de 2.700 mètres, sans l'aide de chiens.

Après notre marche vers le nord, la consommation des provisions a réduit le poids des traîneaux à 250 kilogrammes, un poids insignifiant pour vingt-huit bêtes. Dans ces conditions, le retour pourra être très rapide ; supposons qu'il dure cinquante jours comme l'aller. D'après les circonstances, nous mettrons le cap, soit sur les Sept Iles au Spitzberg, situées à la distance de 540 milles, soit sur le cap Fligely, à la terre François-Joseph. Supposons que nous choisissions cette dernière route.

Le 1er mars, nous avons quitté le *Fram*; le 20 avril, nous sommes au Pôle. A cette date, il nous reste 100 kilogrammes de provisions, soit des vivres pour cinquante jours, mais aucune provision pour les chiens. Nous devons alors nous résoudre à abattre successivement nos tireurs pour alimenter les autres ou pour nous nourrir nous-mêmes, si nous préférons leur donner des conserves. Vingt-trois chiens fourniront certainement des vivres pour quarante et un jours, et il nous restera encore cinq bêtes de trait. A cette date, c'est-à-dire le 1er juin, nous devrons être au sud du cap Fligely, en admettant pour cette partie du trajet une vitesse quotidienne de 12 milles. Il nous restera alors cinq chiens et neuf jours de vivres.

La situation ne sera pas pour cela désespérée. D'abord, selon toute probabilité, bien avant cette époque, nous aurons atteint la terre, et en cette saison le gibier doit être abondant dans ces parages.

Dès le commencement d'avril, Payer a rencontré près du cap Fligely des nappes d'eau libre peuplées d'oiseaux ; enfin, il serait bien extraordinaire si, avant cette date, nous ne trouvions pas sur notre route, soit un ours, soit un phoque, soit quelque oiseau.

Une fois au cap Fligely, nous aurons le choix entre deux itinéraires : la route du Spitzberg par la côte nord-ouest de la terre François-Joseph et la terre de Gillies, — si les circonstances sont favorables, je choisirai certainement cette direction, — ou la route de la terre François-Joseph par le détroit d'Autriche, puis, par la côte sud de cet archipel, soit vers la Nouvelle-Zemble, soit vers le Spitzberg, à moins que nous ne trouvions l'expédition anglaise de la terre François-Joseph.

Examinons maintenant toutes les éventualités susceptibles d'arrêter notre marche.

Plus au nord, la banquise peut être plus accidentée que dans les parages où nous nous trouvons actuellement. Cela n'est guère probable, à moins qu'une terre n'existe dans cette direction. S'il en est ainsi, il faudra s'accommoder des circonstances. En tous cas, quel que soit l'état de la glace, nous pourrons avancer; l'effort sera seulement plus ou moins grand. Même avec un équipage affaibli par le scorbut, Markham réussit à pousser en avant, sur un terrain très difficile. L'existence d'une terre dans ces parages pourrait même faciliter nos progrès, cela dépend de son étendue et de sa direction. D'après la profondeur de l'Océan et la dérive de la banquise, il n'est guère vraisemblable qu'une île d'une certaine dimension se rencontre plus au nord.

Les chiens peuvent nous manquer, mais, à coup sûr, pas tous en même temps. Jusqu'ici ils ont vécu dehors, sans paraître incommodés par le froid. Même en admettant la perte de toute notre meute, nous pourrons, à nous seuls, traîner une bonne partie des bagages.

Terrible, à coup sûr, serait notre situation si nous étions atteints par le scorbut. En dépit de l'excellent état sanitaire de l'expédition, un semblable accident peut, en effet, survenir.

N'est-ce pas précisément au printemps, au moment du départ pour les excursions en traîneau que l'expédition anglaise de Nares éprouva les premiers symptômes de la terrible maladie? Cette grave éventualité ne me paraît cependant pas à craindre. Grâce à notre ordinaire plus varié et de meilleure qualité que celui des expéditions précédentes, notre équipage a joui jusqu'ici d'une santé parfaite. Je ne puis donc croire que nous puissions emporter du *Fram* les germes du scorbut. Pour notre marche projetée vers le nord, les vivres ont été choisis aussi nutritifs que possible ; aussi ai-je peine à penser qu'ils détermineront l'éclosion de cette redoutable affection. Mais on doit toujours courir un risque. Lorsque toutes les précautions ont été prises, le devoir est de marcher en avant.

Reste un dernier point à examiner. Notre départ ne mettra-t-il pas en danger ceux qui resteront à bord ? A coup sûr, l'absence de deux hommes n'affaiblit pas l'équipage ; onze hommes peuvent très bien manœuvrer le navire. Par contre, le départ de tous les chiens à l'exception des sept petits de Kvik est chose d'importance. Mes compagnons conservent, à la vérité, un nombre de traîneaux plus que suffisant et des approvisionnements considérables pour une retraite. Si un accident arrivait au *Fram*, il serait inconcevable qu'ils ne puissent, avec de pareilles ressources, atteindre la terre François-Joseph ou le Spitzberg. Une catastrophe, si elle se produisait, surviendrait vraisemblablement au sud du 85°. Prenons, comme base de nos calculs, le 85°, sous le méridien de la terre François-Joseph. De là au cap Fligely la distance est de 180 milles, et aux Sept Iles de 240 milles. Je ne puis croire qu'avec notre équipement les camarades ne puissent effectuer ce trajet. Une telle éventualité me paraît impossible. Le *Fram* traversera le bassin polaire et entrera de l'autre côté dans la mer libre sans avarie. Donc, en admettant même la possibilité d'un accident, l'équipage, j'en suis certain, sortira sain et sauf de l'aventure, pourvu qu'il observe les précautions nécessaires. Donc, aucune raison ne s'oppose au départ d'une expédition vers le Pôle, et le gain scientifique d'une telle exploration nous fait un devoir de l'entreprendre.

Maintenant, autre question. Qui de nous partira pour le nord? Sverdrup et moi avons déjà fait l'épreuve de nos forces et de nos caractères dans une semblable entreprise[1], et elle a parfaitement réussi. De plus, seuls nous possédons l'expérience d'une pareille exploration. Tous les deux, nous ne pouvons abandonner le *Fram*, cela est clair comme le jour. L'un de nous doit rester à bord pour ramener le navire et l'équipage à bon port, et l'autre doit prendre la direction de l'expédition en traîneau. Sverdrup brûle du désir de marcher en avant; mais je ne puis me décider à le laisser partir. A coup sûr, la marche vers le Pôle sera beaucoup plus périlleuse que la continuation de la dérive à bord du *Fram*. Si donc je confie à Sverdrup la mission de pousser au nord, je lui donnerai la tâche la plus difficile, gardant pour moi la plus facile. S'il périt, jamais je ne me pardonnerai de l'avoir laissé aller. D'ailleurs, il est mon aîné de neuf ans, et la direction du navire lui incombe spécialement. Dans ces conditions, mon parti est pris; je partirai et Sverdrup aura la tâche de ramener l'expédition en Norvège.

Comme compagnon, j'ai fait choix de Johansen. Pour une telle entreprise, il réunit toutes les qualités désirées. C'est un patineur de première force et un solide gaillard, en même temps qu'un caractère ferme et agréable. Bientôt je l'avertirai de ma décision, pour qu'il ait le temps de se préparer. En principe, l'expédition est décidée. Si la lumière est suffisante, je partirai en février.

Nous sommes des êtres singuliers. Un jour nous sommes confiants dans nos entreprises et fermes dans nos résolutions; le lendemain, découragés et agités par le doute. Un jour, je

---

1. Dans la traversée du Grönland, en 1888.

m'illusionne dans des rêves agréables, je me figure que j'ai remporté la victoire, que je suis de retour au pays et, le lendemain, je suis en proie à l'incertitude et au scepticisme sur les résultats que nous apportera l'avenir.

18 *novembre*. — Assis à ma table de travail, j'entends le bruissement du moulin au-dessus de ma tête et, en même temps, les pas de Peter occupé à donner leur pitance quotidienne aux enfants de Kvik, puis tout à coup je songe que

LE REPOS DOMINICAL A BORD

cette roue qui tourne là-haut peut être bien dangereuse pour nos élèves.

Dix minutes après j'entends un long aboiement plaintif comme un cri de souffrance et de détresse; presque aussitôt après le moulin s'arrête. En toute hâte je monte sur le pont.. Hélas! mes craintes n'étaient que trop justifiées.

Un de nos jeunes chiens, saisi par la roue, tournoie piteusement en l'air, geignant lamentablement. Je suis tellement ému par ses lamentations qu'au premier moment je songe à abattre toute la machine d'un coup de hache pour délivrer la pauvre petite bête.

Aidé de Mogstad et de Bentzen, je parviens à arrêter le moulin et à saisir le malheureux animal. Il est heureusement encore en vie, et, bien qu'ayant reçu nombre de contusions, ne paraît pas avoir trop souffert de son voyage aérien. Tout étonné de se retrouver sur ses quatre pattes, il demeure d'abord

J'ANNONCE MES PROJETS A L'ÉQUIPAGE

un instant immobile, puis rapidement il reprend conscience du sol et s'enfuit en gambadant.

Une étrange vie que celle de ces jeunes chiens, toujours dans l'obscurité de la froide nuit polaire. Dès que l'un de nous monte sur le pont avec une lanterne, immédiatement ils arrivent en folâtrant vers la lumière, comme des enfants autour d'un arbre de Noël.

Pauvres êtres, jusqu'ici ils n'ont vécu que sur ce pont de

navire tout noir, jamais encore ils n'ont entrevu le beau ciel bleu !

19 novembre. — Dans la matinée, j'ai fait connaître mes projets à Johansen. Je lui ai exposé les terribles dangers de l'entreprise; c'est une affaire de vie ou de mort. Avant de prendre une résolution, il doit donc réfléchir un jour ou deux.

« Non, répondit-il, je n'ai pas besoin de réflexion; dès maintenant, je suis prêt à vous suivre. Depuis longtemps, j'ai mûrement songé à cette entreprise, et toujours mon plus grand désir a été de vous suivre. Que vous acceptiez ma réponse dès aujourd'hui ou dans plusieurs jours, jamais elle ne variera. Ma résolution est inébranlable.

— Soit, si vous avez déjà réfléchi aux dangers et aux souffrances d'une telle expédition, si vous avez envisagé la perspective probable de la mort dans cette entreprise, je n'insiste pas pour attendre plus longtemps votre décision.

— Parfaitement, répondit Johansen, je suis prêt à vous suivre où et quand vous voudrez.

— Affaire conclue, demain nous commencerons nos préparatifs. »

20 novembre. — Ce soir, j'ai annoncé à l'équipage mes projets. Tous naturellement n'auraient pas demandé mieux que de m'accompagner. Aussi, pour adoucir leurs regrets, je m'efforce de relever, à leurs yeux, l'importance de leur mission. Si une expédition vers le nord peut devenir glorieuse, il n'est certes pas moins honorable d'accomplir la traversée du bassin polaire et de ramener ensuite l'expédition saine et sauve en Norvège.

Dès le lendemain, nous commençons les préparatifs. Tout d'abord, nous construisons deux kayaks, longs de $3^m,70$, larges de $0^m,70$ dans leur partie médiane, profonds, l'un de $0^m,30$, l'autre de $0^m,38$. Comme on le sait, ces longues périssoires en peau ne portent qu'un seul homme, assis au milieu dans un trou ménagé sur le pont entièrement fermé d'autre part. Afin que l'eau ne puisse pénétrer dans l'intérieur du canot, le rameur est vêtu d'une jaquette en peau de phoque absolument imperméable, s'adaptant, comme un tablier, sur un cercle en bois garnissant l'ouverture. L'homme fait ainsi corps avec le canot. Ces *kayaks* peuvent contenir chacun trois mois de conserves et une certaine quantité de vivres pour les chiens. Ces embarcations nous seront absolument nécessaires pour la traversée des canaux qui découpent la banquise et pour faire ensuite le trajet de la terre François-Joseph au Spitzberg ou à la Nouvelle-Zemble.

Je fais construire plusieurs traîneaux tout spécialement en vue de notre expédition, réunissant toutes les conditions désirables de souplesse et de résistance pour qu'ils puissent supporter, sans faiblesse, les chocs et les secousses auxquels ils seront exposés. Deux de ces véhicules mesuraient une largeur égale à celle des *kayaks*, c'est-à-dire $3^m,70$.

Après cela, je me livre à de nombreuses expériences pour me guider dans le choix des provisions. Nos rations, comme celles des chiens, doivent être tout à la fois aussi nutritives et aussi légères que possible. Je dois, en outre, examiner minutieusement sur le terrain tous les instruments que nous emporterons pour m'assurer qu'ils répondront parfaitement à nos désirs. De toutes ces précautions dépend dans une large mesure le succès final.

Une grosse question était le choix des vêtements; aussi, avant de la résoudre, fis-je plusieurs excursions avec notre vestiaire habituel en peau de loup. Par une température de $-37°,6$ et même de $-41°$, je sue à grosses gouttes, dès que je me donne un peu de mouvement. Évidemment le temps ne sera jamais assez froid pour qu'il soit utile d'emporter ces vêtements. Il faudra en prendre de plus légers.

Nous éprouvons également notre matériel de campement. Nous dressons notre tente en soie et allumons à l'intérieur le fourneau fabriqué en vue de l'expédition en traîneau. En une heure et demie l'appareil fournit trois litres d'eau bouillante et cinq litres d'eau produits par la fusion de la glace renfermée dans un second compartiment de l'appareil. La température de la glace employée est de —35°. La consommation de pétrole n'est que de 100 grammes. L'expérience répétée à plusieurs reprises donne toujours les mêmes résultats satisfaisants. Voici un gros souci de moins.

Pendant que je me livre à ces essais pratiques, mes compagnons sont occupés à d'autres besognes non moins utiles. Mogstad prépare les traîneaux, Sverdrup confectionne des sacs de couchage, Juell, promu tailleur des chiens, emploie tous les loisirs que lui laisse la cuisine à prendre les mesures de ses clients, à coudre des harnais et à les essayer. Blessing prépare la pharmacie de voyage, Hansen les tables nécessaires aux observations astronomiques et les courbes des chronomètres, tandis qu'un homme copie sur papier mince le double de tous les journaux de bord et de toutes les observations que je veux emporter avec moi.

Pendant ce temps, jamais les observations scientifiques ne sont interrompues. Durant l'automne, Hansen et Johansen ont installé leurs instruments dans une hutte en neige, où ils peuvent les manier sans être incommodés par le vent et sans gants. A l'intérieur de cet observatoire, la température n'est pas précisément chaude : 20 à 25° sous zéro ; notre astronome et notre météorologiste ne paraissent pas s'en apercevoir.

CHAPITRE V

LE SECOND HIVER DANS LA BANQUISE

Dans les premiers jours de décembre, pour la première fois, nous avons la tristesse de compter un malade à bord. Sverdrup souffre d'un catarrhe intestinal, pour s'être, probablement, laissé saisir par le froid.

Le 12 décembre, le *Fram* atteint le 82° 30'. Jamais auparavant un navire n'était parvenu à une aussi haute latitude. La distance qui nous sépare du Pôle n'est plus que de 833 kilomètres, la distance de Paris à Marseille à 30 kilomètres près. Le lendemain, pour fêter cette victoire, grande fête. Banquet, musique, pas de cavalier seul dansé par Lars. La joie serait complète si Sverdrup n'était encore souffrant. Au milieu de la bombance générale, c'est pour lui une véritable affliction d'être condamné à une diète sévère. Si on ne le surveillait, il mangerait de tout; c'est un véritable enfant.

23 *décembre*. — Depuis deux jours, terrible tempête du sud-est. En moyenne, la vitesse du vent atteint 13 à 14 mètres à la seconde. Des tourbillons de neige obscurcissent le ciel et s'amoncellent sur le pont en épais monceaux à l'abri de la muraille des gaillards. Un véritable tableau d'hiver.

Le baromètre, tombé à 726, commence à se relever lentement. Comme toujours, le thermomètre a suivi une marche inverse. Dans l'après-midi, il s'est élevé à — 21°,3. Cette bourrasque nous a portés au 83°, peut-être même plus loin.

Entre temps, la banquise, depuis si longtemps tranquille, manifeste quelques symptômes d'agitation. Dans la nuit du 22, le *Fram* reçoit un choc terrible, et le mugissement des pressions se fait entendre tout près de nous. Douze heures plus tard, nouvelle secousse encore plus violente. Dans la nuit du 23 au 24, la glace s'ouvre entre le trou de sondage et l'observatoire météorologique. En toute hâte, il faut sauver d'un désastre possible les instruments les plus précieux. Nos nerfs, qui depuis longtemps n'étaient plus habitués à ces chocs, sont maintenant péniblement affectés par les secousses.

27 décembre. — Encore un Noël passé loin des nôtres. Dans cette épreuve, je suis soutenu par l'espérance. Après de longs jours d'incertitude, j'entrevois le succès, la fin de cette nuit noire.

Si la vie de l'explorateur est pénible et faite de désappointements, elle a aussi de belles heures, lorsque par une volonté inébranlable il réussit à triompher de tous les obstacles, et lorsque sa persévérance lui permet d'apercevoir le triomphe final.

La veille de la Noël a été célébrée en grande pompe. Pour la circonstance, avec la collaboration de Blessing, j'ai fabriqué un nouveau cru, « le Champagne du 83° de latitude nord », produit du jus généreux de la ronce faux-mûrier, le noble fruit des régions boréales et arctiques[1].

Le lendemain, festin, et, après le souper, grand bal, dans lequel Hansen et moi avons l'honneur de représenter le beau sexe absent. L'orchestre composé du violon de Mogstad doit

---

1. *Rubus Chamæmorus.*

jouer jusqu'à complet épuisement pour satisfaire l'entrain des danseurs, notamment de Peterson.

Et, pendant ce temps, souffle toujours le bon vent. Nous avons probablement dépassé le 83°. Jusqu'ici la tourmente nous a empêchés de vérifier notre position. Dans la journée, une étoile apparaît, Hansen accourt aussitôt. Nous sommes au nord du 83°20′; cette nouvelle augmente encore l'allégresse générale.

28 décembre. — Hier, le *Fram* a reçu plusieurs chocs. La crevasse ouverte à bâbord s'est élargie et forme maintenant un chenal. A partir de neuf heures et demie du soir, d'heure en heure, se succèdent de nouvelles secousses de plus en plus violentes. La glace doit évidemment être en travail quelque part, tout près de nous.

Je me levais pour aller examiner la situation, lorsque Mogstad arrive annoncer la formation près de l'avant d'un *toross*[1] très élevé. Aussitôt nous accourons sur le pont armés de lanternes. A une distance de cinquante-six pas de l'étrave s'élève, parallèlement au chenal ouvert à bâbord, un entassement de blocs autour duquel la pression s'exerce avec une force terrible. La glace craque et grince; un instant de silence se produit, puis le crépitement reprend plus violent pour s'affaiblir ensuite de nouveau. Tous ces bruits étranges semblent rythmés. Le *toross* avance lentement dans la direction du navire, tandis que le *floe* dans lequel le *Fram* est emprisonné, est entamé. D'un moment à l'autre, la situation peut devenir très critique. En conséquence, je donne l'ordre à l'homme de garde de veiller attentivement et de m'appeler si le *toross* progresse ou si la glace se brise autour du bâtiment. Probablement la pression va peu à peu perdre de son intensité; en attendant, je retourne dormir dans ma cabine.

2 janvier 1895. — Jamais je n'ai éprouvé des sentiments

---

1. Voir la note de la page 74.

aussi étranges, au début de la nouvelle année. Celle-ci sera très certainement une des plus importantes de mon existence ; elle m'apportera la victoire et la vie, ou la défaite et la mort.

Dans ce monde de glace, les années passent sans laisser de trace derrière elles, et nous ne savons pas plus ce qu'elles donnent à l'humanité que nous ne connaissons l'avenir. Dans cette nature silencieuse il n'y a pas d'événements. A travers l'obscurité profonde qui enveloppe ce monde muet, on ne voit que le scintillement des étoiles et les flammes de l'aurore boréale.

Le dernier jour de l'année a été l'occasion d'une nouvelle réjouissance. A minuit sonnant, Blessing entre dans le carré avec une bouteille d'Acquevit[1] de la Ligne et nous saluons de toasts chaleureux l'arrivée de 1895. Sverdrup m'adresse les vœux de tous pour le succès de l'expédition que je vais entreprendre avec Johansen et, à mon tour, je bois à la santé de ceux qui resteront à bord et à leur heureux retour en Norvège.

Cette nouvelle année nous trouve au seuil d'une région complètement inconnue. Le vent qui fait en ce moment rage dans la mâture nous entraîne vers des latitudes que l'homme n'a jamais encore atteintes. A coup sûr, 1895 marquera le point culminant de cette marche vers le nord, si aucun événement ne vient renverser nos espérances.

3 *janvier* 1895. — Une journée d'inquiétude mortelle. Hier nous faisions des plans d'avenir ; aujourd'hui peu s'en est fallu que nous ne fussions sur la banquise sans un toit sur la tête.

A quatre heures ce matin, la glace, agitée déjà depuis quelques jours, est entrée en convulsion. Le mouvement est d'abord peu important, mais à huit heures, lorsque je me réveille, de tous côtés ce ne sont que des craquements et

---

1. Eau-de-vie de grain distillée en Norvège.

des grincements. A trente pas du *Fram*, le long du chenal ouvert à bâbord, s'élève un haut *toross*, et de ce côté les crevasses avancent jusqu'à dix-huit pas du navire. Je fais rentrer à bord tous les objets épars sur la banquise, notamment les planches et les solives ayant servi l'été dernier à la construction de l'observatoire météorologique. La ligne de sonde laissée dans le puits ne peut malheureusement être sauvée. A midi, lorsque ce travail est achevé, la violence de la pression augmente tout à coup. Le *toross* de bâbord approche de plus en plus; en même temps la glace s'ouvre, menaçant d'engloutir l'appareil de sondage. En toute hâte quelques hommes s'élancent et parviennent à arracher le précieux engin aux convulsions de la banquise. La situation devient très critique. Le chaos de blocs avance rapidement; s'il nous atteint avant que le navire n'ait sauté de son berceau de glace, un grave accident peut se produire.

Dans l'après-midi, les préparatifs sont faits pour quitter le *Fram*, au cas où la catastrophe redoutée surviendrait. Les traîneaux, les kayaks et dix récipients contenant cent litres de pétrole sont placés sur le pont. Vingt-cinq caisses de biscuits pour les chiens, dix-neuf de pain et quatre bonbonnes de pétrole sont déposées sur la glace, à tribord et à l'avant.

Pendant le souper, les grondements de la glace se rapprochent, et, tout à coup, un craquement terrible se fait entendre juste au-dessous de nous. D'un bond je suis sur le pont. Maintenant un nouvel assaut se prépare d'un autre côté. A tribord, la banquise, jusque-là tranquille, commence également à s'agiter. Dans cette région une crevasse vient de s'ouvrir jusqu'à l'arrière du *Fram*, mettant en péril nos dépôts. Quelques instants après, le danger devient très pressant à bâbord. La glace craque; en même temps un flot envahit les chenils. Il n'y a pas une minute à perdre pour sauver les chiens. Peter se met courageusement à l'eau et lâche la meute. Quelques bêtes effrayées refusent de sortir et se tiennent étroitement blotties dans les coins. Il faut les tirer de force pour les empêcher d'être noyées.

Dans l'après-midi, afin de parer à toute éventualité, un dépôt de vivres pour deux cents jours est établi à tribord sur le grand *hummock*, avec les tentes, le fourneau et tout le matériel nécessaire pour la retraite. Ce glaçon, très solide, pourra résister aux chocs les plus violents.

Pendant la nuit, les hommes de quart reçoivent l'ordre de surveiller attentivement les mouvements de la glace, surtout près du dépôt, et de m'avertir à la moindre alerte.

Tandis que j'écris mon journal, la banquise grince et gémit sans cesse; l'attaque continue toujours... Malgré les dangers de la situation, tout le monde est très gai; dans la soirée, comme d'habitude, les amateurs du jeu d'échecs ont fait leur partie. Nous considérons ce terrible assaut comme un intermède amusant dans la monotonie de notre vie.

4 *janvier*. — Après une nuit calme, la glace recommence à s'agiter dans la journée. A partir de neuf heures du soir la pression reprend. Des fissures s'ouvrent à travers notre berceau de glace, en même temps les *toross* montent de plus en plus, menaçant de culbuter sur le pont.

Toutes les dispositions sont prises pour la retraite. Les hommes dorment habillés, prêts à sauter sur le pont au premier ordre avec leurs sacs.

Au-dessus de cette scène de désolation, la lune brille éclatante, nous permettant de suivre les progrès de l'attaque.

5 *janvier*. — A cinq heures du matin, Sverdrup m'annonce que le *toross* s'est avancé tout contre le *Fram* et va crouler sur le pont.

Le fracas est épouvantable, le tonnerre roule sans discontinuer, c'est à croire que le jour du Jugement dernier est arrivé...... D'un moment à l'autre, la catastrophe peut survenir. Ordre est donné de porter sur la glace tous les approvisionnements restés dans la cale et de monter sur le pont les fourrures et les effets d'habillement; on les jettera sur la banquise au dernier moment. Le canot à pétrole est ensuite amené et transporté au dépôt sur le « grand *hummock* ».

A huit heures du soir, après une accalmie dans la journée, l'assaut reprend plus terrible que jamais. Le *toross* de bâbord penche de plus en plus sur nous et déverse sur le pont d'énormes glaçons et des paquets deneige. Peter, saisissant aussitôt une bêche, se met à piocher avec rage dans la marée de glace qui nous envahit, et veut essayer de la rejeter pardessus bord. Je le suis afin d'examiner la situation..., il n'est pas nécessaire de regarder longtemps pour me rendre compte du danger. Il est inutile de lutter avec une bêche contre un pareil ennemi. Je rappelle Peter et l'engage à employer ses forces à un autre travail. J'avais à peine parlé qu'une nouvelle pression se produit, accompagnée de formidables détonations et de craquements terrifiants. « J'ai cru que j'étais envoyé au diable avec ma bêche, » hurle Peter. Je recule vers la dunette et arrête Mogstad qui accourrait, lui aussi, avec une bêche pour suivre l'exemple de son camarade.

Sous le poids des blocs qui arrivent en quantité de plus en plus grande par-dessus le plat-bord, la tente plie et menace de s'effondrer. Si elle s'abat, nous sommes ensevelis sous l'avalanche. Immédiatement je descends dans le carré et appelle tout le monde sur le pont, en recommandant de sortir non pas par la porte de bâbord, mais par le kiosque des cartes. Les ouvertures de bâbord peuvent livrer passage dans l'intérieur du navire à la glace qui tombe sur le pont. Les passages intérieurs se trouveraient ainsi bloqués et nous serions enfermés comme des souris dans une trappe. Pour parer à ce danger, la porte de la machine donnant accès dans les logements est ouverte. Son étroitesse rendrait la sortie des bagages très lente. Je remonte ensuite lâcher les chiens enfermés sur le pont. Après avoir échappé à la noyade, les pauvres bêtes risquent maintenant d'être écrasées sous les chutes des glaçons. D'un coup de couteau je coupe les laisses, et toute la bande se précipite vers tribord.

Pendant ce temps, on monte les effets d'habillement. Inutile de presser les hommes; les grincements de la glace contre les flancs du navire stimulent suffisamment leur ardeur. C'est un terrible brouhaha dans une nuit obscure. Pour comble de malheur, Jacobsen n'a-t-il pas laissé les lanternes s'éteindre. Au milieu de ce branle-bas, je songe tout à coup à mes mocassins qui sèchent dans la cuisine; au galop je cours à leur recherche. A ce moment, la pression atteint son paroxysme. Sous la poussée formidable de la glace, les poutres de l'entre-pont craquent; d'une minute à l'autre, je m'attends à les voir se briser et s'effondrer sur moi.

Une fois tous les bagages sortis du navire, nous nous acheminons vers le dépôt. Le fracas des blocs qui s'écrasent contre le navire est tel que nous pouvons à peine nous entendre parler.

C'est le dernier effort de la banquise. Peu à peu, la violence de la pression diminue, le bruit s'affaiblit, et bientôt tout redevient silencieux.

Mais quel spectacle! La partie bâbord du *Fram* disparaît presque entièrement sous un entassement de neige et de glace!

Au milieu du danger le plus pressant, des incidents comiques avaient excité une gaieté générale. Sverdrup, toujours impassible, n'avait-il pas choisi ce moment périlleux pour prendre un bain! Lorsque je donnai l'ordre de porter en toute hâte les sacs sur le pont, il était nu comme un ver. Je vous laisse à penser s'il fut long à se rhabiller. Amundsen avait eu, de son côté, une aventure. Dans la confusion du branle-bas, il n'avait pas entendu ma recommandation de sortir par tribord et s'était précipité vers bâbord. A peine sur le pont, il avait culbuté. Quel ne fut pas son effroi de sentir la tente chargée de glaçons s'abaisser sur lui comme pour l'enserrer dans un linceul. Notre camarade avait cru sa dernière heure venue... Enfin, il parvint à se remettre sur pied et à échapper à l'étau qui menaçait de l'enserrer.

Il est solide, notre *Fram*, pour avoir résisté à un pareil assaut. La masse de glace qui le pressait à bâbord est absolument colossale. Après avoir donné une bande de 7°, le navire s'est un peu relevé; il doit donc être dégagé de son berceau et par suite se trouve maintenant hors de danger. Beaucoup de bruit pour rien, tel est, en somme, le seul résultat de cette convulsion de la banquise.

6 janvier. — Une journée de repos particulièrement agréable après l'émoi d'hier. Toute l'après-midi est employée à dégager le pont des glaçons qui l'ont envahi. Des blocs énormes sont tombés sur la tente; c'est miracle qu'elle n'ait pas cédé sous un pareil poids.

A midi, Hansen annonce que nous avons atteint le 83° 40′, 13 milles depuis le 31 décembre. Nous filons définitivement vers le haut nord. Pour fêter le passage de cette latitude, on sert le soir un bol de punch, accompagné de fruits conservés et de gâteaux.

Hier, nous travaillions péniblement pour défendre notre vie contre les assauts de la banquise; aujourd'hui, nous sommes tout à la joie, buvant gaiement du punch et bavardant bruyamment. Ne sont-ce pas là les vicissitudes de la vie humaine? Peut-être est-ce pour célébrer par une canonnade grandiose notre arrivée à cette haute latitude que la banquise a lancé les terribles détonations de ces jours derniers? S'il en est ainsi, le salut a été vraiment royal.

7 janvier. — Quelques grincements, puis tout redevient calme. Nous continuons à déblayer le *Fram*.

Ce matin, accompagné de Sverdrup, je fais une petite promenade aux environs. A une faible distance du navire, nous constatons que la glace ne porte aucune trace de fracture et est absolument unie. La pression a donc été limitée à une zone peu étendue, et le *Fram* s'est trouvé juste à l'endroit où s'est porté l'effort le plus violent.

8 janvier. — Encore quelques mouvements dans la banquise, sans importance d'ailleurs.

Liv a aujourd'hui deux ans !

C'est une grande fille. La reconnaîtrai-je ? Ils célèbrent là-bas ce joyeux anniversaire et comblent de présents le petit être aimé. Pendant ce temps nous restons bloqués dans la glace, entraînés vers des latitudes inconnues, enveloppés dans l'obscure nuit polaire.

Dans l'après-midi, j'essaie de photographier le *Fram* au clair de lune. Les résultats sont excellents. Le sommet du monticule de glace qui a failli défoncer le navire a déjà été en partie abattu ; le cliché ne donne pas par suite une représentation exacte de ses dimensions et de sa position menaçante.

... La banquise est redevenue calme ; maintenant débarrassé de tout souci de ce côté, je me remets à mes préparatifs de départ.

Le 3 février, nous atteignons le 83° 43' ; quelques jours plus tard nous rétrogradons de 11 milles dans le sud. Toujours ces alternatives de recul et de progrès. Mais 10 à 12 milles de plus ou de moins ne comptent pas dans une expédition comme celle que nous allons entreprendre.

10 février. — Le jour commence à poindre. A une heure de l'après-midi en me tournant du côté de la lumière, je puis lire un journal.

Dans la journée, excursion en traîneau tiré par les chiens. La banquise est plane ; sur sa surface unie nous filons bon train. Avec une pareille vitesse nous pourrons faire de longues étapes et arriver au but plus tôt que nous ne l'avions primitivement pensé. Un long et terrible voyage que cette marche vers le Pôle ! Jamais pareille entreprise n'a été tentée. Nous n'avons aucun point de retraite, pas même une terre

LE *Fram* APRÈS LA GRANDE PRESSION DU 5 JANVIER 1895 (Photographie exécutée au clair de la lune.)

désolée. Pendant que nous avancerons vers le nord, le *Fram* continuera sa dérive; jamais ensuite nous ne pourrons le rejoindre. Nous n'aurons d'autre ressource que de marcher en avant; tous les obstacles, quelque terribles qu'ils soient, nous devrons les vaincre pour sortir de cet étau de glace.

26 *février*. — Il est enfin arrivé le grand jour du départ! Depuis une semaine, tout le monde travaille sans relâche aux préparatifs. Du matin au soir, pas une minute de repos; il faut songer à tout, veiller à tout; le plus petit oubli pourrait être fatal. Mes nerfs sont dans un état de tension absolument fatigant. Je la connais bien, cette surexcitation, pour l'avoir éprouvée chaque fois que j'allais partir pour l'inconnu et couper les ponts derrière moi. Tous ces jours derniers, jamais je n'ai pu me coucher avant trois ou quatre heures du matin.

Hier soir, nous avons eu le banquet des adieux. Avant de quitter le navire, le souvenir de tous les événements dont il a été le théâtre me revient à la mémoire avec une précision extraordinaire; je revis toute notre vie depuis le départ de Norvège, traversée de tant d'espoirs et de désillusions.

J'écris à ma femme et à tous les miens une dernière lettre, que je confie à Sverdrup.

Les quatre traîneaux chargés des bagages et des provisions sont attelés... Au bruit d'une décharge de mousqueterie, le signal du départ est donné. Les chiens aboient furieusement et nos camarades poussent des hourrahs. Quand les reverrons-nous? Les reverrons-nous même jamais?

Au début, la marche est lente. La glace présente une déclivité assez rapide. Devant un escarpement les efforts de tous les hommes sont nécessaires pour faire avancer les traîneaux par-dessus l'obstacle. Heureusement Sverdrup, Hansen, Blessing, Henriksen et Mogstad ont tenu à nous accompagner le premier jour et nous apportent dans ce pénible travail le concours de leurs forces. Plus loin, en terrain plat, les chiens filent comme le vent; même avec les *ski* on les suit difficilement. Sur ces entrefaites, nous nous apercevons qu'un des traîneaux a éprouvé une avarie, sans doute dans un heurt contre quelque bloc de glace. Il faut revenir à bord faire la réparation nécessaire! Un pareil accident survenant au cours du voyage aurait de graves conséquences. Il est donc prudent de profiter de notre retour pour renforcer tous les véhicules. Les charges sont évidemment trop lourdes, aussi suis-je résolu à emmener six traîneaux au lieu de quatre.

Pendant que nous sommes occupés à ces réparations, le vend du sud-est souffle et nous porte dans le nord. Hier nous étions par 83° 47', aujourd'hui nous devons être par 83° 50.

Le 28 février nouveau départ. Le convoi avance lentement; pour faciliter la marche, je prends le parti d'alléger les véhicules de plusieurs sacs de vivres destinés aux chiens. A quatre heures du soir le campement est installé. Distance parcourue dans la journée : 4 milles[1]. Soirée très agréable et très joyeuse sous la tente en compagnie de plusieurs de nos camarades du *Fram*. Un bol de punch est servi et des toasts chaleureux sont portés en l'honneur de ceux qui partent et de ceux qui restent. A onze heures seulement, nous nous décidons à entrer dans nos sacs de couchage.

Là-bas au milieu de la banquise, le *Fram* resplendit de lumière. Sverdrup a donné l'ordre de hisser, au sommet du grand mât, la lampe à arc et d'allumer des torches et des feux de Bengale sur les *floe* voisins. Une bonne précaution pour assurer le retour des autres en cas de mauvais temps.

Le lendemain, nos camarades nous suivent pendant une heure. Au moment de nous quitter, Sverdrup me prend à part : « J'ai une faveur à vous demander, me dit-il; si vous revenez avant nous en Norvège, et que vous songiez à partir

---

1. La distance parcourue était mesurée à l'aide d'un compteur, fabriqué à bord avec les mouvements d'un vieil anémomètre. Il se trouvait attaché à l'arrière du dernier traîneau.

pour le pôle sud, soyez assez bon pour m'attendre; je tiens à vous accompagner là-bas......

Nous voici seuls maintenant, Johansen et moi, au milieu de la grande banquise polaire. Sans l'aide de nos amis, la marche devient très difficile; la glace est accidentée et le halage des six traîneaux par-dessus les aspérités de la banquise est aussi laborieux que lent. Le 2 mars, nos progrès ne sont guère plus rapides. Nous pourrions peut-être continuer à avancer ainsi; de jour en jour, le poids des provisions diminuera, et, dans quelque temps, notre marche pourra être sensiblement plus accélérée. Mais les chiens seront peut-être épuisés par cet effort? D'autre part, ces animaux ont souffert du froid, la nuit dernière. Je prends donc la décision de revenir encore une fois à bord, d'alléger nos bagages et d'attendre que la température soit un peu moins basse. A mon retour, je suis salué par l'heureuse nouvelle que nous avons atteint le 84° de Lat. N.

Les jours suivants sont consacrés à apporter aux traîneaux les perfectionnements suggérés par les deux expériences que nous venons de faire, et aux bagages les réductions nécessaires.

Avant de raconter notre voyage à travers la banquise polaire, une rapide description de notre équipement me paraît nécessaire; elle permettra au lecteur de se faire une idée complète de notre vie dans ce terrible désert.

Nous emportons deux kayaks et trois traîneaux construits sur le mode de ceux que j'ai employés au Grönland. Le matériel de campement comprend un sac de couchage composé d'une double enveloppe en peau de renne, une tente en soie pesant un kilogramme, et un fourneau au pétrole avec une provision de combustible de seize litres.

Dans l'équipement d'une expédition sur la banquise, le fourneau est un des appareils les plus importants. De sa bonne construction et des résultats qu'il donne dépend, en grande partie, le bien-être relatif de la caravane, et, par suite, dans une certaine mesure, le succès de l'exploration. Le nôtre se composait d'un récipient central destiné à la cuisson des mets et de deux compartiments latéraux que l'on remplissait de neige et de glace pour obtenir de l'eau potable. Un quatrième réservoir, placé au sommet, avait le même usage. Grâce à la disposition adoptée, proportion de 90 à 93 p. 100 de la chaleur produite par la combustion du pétrole était employée à un effet utile.

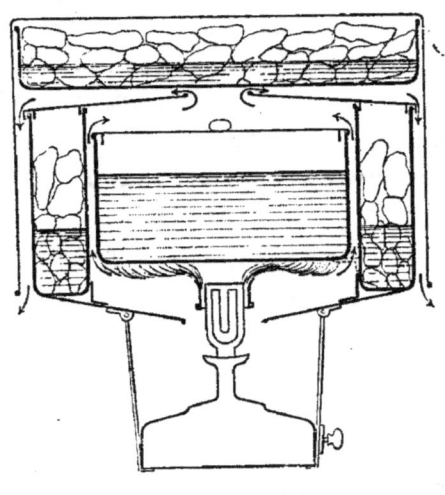

LE FOURNEAU

L'appareil construit en métal blanc et en aluminium ne pesait que 4 kilogrammes.

Comme armes, j'ai choisi des fusils à deux coups, avec un canon rayé pour le gros gibier et un autre lisse pour les oiseaux. Nos munitions consistent en 180 cartouches à balles et 150 à plomb. En fait d'instruments, nous avons un petit théodolite construit spécialement en vue de cette expédition, un sextant de poche, un horizon artificiel à glace, plusieurs compas, des baromètres anéroïdes, trois thermomètres fronde à mercure, deux thermomètres minima à alcool, une lunette et un appareil photographique.

Nos approvisionnements consistent principalement en viande et en poisson séché et pulvérisé, afin de faciliter la digestion, en biscuit et en pain de gluten, enfin en 39 kilogrammes de beurre.

Comme vêtements nous portons deux chemises de laine, un veston en poils de chameau et un épais jersey, deux caleçons de laine, des *knickerbockers*, des guêtres en vadmel[1], et, par-dessus, un surtout en grosse toile destiné à nous protéger contre la neige pulvérulente. En fait de chaussures, des mocassins lapons, comme coiffure des chapeaux de feutre doublés à l'intérieur de deux épaisses couches de drap.

Le poids total des bagages, véhicules compris, s'élevait à 663 kilogrammes, répartis à peu près également sur les trois traîneaux.

1. Drap tissé par les paysans norvégiens, très épais et très chaud

CHAPITRE VI

A TRAVERS LA BANQUISE

Le 14 mars, à midi, nous quittons définitivement le *Fram*, au bruit des hourrahs. Quelques-uns de nos camarades nous font un bout de conduite pour aider au halage des traîneaux lourdement chargés... Bientôt Sverdrup nous fait ses adieux; il doit revenir à bord présider le dîner à une heure. Sur le sommet d'un monticule de glace, nous nous serrons cordialement la main une dernière fois. Le cœur gros, je regarde s'éloigner cet excellent ami, l'homme bon et dévoué dont la collaboration m'a été si précieuse. Ce n'est pas sans un secret sentiment d'envie que je le vois regagner le *Fram*. De longs mois s'écouleront avant que nous retrouvions un abri aussi confortable. Jusque-là que de privations terribles à supporter? Quelle que soit sa résolution, l'homme ne quitte jamais le bien-être sans regret. Hansen, Henriksen et Peterson nous suivirent jusqu'au lendemain.

La glace, d'abord plane et unie, devient bientôt accidentée de chaînes de monticules formés par les pressions. Pour traverser ces protubérances, il est nécessaire de porter les traîneaux sur une assez grande distance; un rude travail qui met nos forces et notre patience à une terrible épreuve. Néanmoins nous n'avons pas lieu de nous plaindre; l'étape est de 7 milles.

Notre petite tente est tout juste assez grande pour nous contenir tous les cinq ; néanmoins combien elle nous paraît agréable après le dur labeur de la journée. Assis devant une tasse de chocolat bouillant, tenant d'une main un biscuit, de l'autre un gros morceau de beurre, Peterson s'écrie dans un transport de joie enfantine : Maintenant me voici installé comme un prince ! Ce brave garçon m'avait supplié de l'emmener, s'offrant à remplir toutes les fonctions dont je le chargerais; à mon grand regret, j'ai été obligé de renoncer à ses services. Mes compagnons, qui n'ont pas de sacs de couchage, dorment dans une hutte en neige enveloppés de leurs fourrures. Le lendemain matin, lorsque je me réveille, Peterson est déjà debout, se promenant de long en large pour se réchauffer. Jamais, auparavant, il n'avait cru possible de dormir sur la neige ; cependant, la nuit n'a pas été trop mauvaise, affirme-t-il. Il me fut impossible de lui faire avouer qu'il avait souffert du froid.

Après un déjeuner gai et plein d'entrain, les chiens sont attelés, puis je donne l'ordre du départ. Un dernier et chaleureux adieu à nos excellents camarades, et nous nous enfonçons dans le grand désert glacé où désormais pendant de longs mois nous vivrons solitaires, isolés de tout secours. Un peu plus loin, en me retournant, j'aperçois Peter posté sur le sommet d'un monticule, suivant avec attention les progrès de notre petite caravane. Très certainement il est persuadé qu'il ne nous reverra jamais.

Nous avançons d'abord très rapidement sur de larges plaines de glace unie. Plus loin, des amoncellements de *toross* et d'*hummocks* nous obligent au lent et pénible portage des traîneaux. Fatigués par ce rude labeur, nous faisons halte à six heures du soir. Longueur de l'étape : 9 milles.

Les jours suivants, la glace est absolument plane; souvent nos étapes dépassent 14 milles. Parfois, malheureusement, un accident nous fait perdre du temps. Un jour, par exemple, une aiguille de glace perce le sac contenant la farine de poisson, et la précieuse provision s'écoule par la déchirure. Il nous faut plus d'une heure pour tout ramasser et pour recoudre le sac.

Dans certaines parties la banquise, extraordinairement massive et hérissée de monticules élevés, présente l'aspect d'un pays ondulé couvert de neige. Très certainement cette glace est très vieille et a été soumise à de terribles pressions dans sa longue dérive à travers le bassin polaire de l'Océan sibérien vers la côte orientale du Grönland. Les *hummocks* et les mamelons formés dans les chocs éprouvés par les glaçons, après avoir subi une fusion partielle pendant l'été, ont été recouverts, l'hiver suivant, d'une nouvelle et épaisse couche de neige; par suite, ces amoncellements ressemblent plus à des collines de glace qu'à des *toross*.

20 *mars.* — Soleil radieux. Temps magnifique mais très froid, surtout la nuit. Température : 41° et 42° sous zéro.

Plus nous avançons, plus la banquise devient unie; par endroits, elle présente une surface aussi plane que celle de l'*inlandsis* du Grönland que nous avons traversé, il y a sept ans déjà. Si cela continue, nous aurons bientôt accompli notre tâche.

L'autre jour, nous avons perdu notre compteur enregistreur des distances parcourues. Pour le retrouver, il eût été nécessaire de revenir en arrière et peut-être de perdre plusieurs heures; j'ai donc pris le parti de l'abandonner. Désormais, nous ne pourrons évaluer la longueur des étapes qu'à l'estime. Dans la même journée, autre incident désagréable. Un de nos chiens tombe subitement si malade qu'il ne peut plus être attelé. Nous étions déjà en marche depuis longtemps, lorsque je m'aperçois qu'il ne nous a pas suivis. De suite, je

LE DÉPART DE LA CARAVANE (14 MARS 1895)

pars à sa recherche et le retrouve seulement au campement de ce matin. De là, une perte de plusieurs heures précieuses.

21 *mars*. — A neuf heures, ce matin, température — 42°. Minimum de cette nuit — 44°. Temps toujours très clair. Par un pareil froid, il n'est pas précisément agréable de rapiécer ses mocassins !

22 *mars*. — De onze heures et demie du matin à huit heures et demie du soir, nous parcourons environ 21 milles. Nous avons dépassé le 85° de latitude nord.

Le ciel est rayonnant et par suite le froid terrible. Aujourd'hui le froid est rendu encore plus pénible par une fraîche bise du nord-est. La nuit, le thermomètre tombe à 42° sous zéro. Pendant la journée, nos vêtements se couvrent d'une cuirasse de glace; le soir, à la chaleur des sacs de couchage, cette croûte, en fondant, nous imprègne d'humidité.

Avant de camper, nous traversons un large bassin, pareil à un lac inclus dans la banquise. La glace qui le recouvre est très mince, par suite, de date récente. La formation d'une nappe d'eau en cette saison et à cette latitude est absolument extraordinaire.

23 *mars*. — Le temps de faire des observations scientifiques, de charger les traîneaux, de mettre tout en bon état et en ordre, il est trois heures de l'après-midi. A neuf heures du soir, nous nous arrêtons devant une série de monticules comme nous en rencontrâmes au début du voyage. Jusque-là, la partie de la banquise parcourue était relativement plane, aussi avons-nous pu parcourir environ 14 milles.

Maintenant, nous sommes arrivés à la fin de cette nappe de glace unie sur laquelle nous glissions comme des flèches. Désormais à chaque pas ce seront de nouvelles difficultés.

24 *mars*. — La glace devient très accidentée. A chaque pas des chaînes de monticules par-dessus lesquelles nous devons porter les traîneaux. Un long et dangereux travail;

avec ces lourdes charges nous risquons à tout instant de culbuter et de nous casser bras ou jambes... Nous tuons un chien malade qui ne peut plus suivre et en jetons le cadavre démembré à ses camarades. Aujourd'hui ceux-ci font les dégoûtés; plusieurs, plutôt que de toucher à leur semblable, s'endorment sans manger. Laissons-les; bientôt la faim

LE PORTAGE DES TRAINEAUX

triomphera de leur répugnance. Dans quelques semaines, les malheureuses bêtes affamées se jetteront avec fureur sur les cadavres de leurs congénères que la nécessité nous obligera à sacrifier; en un clin d'œil elles avaleront tout avec gloutonnerie, même les poils.

25 *mars*. — Toujours des chaînes de *hummocks*. Nous sommes exténués par le transport des traîneaux par-dessus

ces crêtes. Pendant cette pénible marche, une fois le soir arrivé, le besoin de sommeil est invincible. Nos yeux se ferment malgré nous; à peine étendus nous nous endormons profondément. Le campement est généralement établi à l'abri du vent derrière un *hummock* ou une ligne de monticules. Pendant que Johansen s'occupe des chiens, je dresse la tente et prépare le souper. Le menu se compose tantôt d'un ragoût de pemmican et de pommes de terre séchées, ou d'un gratin de poisson, tantôt d'une soupe de pois, de fèves ou de lentilles avec du pemmican et du biscuit. Après avoir apporté dans la tente notre matériel culinaire et nos provisions pour le souper et le déjeuner du lendemain, nous nous glissons dans nos sacs de couchage, afin de dégeler nos vêtements. Pendant la journée, la vapeur qui se dégage de notre corps se condense à la surface des vestes et des pantalons en une couche de glace. Nos membres se trouvent ainsi emprisonnés dans une carapace cristalline absolument rigide. Les manches de ma jaquette sont dures comme de la pierre, et leur frottement contre mes poignets ouvre dans la chair de profondes entailles. La blessure que j'ai au bras droit ayant été « mordue par la gelée », la plaie devint de plus en plus profonde et atteignit l'os. Vainement j'essayais de la protéger à l'aide de bandes de pansement; elle ne se ferma que l'été suivant. Probablement toute ma vie j'en garderai la cicatrice. Une fois dans les sacs de couchage, les vêtements dégèlent lentement, aux dépens de notre calorique animal. Nous avons beau nous serrer l'un contre l'autre; pendant plus d'une heure et demie nous claquons des dents avant de ressentir un peu de chaleur. A la longue nos vêtements deviennent souples, mais, le lendemain matin, à peine sortis de la tente, ils reprennent leur rigidité.

Le souper est le plus agréable moment de toute la journée Pendant de longues heures nous l'attendons impatiemment et avec volupté nous absorbons notre maigre pitance. Souvent notre fatigue est si grande que le sommeil triomphe de notre appétit. Nous fermons malgré nous les yeux et nous nous assoupissons la cuiller en main. Une fois même, je m'endormis en mangeant. Après le repas, nous nous accordons généralement le luxe d'un petit extra : une tasse d'eau chaude dans laquelle je fais dissoudre de la poudre lactée.

LA NUIT AU CAMPEMENT

Nous avons l'impression de boire du lait bouillant; cette boisson nous réchauffe tout le corps. Après cela, nous fermons hermétiquement les sacs, et bientôt le silence de la banquise n'est plus troublé que par le bruit de nos ronflements et par les exclamations de nos rêves.

Le matin, mes fonctions de cuisinier m'obligent à être le premier debout. La préparation du déjeuner prend généralement une heure. Le menu se compose, un jour de chocolat, de pain, de beurre et de permiccan, un autre de bouillie de gruau. Une fois le repas prêt, Johansen se lève, puis nous nous mettons à table, assis sur nos sacs devant une couverture étendue en guise de nappe. Le déjeuner avalé, nous écrivons notre journal; après quoi, en marche. Un moment pénible, que n'aurais-je pas souvent donné pour pouvoir me remettre « au lit », et pour dormir bien au chaud tout mon soûl. Mais non, il faut poursuivre sans défaillance la tâche commencée; il faut sortir au froid, harnacher les chiens et reprendre le pénible labeur quotidien à travers la banquise.

J'avance en tête de la colonne pour tracer la route, ensuite vient le traîneau chargé de mon *kayak*, derrière marche Johansen avec les deux autres véhicules, occupé sans cesse à presser les attelages de la voix ou du fouet et à pousser les traîneaux sur les pentes des *hummocks*. Devant chaque accident de terrain, les chiens s'arrêtent. Si le conducteur ne peut enlever son attelage, celui de nous qui se trouve en avant doit revenir aider au passage du véhicule... Du commencement à la fin, cette marche n'a été qu'une longue souffrance pour ces pauvres animaux. Je frissonne encore en pensant avec quelle sauvagerie nous les battions, lorsqu'ils s'arrêtaient, incapables d'avancer. Même dans ces circonstances dramatiques, je sentais l'excès de notre cruauté; elle était cependant une loi de notre situation. Nous devions marcher vers le nord; aucune considération de sentimentalité ne devait donc nous arrêter. De pareilles entreprises atrophient tous les bons sentiments pour ne laisser dans l'homme qu'un abominable égoïsme.

L'organisation du campement, les soins à donner aux chiens, la préparation des repas et le paquetage après chaque halte absorbent un temps considérable. En règle générale, la durée des marches ne dépasse jamais neuf à dix heures par jour. Dans l'après-midi, l'étape était interrompue par une collation, un repas peu agréable ; en dépit de toutes nos précautions pour nous abriter, nous étions bientôt transpercés par l'âpre bise, et, pour nous réchauffer nous devions manger en marchant.

Un grand nombre d'explorateurs arctiques se sont plaints des souffrances terribles causées par la soif dans ces déserts de glace. Le plus souvent, elles ont été déterminées par d'imprudentes absorptions de neige ; aussi, pour parer à cette éventualité, avais-je emporté de petites bouteilles en caoutchouc que, le matin, je remplissais d'eau et que je portais sur la poitrine pour l'empêcher de geler. A mon grand étonnement, je ne sentis que très rarement le besoin de m'en servir. Nous avons échappé à ces souffrances, grâce à l'excellente construction de notre fourneau, qui, avec une très faible quantité de combustible, nous fournissait une provision d'eau plus que suffisante.

29 *mars*. — Nous avançons très lentement. La banquise est loin d'être aussi bonne que je l'espérais. Toujours des amoncellements de glace dont la traversée entraîne une grande perte de temps. Avant de pouvoir trouver un passage praticable au milieu de ces monticules, l'un de nous doit aller en reconnaissance, et, en règle générale, faire un détour plus ou moins long. Pendant ce temps, les chiens, sautant de droite et de gauche, embrouillent les traits d'attelage et à peine a-t-on tout remis en ordre que la besogne est à recommencer.

Hier, après le dîner, le vent du nord-est a augmenté de force, et le ciel s'est couvert. Avec joie nous saluons ce présage d'un temps plus doux. En effet, dans la soirée, le thermomètre ne descend pas au-dessous de — 34°. Pour la première fois, depuis longtemps, nous ne souffrons pas du froid dans les sacs de couchage.

Le lendemain, un soleil clair brille dans un ciel sans nuage.

Toujours une banquise tourmentée, hérissée d'obstacles. Dans la soirée, nous arrivons enfin sur une nappe parfaitement unie, comme nous n'en avons pas rencontré depuis longtemps. Au delà encore de nouveaux monticules de la pire espèce, formés par des entassements d'énormes blocs. Après un terrible labeur, il ne nous reste plus qu'une seule chaîne à traverser, précédée d'une crevasse profonde d'environ quatre mètres. Tous les chiens du premier traîneau culbutent dans le trou. C'est maintenant toute une affaire de les relever. Le second véhicule tombe, à son tour, heureusement sans dommage sérieux; après cela, il faut le décharger et le recharger, et voilà encore un temps précieux perdu. Instruits par l'expérience, nous prîmes nos précautions pour le passage du troisième traîneau.

Le soir au campement, — 43°.

31 *mars*. — Sous l'influence d'un vent de sud, la température monte rapidement. De très grand matin, le thermomètre marque seulement 30° sous zéro, un véritable temps d'été!

Au départ bonne glace. Dans la journée, tout à coup un large chenal s'ouvre au milieu de la banquise. A peine l'ai-je traversé avec le premier traîneau qu'il s'élargit, coupant la route au reste du convoi. Sur ces entrefaites, un large morceau de glace se rompt sous les pas de Johansen. Dans cette chute mon camarade a la mauvaise chance de se mouiller entièrement les jambes, une aventure qui pourrait avoir les plus déplorables conséquences.

Le chenal est très long; nulle part je ne réussis à découvrir un gué. La position devient très critique; je suis d'un côté du canal avec un traîneau et la tente, de l'autre se trouve Johansen, à moitié trempé et presque gelé, avec les deux derniers véhicules. Impossible de nous servir des *kayaks*. Après les chocs qu'ils ont reçus, leur coque n'est qu'un écumoir. Enfin, après de longues recherches, je parviens à trouver un « pont ».

De suite, après avoir fait passer les traîneaux, nous campons pour dégager Johansen de la croûte de glace qui l'enveloppe, et pour le réchauffer.

Chaque matin, les préparatifs du départ entraînent un long et pénible labeur. Parfois, sept heures nous sont nécessaires pour abattre la tente, faire le paquetage, charger les véhicules et réparer les avaries. Le contenu d'une boîte a été consommé, et on doit la remplacer par une autre charge; puis, je m'aperçois qu'un sac a été percé, et il faut le réparer.

EN MARCHE A TRAVERS LA TOURMENTE

Après cela, on procède à l'arrimage, une besogne particulièrement difficile. Une fois les véhicules prêts, reste maintenant à débrouiller les traits, que les chiens ont entortillés en écheveaux inextricables.

2 avril. — Tourmente de sud. Le terrain devient de plus en plus mauvais; la traversée de nouvelles chaînes d'*hummocks* exige des efforts désespérés. Entre les blocs, la couche de neige est trop mince pour que nous puissions faire usage des

LE CAMP DANS LA MATINÉE DU 15 MARS, AVANT LE DÉPART DE NOS CAMARADES

ski, aussi, à chaque instant, culbutons-nous dans des trous.

Sous ce ciel couvert, impossible de distinguer une dépression d'une protubérance ; tout est uniformément et désespérément blanc. Pour essayer de trouver un meilleur terrain, chacun de nous part en reconnaissance de son côté. Dans toutes les directions, la route n'est pas meilleure. A midi, — 31°,5.

3 avril. — Départ hier, à trois heures de l'après-midi. Le

« JE PARS EN AVANT EN RECONNAISSANCE »

temps est beau, la glace relativement unie ; aussi, au début, notre marche est-elle rapide.

... Une fois encore notre espoir est déçu. Voici de nouvelles chaînes de monticules, et bientôt après un canal couvert de « jeune glace » qui ne porte pas. Plus loin, le terrain n'a pas meilleure apparence ; vers minuit nous prenons le parti de camper.

Un nouveau chien est sacrifié. Son cadavre est partagé en vingt-six portions ; six de ses congénères refusent encore leur part du festin.

Une observation méridienne fixe notre position à 85°,59.

NANSEN SUR LA BANQUISE

Nos progrès sont extraordinairement lents. Très certainement un mouvement de dérive repousse vers le sud la banquise sur laquelle nous avançons dans la direction du nord. Nous

DU SOMMET DU PLUS HAUT MONTICULE, A PERTE DE VUE, JE N'APERÇOIS
QU'UN CHAOS DE GLACE TOURMENTÉ

sommes à la merci des vents et des courants, la plus décevante position pour un explorateur polaire. Maintenant je commence à croire qu'il sera sage de suspendre bientôt notre marche vers le nord.

La distance qui nous sépare de la terre François-Joseph est triple de celle que nous avons parcourue. Dans cette direction la banquise ne sera pas plus praticable que dans la région où nous trouvons, et notre marche ne sera guère plus rapide. De plus, notre ignorance de la topographie de

NOTRE CAMPEMENT LE PLUS SEPTENTRIONAL (86° 13′ de Lat. N.)

l'archipel François-Joseph nous exposera à des retards. Peut-être enfin, dans cette région, ne trouverons-nous pas de gibier! Depuis longtemps déjà, j'ai la conviction que nous ne pourrons atteindre le Pôle ou son voisinage immédiat : la banquise est trop accidentée et nos chiens trop faibles! Si seulement j'en avais un plus grand nombre! Que ne donnerai-je pas pour posséder une meute de l'Oloneck. Tôt ou tard nous devrons battre en retraite.

4 avril. — Départ à trois heures du matin. Toujours des chaînes de monticules, et, entre ces aspérités des canaux bordés d'amoncèllements de blocs rugueux. Au passage de ces fentes, tantôt l'un de nous, tantôt les traîneaux enfoncent dans l'eau. Fort peu agréables, ces bains; impossible de nous changer et de nous sécher, et la température est de 30 degrés sous zéro.

Lat. : 86° 2′ 8″ ; long. : 95° 47′ 15″ E. de Gr.

6 avril. — A deux heures du matin, température — 24°,2. La glace de plus en plus mauvaise. Une succession inextricable de monticules et de ravins, pareille à une ancienne

UNE BANQUISE RELATIVEMENT UNIE

moraine qui serait formée de blocs de glace. Quelques mamelons ont une hauteur de dix mètres. Le halage des traîneaux sur un pareil terrain mettrait à bout des géants. Dans la journée l'étape n'est que 4 milles.

Hier j'avais perdu tout espoir de pouvoir poursuivre notre route, et ce matin, en arrivant au campement, je suis décidé à battre en retraite.

Nous irons encore un jour en avant et reconnaîtrons si la

glace est aussi mauvaise qu'elle le paraît du sommet du *toross*, haut de dix mètres, au pied duquel nous sommes campés.

Ce serait folie de continuer la marche vers le nord. Sur une pareille banquise nous ne pourrons guère aller plus loin, et, si la glace n'est pas meilleure vers la terre François-Joseph, la retraite sera très lente.

8 avril. — A deux heures du matin, départ. La banquise

SINGULIÈRE STRATIFICATION DE LA BANQUISE

est de plus en plus impraticable. Partout des chaînes d'*hummocks* et des amoncellements de blocs. Impossible de suivre aucune route. Dans ces conditions, je pars en avant en reconnaissance sur les *ski*. Du sommet du plus haut monticule que je puis atteindre, à perte de vue, je n'aperçois qu'un chaos de glace tourmenté. Ce serait peu raisonnable de nous entêter à poursuivre la marche vers le pôle. De suite, ma résolution de battre en retraite sur le cap Fligely, la terre la plus nord de l'archipel François-Joseph, est prise. Hier, d'après une observation méridienne, nous étions par 86° 10′ [1]. Long. 95°E. de Gr. Température à huit heures du matin — 32°.

Pour fêter notre arrivée à ce point suprême vers le Pôle, un banquet est préparé, composé de ragoût, de biscuit, de beurre, de chocolat et de confiture d'airelles. Après une bonne sieste, nous nous remettons en marche vers le sud.

---

1. Cette observation corrigée a donné comme résultat : 86° 13′,6.

CHAPITRE VII

LA RETRAITE SUR LA TERRE FRANÇOIS-JOSEPH

A notre grand étonnement, dès le premier jour de notre retraite, nous trouvons la glace bien meilleure que dans la direction du nord. Devant nous s'étendent de larges plaines, unies, coupées seulement de loin en loin de chaînes de monticules et de canaux recouverts de « jeune glace ». Ces accidents de terrain sont orientés dans le S. 22°O. magnétique, soit environ à l'ouest-sud-ouest du monde, c'est-à-dire parallèlement à la direction que nous suivons.

Le 10, une bonne étape : 15 milles.

Le 12, j'oublie de remonter les montres. Pour obtenir maintenant le temps moyen de Greenwich, je prends une observation circumméridienne et détermine la latitude, puis fais l'estime depuis le point où nous avons rebroussé chemin et où j'ai pris ma dernière observation de longitude. Grâce à ces précautions, l'erreur dans la détermination des positions ne sera pas grande.

14 avril. — Jour de Pâques. Je passe la journée à calculer la latitude, la longitude et le temps moyen. Une occupation très agréable que ces opérations mathématiques et la manipulation de la table des logarithmes avec des doigts rigides,

presque gelés, et avec des vêtements couverts de glace sur le dos. Pourtant la température n'est que de — 30°, presque un temps chaud. D'après mes calculs, hier, nous devions nous trouver au-dessous de 86° 5′,3, tandis que, d'après l'estime, nous devions être par 85° 50′ et quelques minutes, ayant parcouru 50 milles en trois jours. Maintenant, selon toute vraisemblance, la dérive nous porte dans le nord. Nous ne devons pas avoir dépassé le 86°, et j'ai vérifié sur cette position l'heure de nos montres.

Les jours suivants, nos progrès sont rapides, quoique la banquise soit maintenant plus accidentée qu'au début de la retraite. Le 17 avril, nous parcourons 20 milles. Toujours un ciel clair; jour et nuit, le soleil brille dans une atmosphère absolument calme. Depuis notre départ, pas une seule fois le mauvais temps ne nous a arrêtés. La température s'élève; le thermomètre ne marque plus que — 27°. L'été approche. Si à coup sûr un temps aussi doux est agréable, dans quelques semaines il peut nous exposer à bien des difficultés et à bien des dangers. Il hâtera la débâcle et rendra très pénible l'approche des côtes.

20 *avril*. — Durant plusieurs heures, impossible de traverser un large fossé, rempli de blocs amoncelés dans un désordre effrayant. De tous côtés, des chaînes de *toross* et des *hummocks*, et, de toutes parts, de larges crevasses. Pendant longtemps cette glace a dû être en mouvement et soumise à de terribles pressions. Sur plusieurs points, les monticules atteignent une hauteur de huit mètres et contiennent des strates de matière minérale. Un *floe* notamment est entièrement noirci par une substance inorganique ou organique. Le temps me manque pour examiner la chose.

Au cours de notre route, je note, à différentes reprises, des *hummocks* très massifs et très étendus, de forme carrée, semblables à des îles élevées couvertes de neige; des blocs paléocrystiques, très certainement.

Après de longues recherches, je parviens à découvrir un passage à travers ce labyrinthe de glace. Au delà quel n'est pas mon étonnement d'apercevoir un énorme tronc de mélèze de Sibérie, dressé au milieu de la banquise. Nous le marquons des initiales : F. N. H. J. 85° 30'.

Pendant plusieurs jours ensuite, la glace relativement unie nous permet de glisser rapidement sur nos *ski*. En deux jours la distance parcourue est d'au moins 40 milles.

Le 26, à mon grand étonnement, je rencontre une piste fraîche

UN LAC AU MILIEU DE LA BANQUISE

de renard venant de l'O. S. O. et allant vers l'est. Que diable est-il venu faire jusqu'au 85°? Involontairement je regarde autour de moi, pensant apercevoir une terre. Le temps est malheureusement bouché. Probablement ce renard s'est avancé jusqu'ici à la suite d'un ours. Plus loin encore, d'autres pistes de renards toujours dans la même direction. Quelle nourriture peuvent-ils trouver au milieu de ce désert de glace? Probablement des crustacés qu'ils attrapent dans les bassins d'eau libre.

Température minima — 35°,7.

Hier, rencontre d'un amoncellement de blocs, qui paraît de formation toute récente. J'y remarque d'énormes fragments de glace d'eau douce, contenant des particules d'argile et de graviers, de la glace de rivière provenant probablement des fleuves sibériens. Même à l'extrême nord de notre course, j'ai souvent vu des glaçons de cette nature, et, jusqu'au 86° de latitude, j'ai observé de l'argile à la surface de la banquise.

27 *avril*. — Bonne étape. Nous avons parcouru, suivant toute probabilité, une distance de 20 milles. Quittant le campement hier à trois heures de l'après-midi, nous avons marché jusqu'à ce matin.

Bientôt viendra le temps où nous aurons l'espérance de voir apparaître la terre. La terre! quand la verrons-nous? Quand foulerons-nous autre chose que cette glace et cette neige?

Aujourd'hui encore de nouvelles pistes de renards, toujours dans la même direction.

Un de nos chiens est complètement à bout. Il ne se tient plus sur ses pattes; une fois que nous l'avons chargé sur un traîneau, il demeure complètement immobile. Aujourd'hui nous le délivrerons des souffrances de l'existence. Pauvre bête, jusqu'à la fin, elle a énergiquement travaillé, et maintenant qu'elle ne peut plus tirer, elle nous rendra un dernier service en nourrissant de son cadavre les survivants. Elle était née à bord du *Fram*, le 13 décembre 1893, et, en véritable enfant des régions polaires, elle n'avait jamais vu autre chose que de la glace et de la neige.

Le lendemain, quel n'est pas notre étonnement de rencontrer un large bassin d'eau libre! Pendant que nous le suivons, à la recherche d'un passage, tout à coup les deux bords se rapprochent et se joignent avec un fracas terrible. Sous la violence du choc, la glace se dresse; d'énormes blocs roulent; tout craque et mugit. Rapidement nous poussons les chiens pour traverser le chenal à la faveur de ce bouleversement.

De jour en jour nos attelages deviennent plus faibles. Plusieurs bêtes sont absolument exténuées. Barnet ne peut plus se soutenir ; ce soir nous l'abattrons.

Encore des traces de renards. Je commence à croire que nous approchons d'une terre. De minute à minute je m'attends à l'apercevoir.

Le 29, encore une journée diabolique ! A peu de distance du campement, la route se trouve barrée par un nouveau chenal d'eau libre, puis par un second, et par un troisième. Chaque fois, nous sommes obligés à d'interminables détours. Pour le passage de ces canaux, impossible de nous servir de nos *kayaks* ; ils sont criblés de trous et il ne peut être question en ce moment de les radouber. Une pareille entreprise prendrait un temps considérable et serait particulièrement difficile par des températures de 30° sous zéro. Avant tout, il nous faut gagner la terre ferme avant la débâcle.

2 mai. — Après quatre heures de marche rapide, voici de nouveaux ravins et des chaînes de *toross*. Sous nos pas, la glace, pressée avec force, craque bruyamment. Avec cela, un chasse-neige masque toute vue. Force nous est de nous arrêter. A peine la tente est-elle dressée, que le monticule qui nous abrite commence à être agité par les pressions et à geindre terriblement. Nous courons le risque d'être écrasés par une avalanche ; mais telle est notre fatigue, que je m'endors en dépit de l'imminence du danger.

Le soir, nous sacrifions un de nos chiens. Depuis quelque temps déjà, les provisions qui leur sont destinées sont épuisées. Nous devons nous résoudre à les abattre l'un après l'autre pour nourrir les survivants. Notre meute ne se compose plus maintenant que de seize bêtes, et nous sommes encore loin de la terre.

3 mai. — Seulement 11°,3 sous zéro. Une température de printemps, qui nous donne une sensation exquise de bien-être. Maintenant, nos mains cruellement « mordues par la gelée. » peuvent toucher les objets, sans craindre à chaque contact une cuisance atroce.

Toujours des chaînes de monticules et des ravins remplis d'eau dont la traversée nous épuise. Une fois couchés dans nos sacs, bien au chaud, nous oublions vite les souffrances et les fatigues. Je suis si éreinté que je chancelle sur mes *ski* ; lorsque je tombe, je voudrais rester couché où je suis.

8 *mai*. — Les canaux ouverts à travers la banquise paraissent tous orientés, parallèlement entre eux, du nord-est à l'ouest-sud-ouest (du compas), c'est-à-dire, perpendiculairement à la direction que nous suivons.

A notre grande joie, la glace semble devenir plus unie aux approches de la terre, alors que nous redoutions précisément le contraire. Le nombre des chiens diminuant de jour en jour, le halage est de plus en plus pénible. Je n'ai plus que quatre bêtes à mon traîneau.

10 *mai*. — Température —8°,8. Hier, la glace était plane ; au départ nous espérions donc faire bonne route, lorsqu'une tourmente de neige s'est levée et nous a brutalement obligés à camper.

Aujourd'hui, après quelques heures de clair soleil et de ciel bleu, chute de neige abondante, et temps « bouché ».

A chaque pas, des chaînes de blocs soulevés par les pressions. Par la brume, impossible de trouver la route au milieu de ce dédale

12 *mai*. — Notre second sac de pain sera bientôt vide, et jamais la terre n'apparaît! Plus que douze chiens dont les forces diminuent de jour en jour!

A mesure que nous avançons, la banquise devient de plus en plus difficile. La glace est maintenant recouverte de neige qui ne porte pas. A chaque instant, lorsque l'on quitte les *ski* pour pousser les traîneaux, on tombe dans quelque trou, masqué par cette couche trompeuse.

Aujourd'hui la température est relativement élevée ; la nuit dernière, la chaleur dans le sac de couchage m'a empêché de dormir. Minimum —14°,2'.

16 *mai*. — L'anniversaire de la naissance de Johansen. Nous fêtons ce jour avec toute la solennité que comportent nos moyens. Au dîner, ragoût, le mets favori de mon camarade ; comme dessert un excellent grog au jus de citron.

Hier, nous nous trouvions par 83° 36' Lat. N. et 59° 55' E. de Gr. Évidemment, nous sommes poussés dans l'ouest par un courant violent et risquons de dépasser la terre la plus nord de l'archipel François-Joseph.

Sur les plaines les chiens marchent encore très bien, mais, devant le moindre obstacle, refusent d'avancer. Afin d'accélérer le traînage, je m'attelle à leur tête. Plus loin, la banquise devenant très accidentée, je dois abandonner la bricole pour aller reconnaître le terrain en avant. Celui de nous qui marche en tête du convoi, ne parcourt pas moins de trois fois le même trajet. Une première fois, il va à la découverte et prépare le passage, puis revient en arrière pour conduire les attelages. En dépit de toutes les difficultés, nous poursuivons notre route. Peut-être, à la fin, tant d'efforts seront-ils récompensés. Actuellement, nous serions satisfaits si nous atteignions la terre et trouvions une glace unie.

Aujourd'hui encore, quatre abominables fissures. La dernière forme un véritable lac, une *polynie*, suivant l'expression russe passée dans le vocabulaire arctique. La nappe d'eau est couverte de jeune glace, trop faible pour porter, et en même temps trop résistante pour y lancer les *kayaks*. A perte de vue s'étend dans l'ouest ce large chenal absolument infranchissable. Pour traverser cet obstacle, nous n'avons pas le choix des moyens ; il faut, ou suivre la *polynie* vers l'ouest, jusqu'à ce que nous ayons trouvé un passage, — ce qui nous jette hors de notre route, — ou bien revenir en arrière et chercher dans l'est à contourner cette ouverture. Je me décide pour la première alternative. Bientôt, heureusement, nous découvrons en travers du canal une plaque de glace assez solide ; immédiatement nous y poussons les chiens. Finalement ce large fossé, devant lequel nous craignions de perdre plusieurs jours, est rapidement franchi. Notre satisfaction devait être de courte durée. A quelque distance de là une seconde *polynie !* Pour aujourd'hui c'est décidément trop et je prends le parti de camper.

17 *mai*. — La fête nationale, en Norvège. Couché dans mon sac, je songe à la joie du pays, tout là-bas, en ce jour d'allégresse générale. Je vois, en rêve, les processions joyeuses d'enfants, les drapeaux claquant au vent dans le gai soleil d'une journée de printemps. Aussi, combien triste me paraît notre position. Nous errons sur une banquise interminable, incertains du lendemain, poursuivant énergiquement notre marche vers le sud, tandis qu'une lente dérive des eaux nous entraîne vers l'ouest. Mais, quand même, nous voulons nous aussi fêter cette date chère à tous les cœurs norvégiens. Le pavillon national flotte sur les traîneaux, et, au dîner, un véritable festin est servi : un succulent ragoût, de la confiture d'airelle, puis un grog au citron.

Dans la *polynie* ouverte devant nous s'ébat une bande de narvals. Leur donner la chasse entraînerait une perte de temps trop considérable.

Après avoir passé le chenal, le terrain devient relativement favorable. Longueur probable de l'étape : 10 milles. De plus en plus la dérive nous pousse dans l'ouest.

20 *mai*. — Terrible tourmente de neige. Pas de vue. Nous restons couchés dans la tente, réfléchissant tristement à notre situation.

Nous devons être par 83° 10′ environ, et devrions, par suite, nous trouver à la Terre Petermann, si elle est située réellement dans la position indiquée sur la carte de Payer. De deux choses l'une : ou nous sommes jetés, à notre insu, en dehors de la route que nous croyons tenir, ou bien cette terre est si petite que nous n'avons pu la distinguer.

21 *mai*. — Ciel toujours brumeux et neigeux ; malgré tout, nous nous mettons en route.

Passé un grand nombre de larges ouvertures couvertes de « jeune glace ». Tout récemment, dans cette région, devaient s'étendre de vastes espaces d'eau libre.

23 *mai*. — La plus terrible journée du voyage. Dès le départ, nous sommes arrêtés par une très large fissure. La traversée d'aucune des ouvertures rencontrées jusqu'ici n'a présenté autant de difficultés. Après avoir cherché en vain un passage pendant plus de trois heures, je prends le parti de suivre le chenal vers l'est : Peut-être, de ce côté, trouverons-nous un « pont » ? Arrivés à ce qui nous paraît être la fin de cette *polynie*, nous ne voyons qu'un amoncellement inextricable de blocs et de *floes*, disloqués par de larges crevasses et heurtés violemment les uns contre les autres. A grand'peine nous avançons au milieu de glaçons empilés les uns au-dessus des autres.

Quand, enfin, nous croyons avoir dépassé le chenal, d'autres ravins et d'autres crevasses, encore plus difficiles, s'ouvrent devant nous. La banquise est comme convulsée. Pendant quelque temps c'est à désespérer de la situation. Dans toutes les directions apparaissent des fissures, et, de tous côtés, la couleur foncée du ciel indique l'ouverture de nappes d'eau libre.

Dans l'après-midi, d'une heure à trois, repos. Une fois étendus dans notre sac, et bien repus, nous oublions toutes ces tribulations. Lorsque nous nous remettons en route, le temps est devenu complètement brumeux. On ne peut distinguer un mur de glace d'une nappe de neige détrempée. Nous traversons je ne sais combien de crevasses, d'*hummocks* et de *toross*. Heureusement chaque chose a une fin. Après ce terrible entassement de blocs, nous arrivons à une plaine relativement unie. Depuis quinze heures je suis en marche, et depuis douze nous travaillons au milieu de ce dédale de glace. Nous sommes à bout de forces et absolument trempés. Une couche trompeuse de neige couvre la surface de l'eau dans les crevasses et je ne sais combien de fois nous avons pris des bains de pieds. Dans la matinée, je me trouvais sur un glaçon que je croyais solide, lorsque tout à coup il enfonça. Je n'eus que le temps de me jeter sur un bloc qui, heureusement, était résistant. Sans cela, je prenais un bain complet dans une bouillie de glace. Me trouvant alors seul, la situation n'aurait pas été précisément drôle.

26 mai. — La neige ne porte plus. Dès que l'on quitte les *ski*, on enfonce jusqu'aux genoux. Avec cela, lorsque le temps est sombre comme hier, impossible de reconnaître les accidents de la banquise ; sous la couche de neige fraîche tout est uniformément blanc.

Les chiens n'en peuvent plus. Heureusement, le résultat des observations est réconfortant. Nous devons nous trouver par 82°40′ de Lat. N. et par 61°27′ de Long. E. ; la dérive vers l'ouest a donc cessé. Après cette constatation, l'avenir devient moins noir.

La couleur foncée du ciel indique l'existence de nappes d'eau libre. En effet, toute l'après-midi, les fissures succèdent aux fissures ; dans la soirée, nous sommes arrêtés par un très large chenal. De l'*hummock* le plus élevé que je puis atteindre, à perte de vue dans toutes les directions, s'étend cette fente, plus impraticable encore, semble-t-il, que toutes celles précédemment rencontrées. Au bivouac Kvik, mon chien favori, est sacrifié. La malheureuse bête ne peut plus tirer ; non sans un gros chagrin je me décide à cette nécessité ! Tôt ou tard il faudra l'abattre ; mieux vaut aujourd'hui, alors que le pauvre animal peut encore nous rendre service en

JE GRIMPE AU SOMMET D'UN *hummock*; DE LA-HAUT LE PANORAMA EST VRAIMENT DÉCOURAGEANT...

fournissant des vivres pour trois jours aux huit autres survivants.

27 *mai*. — Lat. 82°30'. Aucune terre en vue ; c'est à n'y rien comprendre. Probablement nous sommes de plusieurs degrés plus à l'est que nous ne le croyions[1].

La glace sur laquelle nous cheminons est plate. Seulement çà et là se rencontrent de petits glaçons entassés par les pressions, plus rarement de larges mamelons ou d'étroites crêtes. Très certainement cette croûte cristalline ne date pas de plus d'un an. A mon grand étonnement, les plaques de « vieille glace » sont rares et isolées. Au campement, impossible de découvrir un glaçon qui ait été exposé à la chaleur de l'été, et qui, par suite, ait perdu toute trace de sel. Pour nous procurer de l'eau, nous avons dû faire fondre de la neige. Lorsque la neige n'est pas granuleuse, sa fusion produit beaucoup moins de liquide que la glace et exige plus de chaleur. Pendant l'été ou l'automne dernier, une vaste zone d'eau libre a dû s'étendre dans cette région.

29 *mai*. — Hier, pour la première fois, un oiseau en vue, un pétrel arctique (*Procellaria glacialis*).

Nous partons avec l'espoir d'en avoir terminé avec les crevasses et les canaux qui découpent la banquise. Ah bien oui ! à peine en route, les apparences du ciel indiquent l'existence de nouvelles rigoles d'eau libre. Je grimpe en toute hâte au sommet d'un *hummock*; de là-haut le panorama est absolument décourageant. Au sud, à l'est, à l'ouest, un dédale de canaux se coupant et se recoupant dans tous les sens. Partout la glace est disloquée ; suivant toutes probabilités, jusqu'à la terre François-Joseph elle doit être ainsi convulsée.

Maintenant, la banquise n'est plus formée de glace polaire massive et compacte, mais de petits glaçons. Si seulement, nous étions en mars, les froids auraient bientôt consolidé tous ces

---

[1]. En réalité nous nous trouvions à 6° à l'est de notre point estimé.

« champs » en une masse rigide. Toujours j'avais considéré comme de la dernière importance d'atteindre la terre avant la fin de mai, sachant combien la banquise serait morcelée à cette époque, alors que le thermomètre s'élève au-dessus de zéro. Hélas! mes craintes n'étaient que trop fondées. Nous sommes arrivés trop tard ou trop tôt. Dans un mois, cette masse de glace sera complètement disloquée, et à travers ses fissures on pourra naviguer en *kayak*. Aujourd'hui, impossible d'employer ce mode de locomotion; la « jeune glace » déchirerait les coques de nos frêles embarcations.

Dans toutes les directions la couleur du ciel annonce la présence de nappes d'eau libre. Que ne donnerais-je pas pour être là-bas! Si la banquise devient encore plus morcelée, nous devrons attendre la débâcle complète; pour cela nos provisions sont-elles suffisantes? C'est douteux.

Je suis tout à coup tiré de ces réflexions par un clapotement bruyant dans le chenal voisin. Une troupe de narvals s'ébat à côté de moi dans une heureuse insouciance. Si j'avais un harpon, je pourrais capturer un de ces cétacés.

Dans la matinée, pendant que nous peinons au milieu des canaux, passe un guillemot grylle (*Uria grylle*). Un peu plus loin, nous entendons des mugissements de phoques, bientôt même nous découvrons un de ces animaux; malheureusement il se tient hors de portée.

Le gibier commence à se montrer, la situation n'est donc pas désespérée! En avant coûte que coûte!

31 *mai*. — La glace devient de plus en plus mince.

Hier, aperçu deux phoques (*Phoca fœtida*), un oiseau, et rencontré les traces d'un ours et de deux oursons. Nous allons donc pouvoir nous ravitailler en viande fraîche.

Pan, le plus vaillant de nos tireurs, doit être sacrifié. La pauvre bête est maintenant épuisée; à son tour de servir de pâture aux survivants qui peuvent encore nous rendre quelques services.

Un terrain presque impraticable, un chaos de blocs nageant au milieu de l'eau. Nous cheminons en sautant de glaçons en glaçons. Si nous étions seuls, cela irait encore ; mais, avec nos traîneaux, ces escalades et ces descentes continuelles nous mettent à bout de forces.

Du 82°52' au 82°19' la banquise est presque uniquement composée de « jeune glace » épaisse d'environ $0^m,80$. Sur toute cette distance nous n'avons rencontré que quelques vieux *floes* et de rares champs de « vieille glace », comme celui sur lequel nous sommes actuellement campés. La mer a donc été libre sur une distance de 33 milles vers le nord, et, dans la direction du sud, cette nappe devait également atteindre une grande étendue.

Pris aujourd'hui une hauteur méridienne ; nous serions par 82°21', et toujours pas trace de terre. De plus en plus cela devient une énigme. Mais patience !

CHAPITRE VIII

LA LUTTE POUR LA VIE

1ᵉʳ *juin*. — Atteindrons-nous enfin, au cours de ce mois qui commence aujourd'hui, la terre si ardemment désirée. Il faut l'espérer et le croire, tandis que le temps marche.

Horizon bouché et neigeux; avec cela, vent contraire. Aussitôt après le départ, nous sommes arrêtés par un canal paraissant, au premier abord, infranchissable. Finalement, les choses tournent mieux que nous n'avons osé l'espérer. Après un détour vers le nord-est, nous parvenons à passer l'obstacle. Au delà nous avons la chance de rencontrer une plaine bien unie; sur cet excellent terrain nous marchons jusqu'à midi. Plus tard, encore une heure et demie de bonne glace, après cela nos tribulations recommencent. Dans toutes les directions la route est coupée par de larges ouvertures. Pendant une heure et demie je cherche en vain un passage.

Combien différentes sont les idées que les expéditions se font sur leurs situations respectives! Si nous réussissons à atteindre la terre avant l'épuisement de nos provisions, nous nous considérerons comme sauvés. Payer, au contraire, se serait cru perdu si, au cours de son excursion à l'archipel

François-Joseph, sa ligne de retraite sur le *Tegettoff* avait été coupée. Et pourtant il n'était pas, comme nous, épuisé par une marche de deux mois et demi sur la banquise.

Hier, au moment de lever le camp, nous avons entendu le cri d'une pagophile blanche (*Larus eburneus*). Deux de ces beaux oiseaux blancs volaient au-dessus de nous. Tout d'abord je pris mon fusil pour les tirer, puis me ravisai. Ces mouettes ne valent pas une cartouche.

2 *juin*. — Dimanche de la Pentecôte. Le chenal qui nous a arrêtés hier s'est agrandi pendant la nuit, et est devenu un très large bassin. Nous nous trouvons sur une île de glace au milieu de cette nappe.

Maintenant il n'y a plus à hésiter, il est absolument nécessaire d'entreprendre le radoubage des *kayaks*. Une fois les embarcations en état de tenir la mer, nous nous lancerons à travers les fissures de cette banquise toute crevassée.

Installés dans une partie abritée de notre île de glace, nous travaillons commodément sans sentir le moindre vent, tandis que soufffe une fraîche brise du sud-ouest. Nous dînons d'un excellent ragoût chaud, un véritable régal, puis, en sybarites, nous nous prélassons dans une douce paresse. De temps à autre un repos est très agréable. Après cela au travail.

Je décous la peau de mon *kayak* pour exécuter les reprises; après quoi, je resserre tous les liens unissant les pièces de la carcasse. Une longue besogne; il n'y a pas moins de quarante nœuds! Ce travail achevé, le châssis de l'embarcation est aussi solide qu'au moment du départ. Une fois les deux canots remis en état, nous serons parés pour le départ, et désormais pourrons poursuivre notre route, sans crainte d'être, à chaque instant, arrêtés par une nappe d'eau ou par un large chenal. Avant peu même, nous pourrons naviguer au milieu de cette banquise disloquée. Le transport des quelques chiens survivants sera alors une source de difficultés. Aussi devrons-nous nous en séparer. Notre meute est, du reste, réduite à

CANAL OUVERT A TRAVERS LA BANQUISE (JUIN 1895)

six animaux, et seulement pendant quatre jours encore nous pourrons les nourrir.

Aujourd'hui la Pentecôte! C'est, dans notre beau pays, l'été gai et riant; ici, c'est la glace, la glace éternelle. La petite Liv ira dîner chez sa grand'mère; peut-être, pour la circonstance, met-elle une nouvelle robe? Un jour viendra où je pourrai, moi aussi, l'accompagner, mais quand?

Nous travaillons toujours à la réparation des embarcations. Dans notre ardeur à la besogne, nous en oublions même de manger. Souvent, pendant vingt-quatre heures de suite, nous peinons sans une minute de repos; parfois même la journée s'écoule avant que nous ayons songé à préparer un repas.

Cette réfection des *kayaks* exige non seulement un grand effort, mais encore une attention soutenue. A tous les instants les plus minutieuses précautions sont nécessaires, pour ne pas couper une courroie trop vite ou pour ne pas briser une latte de bois en voulant lui donner une courbure trop forte. Nos provisions de matériel sont si restreintes! Nous fûmes récompensés de nos peines; plus tard, nous eûmes la satisfaction de constater que nos embarcations tenaient parfaitement la mer et pouvaient même affronter une tempête.

4 juin. — Avant peu, la mer sera libre ou tout au moins la banquise disloquée. La glace est très mince et très morcelée, en même temps la température s'élève. Hier, le thermomètre est monté au-dessus de zéro, et, à mesure qu'elle tombait, la neige fondait. Aujourd'hui, ciel bleu et soleil resplendissant. Un air de gaieté et de joie rayonne dans tout l'espace, et nous apporte un doux réconfort. L'illusion est si complète que je me crois à la maison, par une belle matinée d'été, devant les riantes perspectives du fjord. Que seulement la mer soit bientôt dégagée et que nous puissions nous servir des *kayaks*, bientôt nous serons de retour.

Jusqu'ici nous avons pu manger à notre faim. Sans peser nos rations, nous n'avons cependant jamais dépassé la quantité de vivres fixée à l'avance, soit un kilogramme par jour. Désormais, cette ration devra être singulièrement réduite pour être assuré d'avoir des vivres jusqu'au bout. A déjeuner, le menu se compose, pour chacun de nous, de 36 grammes de beurre et 185 grammes de pain de gluten.

Position : par une observation au théodolite, Lat. : 82°17′,8. Long. : 61°16′,5. Comment la terre n'est-elle pas en vue ! Peut-être sommes-nous plus à l'est que nous ne le croyons et la terre s'étend-elle dans l'est vers le sud, c'est la seule explication plausible. En tous cas, nous n'avons plus loin jusqu'aux premières îles de l'archipel François-Joseph.

6 juin. — Toujours au travail de la remise en état des *kayaks*. Demain soir, probablement, nous serons parés pour le départ. Nous n'avons plus que 2^{kg},293 de beurre, à 36 grammes par jour et par homme il durera encore vingt-trois jours. Ce matin, température + 2°. Jamais, jusqu'ici, le thermomètre ne s'était élevé aussi haut. La neige est complètement ramollie et des gouttelettes d'eau suintent des *hummocks*. La nuit dernière, il est tombé une véritable pluie.

8 juin. — Après un dernier labeur consécutif de vingt-quatre heures, les *kayaks* sont enfin prêts. Il est véritablement curieux que nous puissions travailler aussi longtemps sans un instant de repos. A la maison, nous serions éreintés et affamés, si nous n'avions ni mangé ni soufflé pendant un aussi long laps de temps. Ici pourtant notre appétit est excellent, et nous ne connaissons pas l'insomnie. Après trois mois et demi de marche à travers la banquise, nous sommes aussi solides que le jour du départ.

La provision de pain peut durer encore trente-cinq ou quarante jours ; d'ici là, espérons-le du moins, nous serons hors d'embarras. Déjà, du reste, le gibier commence à paraître. Aujourd'hui, nous nous régalons d'une pagophile blanche, la première viande fraîche que nous ayons mangée depuis longtemps. A coup sûr, elle nous semble excellente, cependant pas autant que l'on pourrait le croire après un régime aussi prolongé de conserves. C'est la meilleure preuve de la qualité de notre ordinaire.

Sous l'influence d'une fraîche brise du sud-est qui s'est levée hier, presque tous les canaux se sont fermés. Ce matin, une tourmente fait rage. Quand même, nous nous mettons en route. A notre grande joie le terrain est relativement facile. La banquise s'étend presque plate, et, sur cette surface unie, la marche devient rapide, en dépit des mauvaises conditions de la neige. Cette neige fraîche adhère aux patins et les empêche de glisser.

A 100 mètres devant soi, impossible de rien distinguer à travers ce poudroiement blanc. Nous sommes transpercés, mais qu'importe ce désagrément, nous marchons vers le but désiré. Plus loin, la route est de nouveau barrée par des canaux entourés d'un labyrinthe de crevasses et de chaînes d'*hummocks*. Quelques fissures, très larges, sont couvertes d'une marmelade de petits glaçons. Impossible de nous servir des *kayaks* au milieu de cette bouillie glaciaire; au premier coup de pagaie leur frêle coque serait percée par les aiguilles tranchantes de la glace. Heureusement, sur plusieurs points, les plaques cristallines, entassées les unes sur les autres, forment des ponts suffisamment solides pour permettre le passage de la caravane. Mais, avant de découvrir un passage, que d'allées et venues, et, pendant ce temps, l'attente n'est pas précisément agréable pour celui qui reste en arrière avec les chiens. L'infortuné doit demeurer immobile, exposé au vent et à la neige. Quand mon absence se prolonge, Johansen craint que je ne sois tombé dans quelque crevasse. Seul dans ce désert de glace, les idées les plus étranges vous passent par la tête.

Pour découvrir le terrain devant nous, je grimpe sur des *hummocks*; la vue de ma silhouette rassure alors pour un moment mon compagnon. Pendant une de ces attentes, Johansen remarque tout à coup un léger balancement du *floe;* le glaçon semble agité par une faible houle. Serions-nous dans le voisinage de la mer libre ? Je n'ose le croire ; déjà auparavant nous avons observé de semblables oscillations produites par la pression des blocs les uns contre les autres.

Dans la journée, croisé une piste d'ours dont la date ne peut être déterminée sur cette neige qui oblitère tout en quelques minutes. Probablement elle est d'hier, car à peine les chiens l'ont-ils flairée qu'ils veulent partir en avant. Vieille ou fraîche, n'importe. Un ours est venu jusqu'ici ; peut-être allons-nous pouvoir remplir bientôt notre garde-manger qui commence à se vider.

Toute la journée, nous avançons sous des tourbillons de neige fondante. A dix heures du soir, seulement, nous nous arrêtons. Après cette pénible étape, combien nous paraît agréable notre petite tente chaude et confortable. Ce soir-là, le gratin nous paraît encore meilleur que d'habitude.

9 juin. — Nous nous épuisons en efforts surhumains. La surface de la banquise est maintenant recouverte d'une couche de neige fondante, et, dans cette bouillie glaciaire les traîneaux restent embourbés ! Et toujours des canaux que nous traversons sur des glaçons en guise de bacs, et toujours de la « jeune glace » très mince (épaisseur maxima : $0^m,80$). Dans la journée, je n'observe que quelques vieux *floes*. Pendant une partie de l'étape nous cheminons sur une croûte cristalline dont la puissance ne dépasse pas $0^m,30$ à $0^m,35$. Un large bassin d'eau libre a dû exister dans ces parages et, avant peu, s'y reformera. Cette glace, recouverte d'eau, forme une véritable brouille. Elle est constituée de *floes,* souvent de très faibles dimensions, serrés les uns contre les autres. Lorsqu'ils se disloqueront, nous pourrons naviguer dans toutes les directions à notre choix.

A chaque éclaircie, nous scrutons avec anxiété l'horizon. Toujours rien ne paraît. A chaque pas, cependant, nous observons des indices du voisinage de la terre et de l'eau libre. Les mouettes deviennent de plus en plus nombreuses; aujourd'hui, j'ai aperçu un guillemot nain (*Mergulus alle*). Le dénouement approche certainement; dans combien de temps se produira-t-il ? Patience et toujours patience !

10 juin. — Les difficultés deviennent de plus en plus terribles. La glace est encore plus inégale et plus découpée que les jours précédents. L'étape n'a guère dépassé trois ou quatre milles. Si le vent du S.-E. ne nous a pas repoussés vers le nord, nous devons être vers 82° 8' ou 82° 9'. Sur la couche superficielle de neige grenue, les patins glissent aisément; si par malheur ils atteignent la bouillie glaciaire sous-jacente, les traîneaux restent embourbés.

11 juin. — Quelle vie monotone que la nôtre ! Les jours succèdent aux jours, les semaines aux semaines, les mois aux mois; toujours les mêmes difficultés et le même labeur incessant, un jour plus facile et le lendemain plus pénible.

Nous n'avons plus que cinq tireurs, trois à mon véhicule, deux à celui de Johansen. Si avant trois jours nous n'avons pu nous ravitailler, nous ne pourrons plus les nourrir.

Toujours nous espérons atteindre la fin de cette terrible banquise et toujours nous ne voyons qu'un monotone panorama de glace infinie. Aucune terre, aucun bassin d'eau libre ! Pourtant nous devons être à la même latitude que le cap Fligely, ou, en mettant les choses au pire, à quelques minutes plus nord. Nous ne savons où nous sommes et nous ignorons quand cette situation prendra fin et..... nos provisions diminuent de jour en jour. L'un après l'autre, nos derniers chiens doivent être sacrifiés. Bientôt la marche deviendra complètement impossible sur cette neige détrempée. Les chiens enfoncent à chaque pas et nous pataugeons jusqu'aux genoux. Parfois, nous éprouvons un moment de défaillance devant d'inextricables dédales de canaux et d'amoncellements de blocs à travers lesquels toute route semble, au premier abord, impossible. Quand même, il faut avancer, le salut est à ce prix.

Dans notre détresse, la moindre chose suffit à nous rendre un peu d'espoir. Hier, la rencontre d'une petite morue (*Gadus polaris*) dans une nappe d'eau nous a réconfortés. Cette mer est poissonneuse ; nous ne courons donc pas le risque de mourir de faim.

13 *iuin*. — Toujours la même banquise convulsée et le même temps abominable. A chaque pas, la couche de neige superficielle cède sous le poids des traîneaux, et les véhicules restent embourbés pendant que les chiens barbotent impuissants. Encore de larges fissures de très mauvaise apparence. Nous poussons en travers des glaçons pour former une sorte de pont. Au moment d'effectuer le passage, un ouragan se déchaîne et détruit notre ouvrage. Impossible de voir à deux pas devant soi à travers les tourbillons de neige chassés par la tourmente. Il faut nous résoudre à camper. Quatre heures de marche terrible. Distance parcourue : un mille. C'est à désespérer.

13 *juin*. — Je pars en avant. Johansen amène ensuite mon traîneau, puis le sien. Une fois le terrain reconnu sur une certaine distance, je retourne en arrière chercher mon véhicule, pour repartir ensuite à la découverte. Toute la journée nous recommençons cette longue et pénible manœuvre. Si nous ne marchons pas rapidement, au moins nous avançons ; c'est déjà quelque chose. La banquise est maintenant toute hérissée d'*hummocks* et toute déchirée de canaux remplis de petits fragments de glace. Nulle part la moindre surface plane ; rien qu'une masse de débris entassés dans un désordre effrayant. C'est, ma parole, à désespérer. Partout la route est fermée ; il semble véritablement que nous soyons définitivement bloqués. Impossible de lancer les *kayaks* ; sur ces nappes encombrées d'aiguilles de glaçons, leurs coques seraient immédiatement percées. Lorsque du haut

d'un monticule j'examine l'horizon, toujours je me pose les mêmes questions : Nos provisions sont-elles suffisantes pour attendre la fusion de la neige et la dislocation de la banquise, et aurons-nous des chances de trouver suffisamment de gibier pour subsister jusque-là?

L'étape n'est que de deux milles.

14 *juin*. — Il y a trois mois que nous avons quitté le *Fram*, juste le quart d'une année. Depuis cette date, nous errons sur la banquise polaire. Quand arriverons-nous au terme de nos tribulations? Nul ne le sait.

Dans la matinée, une saute de vent au nord-est détermine une baisse de la température. Sur la nappe verglassée, le traînage devient facile. Malheureusement, dans la soirée, la neige recommence; toute la nuit, elle tombe et couvre la glace d'une épaisse couche absolument impraticable. Dans ces conditions, ce serait folie de se remettre en route. Nous restons donc sous la tente. Quand on ne travaille pas, on n'a pas le droit de manger. Le déjeuner est réduit au strict nécessaire; pourtant nous sommes affamés comme des loups.

Je passe la journée à reviser mes calculs d'observations. Depuis le départ, aucune erreur n'a été commise. Nous nous trouvons par 82° 26′ Lat. et 57° 40′ Long. E. de Gr. Depuis le 4 juin, la dérive nous a donc poussés dans le nord-ouest. Ainsi, tous les efforts des jours précédents ont été dépensés en pure perte. A mesure que nous avancions vers le sud, au prix des plus terribles fatigues, le lent mouvement des eaux nous rejetait en arrière. Dans notre détresse, une seule espérance nous reste : cette dérive va peut-être nous porter vers des eaux libres. D'après les résultats de l'observation prise aujourd'hui, de plus en plus je doute que nous nous trouvions à l'est du cap Fligely. Probablement, la première terre que nous verrons sera le Spitzberg. Nous avons probablement dépassé l'archipel François-Joseph. Si nous sommes aussi loin vers l'ouest que je le suppose, bientôt nous trouverons de larges étendues d'eau libre; il sera alors facile d'atteindre le Spitzberg, la délivrance ! Mais rencontrerons-nous assez de gibier sur la route pour notre nourriture ?

15 *juin.* — La situation devient désespérée. Impossible d'avancer sur cette neige détrempée et sur cette glace toute hérissée d'obstacles. Peut-être devrions-nous abattre nos derniers chiens pour nous en nourrir, et poursuivre notre route en halant nous-mêmes les traîneaux. Nous aurions ainsi un supplément de quinze ou vingt jours de vivres. Peut-être aussi, sommes-nous près de terre ou dans le voisinage de larges nappes d'eau libre. Le plus sage est donc de continuer.

Nous abattons deux chiens. Au départ, l'un d'eux avait les jambes comme paralysées ; à chaque pas, il tombait sans pouvoir se relever.

Notre meute est réduite à trois tireurs. Néanmoins nous avançons toujours, mais au prix de quelles fatigues ! Lorsque la glace est accidentée, il devient nécessaire de haler successivement chaque traîneau ; par suite, le même chemin doit être parcouru trois fois. Quoi qu'il en soit, nous gagnons une petite distance vers le sud. Toujours la couleur du ciel indique l'existence de nombreuses nappes d'eau dans cette direction.

Hier soir, nous nous sommes mis en marche à dix heures et nous n'avons campé qu'à six heures ce matin. Le repas se compose d'une soupe au sang de chien, un véritable régal ! Depuis plusieurs jours, j'ai supprimé le dîner, ne trouvant pas nos progrès vers le sud suffisants pour nous permettre une belle débauche.

Nous avons 148 cartouches à plomb, 195 à balle. Avec de pareilles ressources en munitions, nous pourrons nous procurer une bonne quantité de vivres. Au pis aller, si nous n'abattons que des oiseaux, 148 mouettes nous fourniront toujours une nourriture suffisante pendant quelque temps. Cette inspection de notre arsenal me réconforte, après tant de surprises désagréables. Nous pouvons certainement prolonger la lutte encore pendant trois mois; d'ici là, notre position deviendra meilleure, du moins je dois l'espérer. De plus, il est possible de prendre des mouettes avec un hameçon; enfin, en dernière ressource, nous nous nourrirons de petits crustacés marins capturés à l'aide d'un filet. Si nous ne réussissons pas à atteindre le Spitzberg avant le départ des derniers pêcheurs norvégiens, un hivernage sur cette terre sera une vie de délices comparée à celle que nous menons sur cette terrible banquise, travaillant, sans trêve ni merci, au plus rude labeur, sans jamais apercevoir le terme de tant de fatigues et de tant de dangers. A aucun prix, je ne voudrais revivre de tels jours! Nous payons chèrement la négligence commise en ne remontant pas à temps les montres. Quand même, espérons! La nuit la plus noire ne précède-t-elle pas l'aurore?

Les jours succèdent aux jours; toujours le même labeur épuisant du halage des traîneaux sur une neige détrempée. Tant d'efforts aboutissent à un faible résultat; avec cela, les vivres sont presque épuisés. Les rations des chiens, réduites au strict nécessaire, se composent seulement de quelques débris, tout juste suffisants pour les empêcher de mourir de faim. Nous sommes littéralement épuisés et affamés. Dans ces conditions, je suis résolu à tuer tout ce que nous trouverons sur notre route, même les mouettes, lorsque nous en apercevrons.

La traversée des canaux, tout remplis de fragments de glace, devient de plus en plus difficile. De vastes espaces sont couverts de petits glaçons sans résistance; à chaque instant, l'un de nous prend un bain de pied fort désagréable.

18 juin. — Une brise très fraîche s'élève de l'ouest; probablement elle rejette la banquise en arrière, vers le nord, et nous fait perdre tout le terrain gagné au prix de tant d'efforts.

Allons-nous ainsi, tout l'été, dériver au gré des vents et des courants, sans jamais pouvoir sortir de cette impasse !

A midi, position : 82°19'. J'ai tué deux pétrels arctiques et un guillemot de Brünnich (*Uria Brunnichii*). Nos rations vont pouvoir être légèrement augmentées ; à mon grand désespoir, j'ai manqué deux phoques.

19 juin. — Avant le déjeuner, je pars reconnaître le terrain vers le sud. La glace est d'abord unie, puis bientôt apparaît un labyrinthe inextricable de canaux. Quoique les *kayaks* prennent eau de toutes parts, nous nous décidons à faire route sur ces esquifs à travers les fissures ouvertes dans la banquise.

La neige est toujours détrempée ; à chaque pas, entre les *hummocks*, on enfonce profondément dans cette couche molle et glacée.

Après le déjeuner, composé de 45 grammes de pain et de la même quantité de pemmican, les *kayaks* sont radoubés pour que les approvisionnements ne soient pas complètement détrempés lorsque les embarcations seront mises à l'eau.

Après un souper aussi frugal que le déjeuner, 54 grammes de pain de gluten et 27 grammes de beurre, nous nous couchons. Qui dort dîne. Pour nous, il s'agit de vivre le plus longtemps possible sans manger. La situation devient très critique : aucun gibier ; plus de vivres, pour ainsi dire, et, dans toutes les directions, une banquise absolument impraticable.

J'ai essayé de capturer des crustacés à l'aide d'un filet. Insuccès complet. Je n'en ai recueilli qu'un très petit nombre, avec un ptéropode (*Clio borealis*). Toute la nuit je me creuse la cervelle pour trouver un moyen de nous sortir d'embarras. A coup sûr, le salut viendra !

A tout prix, nous devons gagner la terre avant que nos maigres provisions soient complètement épuisées ; pour cela, il faut nous débarrasser d'une partie de nos bagages. Quand

CANAUX DANS LA BANQUISE (20 JUIN 1895)

le moment sera venu, nous prendrons seulement nos fusils, nos *kayaks*, les quelques conserves qui nous restent et nous abandonnerons le surplus de notre équipement, la tente, le sac de couchage, la pharmacie, et tous les vêtements qui ne sont pas strictement indispensables.

20 juin. — Des vols de guillemots passent et repassent; parfois ils s'arrêtent juste devant l'entrée de la tente, et font entendre, autour de notre abri, un joyeux babillage. De trop

LA TRAVERSÉE D'UN LAC

petits oiseaux qui ne valent pas la poudre. Depuis que le vent d'ouest souffle, la faune ailée est devenue bien plus nombreuse.

La mince couche verglassée qui recouvre la neige détrempée, se brise sous le poids des traîneaux, et les véhicules restent embourbés. Pour les remettre en marche, l'un de nous doit s'atteler en avant, tandis que l'autre pousse vigoureusement par derrière. Même les *ski* enfoncent dans cette bouillie spongieuse. De plus, de nombreux canaux d'eau libre nous coupent le passage et nous obligent à de longs détours.

Après plusieurs heures de marche, la route est barrée par une large nappe d'eau. Pour la traverser, l'emploi des embarcations devient absolument nécessaire.

Une fois mis à l'eau, nous attachons les *kayaks* bord contre bord, au moyen de *ski* passés dans les courroies de la couverture supérieure des canots, de manière à former une même masse bien rigide. Sur l'espèce de pont ainsi formé, nous plaçons ensuite les traîneaux avec leurs chargements. Nous ne savions trop ce que nous allions faire des chiens, lorsque, eux-mêmes, se chargèrent de nous tirer d'embarras. A peine les véhicules sont-ils chargés que nos fidèles compagnons se couchent sur le pont et y demeurent absolument immobiles, comme si toute leur vie ils avaient été habitués à ce genre de locomotion.

Pendant ces préparatifs, un phoque vient tout à coup rôder autour de nous. Pour pouvoir le harponner et l'empêcher de couler, j'attends que les *kayaks* soient parés. C'était agir comme le héron de la fable. Une fois que nous fûmes prêts, le gibier se garda de reparaître. Déjà, auparavant, plusieurs de ces amphibies s'étaient montrés un instant pour disparaître ensuite définitivement. C'est à croire que ces animaux sont envoyés pour retarder notre marche par leurs apparitions décevantes. Enfin, nous « poussons » pour commencer notre navigation.

Un véritable convoi de bohémiens que ces deux singuliers esquifs chargés de traîneaux, de sacs et de chiens. Quoique la manœuvre de la pagaie au milieu de ces *impedimenta* ne soit pas précisément facile, nous réussissons à faire de la route. Nous devrons nous estimer très heureux si, toute la journée, nous pouvons avancer ainsi, sans grande fatigue, au lieu de nous épuiser au halage des traîneaux sur une neige détrempée. Les *kayaks* ne sont pas complètement étanches ; à plusieurs reprises, l'emploi des pompes devient nécessaire. Mais, qu'est-ce que cela ! Tout notre désir serait maintenant de voir s'étendre à perte de vue, devant nous, l'eau libre.

Une fois arrivé à l'extrémité du lac, je saute sur la glace; au même instant, j'entends derrière moi un grand clapotement. Un phoque, qui était couché là, venait de plonger. Quelques minutes après, un second clapotement; un autre phoque (*Phoca barbata*) montre sa tête curieuse au-dessus de l'eau, s'ébroue pendant quelques instants, puis plonge sous la lisière de la glace, avant que j'ai eu le temps de saisir mon fusil. Tandis que je suis occupé à haler sur le bord l'un des traîneaux, l'animal apparaît de nouveau tout près de nous, soufflant et s'ébattant à notre nez, comme pour nous narguer. Mon fusil se trouve au fond du canot. Encore une fois, cette magnifique occasion m'échappe. « Prends ton fusil et tire, criai-je aussitôt à Johansen ; surtout vise bien, ne le manque pas. » En un clin d'œil, mon compagnon épaule et, juste au moment où le phoque va disparaître, lâche la détente. L'animal, après avoir fait un tour sur lui-même, flotte à la surface, la tête couverte de sang. Laissant glisser le traîneau sur la pente, je saisis le harpon, et, de toute la vigueur de mon bras, le lance dans l'échine grasse de l'amphibie. La bête est encore en vie. Craignant que le harpon ne se détache, je frappe le phoque d'un solide coup de couteau dans la gorge ; une hémorragie abondante se déclare, un large flot de sang rougit la mer. Quel regret de perdre ce précieux régal ! Mais à cela il n'y a aucun remède. Craignant toujours de voir notre proie nous échapper, je lui décoche un second harpon. Pendant ce temps, le traîneau, à moitié débarqué, continuant sa glissade sur la pente, repousse les *kayaks*. J'essaie en vain de replacer le véhicule sur les canots; impossible ! L'avant reste dans l'eau, l'arrière sur le pont de l'esquif. Sous ce poids mal réparti, les *kayaks* donnent de la bande, se couchent et se remplissent d'eau avec une rapidité effrayante. Le fourneau avec son précieux contenu tombe à la mer et s'en va à la dérive. Les *ski* filent d'un autre côté; les *kayaks* enfoncent de plus en plus. Tout notre matériel est maintenant à l'eau en voie de perdition. Il n'y a plus à hésiter, il faut lâcher le phoque pour sauver les embarcations, et ce n'est pas un petit travail; alourdies par l'eau qui les remplit, il devient très difficile de les soulever et de les mettre au sec. Cela fait, nous revenons à notre gibier. Halant lentement la ligne du harpon, nous ramenons la bête vers le bord; après un long travail, nous réussissons à la tirer hors de l'eau. C'est alors une joie délirante, une joie de sauvages affamés qui vont enfin pouvoir se repaître. Un *kayak* plein d'eau et des vêtements mouillés, qu'est-ce que cela en comparaison de la valeur de notre prise? Ce phoque nous sauve la vie.

Maintenant il s'agit de tout remettre en ordre et en état. Voyons d'abord la chose la plus importante: les cartouches. Placées dans une cassette absolument étanche, elles n'ont heureusement subi aucun dommage. Par contre, la boîte contenant notre petite provision de poudre est absolument remplie d'eau. Le pain est également tout imprégné d'eau salée; dans notre situation, cela est de peu d'importance; il n'en aura pas moins bon goût. En somme les dégâts sont peu importants.

Après cette heureuse chance, le campement est établi. De suite notre phoque est découpé et ses quartiers soigneusement mis à l'abri de tout dommage. Rarement des hommes ont été plus heureux que nous. Confortablement étendus dans notre sac, nous mangeons à notre satiété. Depuis longtemps cela ne nous était pas arrivé. Et quelle viande succulente que ce phoque! Pour le moment, le meilleur parti est de camper et d'attendre la dislocation de la banquise en subsistant des produits de notre chasse.

22 juin. — Hier, nous étions tristes et abattus, à moitié morts de faim, incapables de nous frayer un chemin à travers les amoncellements de glace. La situation paraissait désespérée. Maintenant la vie s'ouvre devant nous gaie et heureuse. Le plus petit incident suffit à changer le cours des choses.

Nous avons des vivres et du combustible pour plus d'un mois. Désormais, inutile de nous presser; nous pouvons nous reposer, réparer les *kayaks*, les aménager pour le transport des traîneaux et des bagages et attendre un changement dans l'état des glaces. Après bien des jours de diète, nous pouvons manger tout notre saoul.

Dimanche 23 juin. — La veille de la Saint-Jean et un dimanche. Aujourd'hui, en Norvège, quelle joie! tout le monde s'en va fêter l'été dans les belles forêts, respirer le bon air balsamique des pins et oublier dans le calme de la campagne joyeuse les vicissitudes de l'existence, tandis que nous sommes là, perdus sur la banquise, toujours incertains de notre sort, réduits à manger de la viande et du lard de phoque. Peut-être serons-nous encore obligés de passer un troisième hiver au milieu des glaces? La perspective n'est pas précisément agréable.

Après un régime d'abstinence, nous pouvons maintenant manger autant et aussi souvent que nous le désirons. La chair du phoque constitue une nourriture très agréable et sa graisse, d'un goût excellent, peut, à mon avis, remplacer le beurre. Aucun autre ordinaire ne nous semblerait meilleur. Hier, le menu du déjeuner se composait de graisse crue, et celui du dîner d'une grillade digne de feu Vatel. Si seulement nous avions eu un bock pour l'arroser! Pour le souper, je fais frire des crêpes au sang de phoque; c'est un véritable succès. Johansen déclare mon plat de premier ordre. Par contre, la cuisine sur une lampe alimentée avec de l'huile de phoque n'est pas précisément agréable. Une fumée âcre et épaisse remplit la tente et aveugle le malheureux coq. Un jour, les choses faillirent tourner un tragique. La graisse et l'huile ayant pris feu, pour éviter d'être brûlés, en toute hâte, nous dûmes sortir. Aussitôt après, la lampe fit explosion, propageant partout l'incendie. A grand'peine, nous réussîmes à sauver la tente, sans cependant éviter que le brasier n'y fît une large brèche. Une fois tout remis en ordre, je rallumai le fourneau pour terminer la friture. A coup sûr, ces crêpes au sang de phoque et au sucre sont le mets le plus délicat que nous ayons jamais goûté.

Le déjeuner est d'autant plus gai que nous venons de constater un rapide progrès de la dérive vers le sud. L'observation d'aujourd'hui nous place par 81°4,'3 et 57°48' Long. E. En trois jours, sous l'influence de vents d'ouest et de sud-ouest, nous avons gagné environ quatorze milles vers le sud.

24 *juin*. — Cette date est naturellement fêtée avec la plus grande solennité. Elle est pour nous un triple anniversaire. Il y a juste deux ans que nous avons quitté la Norvège, cent jours que avons abandonné le *Fram;* de plus, c'est la fête du soleil, du plein été.

Toute cette journée de repos, nous la passons à rêver au bon temps qui viendra certainement tôt ou tard, à étudier nos cartes, à faire des projets et à nous distraire dans la lecture des seuls livres que nous avons : *La Connaissance des Temps* et les tables nautiques.

Au cours d'une promenade le long d'un canal voisin, Johansen a la mauvaise chance de manquer un phoque stellé.

Le souper que nous prenons très tard dans la nuit se compose, comme celui de la veille, de crêpes au sang de phoque et au sucre. Ce mets absolument exquis est toujours pour nous un véritable régal. La cuisson sur la lampe à huile est longue. Pour pouvoir manger les crêpes chaudes, nous les avalons une à une, à mesure qu'elles sont prêtes. Un service qui n'est guère économique; entre chaque bouchée, l'appétit a le temps de se réveiller. Après cela, nous dégustons de la confiture d'airelles. De son séjour dans l'eau de mer, lors du naufrage de l'autre jour, elle a conservé une salure très sensible; notre palais ne lui trouve pas moins bon goût. A huit heures du matin seulement, ce repas pantagruélique finit, et nous nous couchons.

A midi, je me lève pour prendre une observation. Un soleil éclatant brille dans un ciel bleu; depuis longtemps, nous n'avons pas eu une journée aussi belle. La glace scintille comme un immense diamant; la nappe d'eau située devant le campement, pareille à un petit lac perdu dans les montagnes, reflète tout le paysage dans ses eaux transparentes. Pas un souffle de vent, l'air est absolument calme; dans cette gaieté de la nature je rêve au pays.

En allant puiser de l'eau pour faire la soupe destinée au déjeuner, j'aperçois un phoque tout près de moi. Aussitôt je saute en *kayak*; à peine le canot est-il à la mer qu'il prend eau comme une écumoire. Pour éviter de couler à pic, je dois revenir en toute hâte vers la rive. Comme j'étais occupé à écoper, le phoque reparaît juste en face de moi. Je saisis mon fusil et lui envoie une balle bien ajustée. L'animal, frappé à mort du coup, flotte comme un bouchon. Aussitôt je m'élance en *kayak* et le harponne solidement. Désormais, sans crainte de perdre mon gibier, je le remorque vers la rive. Pendant cette manœuvre, l'eau monte de plus en plus dans mon misérable bachot; bientôt je suis complètement trempé jusqu'à la ceinture. Je tire ensuite ma prise jusque devant la tente, et la dépouille, en ayant soin de perdre le moins possible du précieux sang.

Après avoir revêtu des vêtements secs et mis les autres à sécher au soleil, je me glisse dans le sac.

Maintenant la tente nous offre un abri relativement chaud. La nuit dernière, la température était si élevée que nous avons dû coucher sans couverture. Au retour de cette expédition cynégétique, je trouve Johansen profondément endormi; un de ses pieds, absolument nu, passe en dehors de notre abri, sans qu'il ait la moindre sensation de froid.

D'après les résultats de mon observation de midi, notre radeau de glace ne dérive plus vers le sud, malgré la persistance des vents de nord. Peut-être la banquise est-elle fixe contre la côte. Cela n'est pas improbable, maintenant nous ne pouvons être loin de la terre.

27 *juin*. — Toujours la même vie monotone, le même vent, le même temps brumeux et les mêmes réflexions sur l'avenir.

La nuit dernière, tempête de nord accompagnée d'une chute de grésil qui frappe bruyamment contre la tente comme une forte pluie. La neige fond au contact de la toile et l'eau coule le long de ses parois. Par un pareil temps combien confortable nous semble notre abri! Bien au chaud dans notre sac, nous pouvons nous imaginer que nous dérivons rapidement vers l'ouest, bien que, peut-être, notre glaçon reste complètement immobile. Très certainement, un vent d'est nous poussera dans l'ouest et ensuite dans le sud. J'espère que nous dériverons vers le chenal qui sépare la terre François-Joseph du Spitzberg.

L'aspect des ouvertures de la banquise s'est beaucoup modifié. La grande nappe située devant nous est presque fermée. Tout autour de nous, des pressions se sont produites et ont rapproché les glaces.

En vue de notre prochain départ, nous préparons du pemmican avec les phoques que nous avons tués. Près de notre campement, Johansen découvre une petite nappe d'eau douce. Désormais nous n'aurons plus besoin de faire fondre de la glace. C'est la première eau de bonne qualité que nous ayons trouvée.

Les phoques ne se montrent plus; en revanche, les oiseaux sont toujours très abondants et très peu farouches. Hier, deux vagophiles blanches sont venues enlever un morceau de lard à deux pas de nous. Deux fois nous les avons chassées, deux fois elles sont revenues à la charge. Si le gros gibier fait défaut, il faudra nous rabattre sur les volatiles.

En attendant la fusion complète de la neige, nous faisons nos préparatifs du départ. Notre vie ressemble à celle d'une tribu d'Eskimos qui, partie pour recolter du foin sur les bords d'un fjord, trouve qu'il est trop court et attend qu'il pousse. La neige fond bien lentement.

30 juin. — Nous voici à la fin de juin, à peu près à la même place qu'au commencement du mois. La banquise est toujours couverte d'une couche de neige détrempée.

Le temps est magnifique. Assis aujourd'hui à côté de la tente, nous éprouvons une douce sensation de chaleur. Devant nous s'étend la banquise ruisselante de lumière dans un grand calme de chose morte. Ah! que le temps doit être beau tout là-bas, je sais bien où, dans cette Norvège aimée! Le fjord scintille dans une campagne souriante, et vous, chère femme, je vous vois assise, avec la petite Liv, au milieu de cette nature aimable. Peut-être en ce moment-ci vous promenez-vous dans notre canot sur l'eau calme de la baie? Je m'absorbe dans ces pensées, puis, tout à coup, en relevant la tête, la vue de la banquise me rappelle à la réalité. Avant de vous revoir, chers petits êtres, par quelles péripéties passerons-nous?

De la glace, de la glace, toujours et partout une immense blancheur. Hélas! elle est trop immaculée. Avec quelle joie nous apercevrions cet horizon éblouissant maculé par une petite tache noire marquant l'emplacement d'une terre. Depuis deux mois nous l'attendons avec anxiété cette apparition, et jamais elle ne vient.

Mercredi 3 juillet. — Pourquoi prendre mon crayon? Je n'ai rien de nouveau à écrire. Toujours la même vie monotone, et toujours la même hantise des êtres adorés. Les jours se suivent et se ressemblent. Un vent de sud nous a repoussés vers le nord. Nous voici maintenant par 82° 8′,4. Hier et avant-hier par extraordinaire un beau soleil. L'horizon est très clair dans le sud; en vain nous l'avons observé. Toujours pas de terre!

C'est à n'y rien comprendre. La nuit dernière neige. Jamais de pluie, c'est à désespérer. Cette neige fraîche forme une épaisse couche sur l'ancienne nappe et empêche sa fusion. Le vent paraît cependant ouvrir de nouveaux canaux dans la banquise.

Dimanche 6 juillet. — Température + 1°. Cette nuit est enfin arrivée la pluie si impatiemment attendue, une bonne pluie qui dure toute la matinée. La neige est maintenant complètement détrempée. Si pareille averse tombait pendant une semaine, la banquise serait nettoyée de l'épaisse bouillie qui la recouvre. Mais non, le froid reprendra bientôt; une couche de verglas se formera, et nous devrons encore attendre le moment de nous remettre en marche. J'ai déjà éprouvé trop de désillusions pour garder l'espoir. Cette vie est une école de patience.

Pendant ce temps, nous travaillons à rendre étanches les coques des *kayaks*. Quand le moment du départ sera venu, tout sera prêt pour une mise en route rapide. Il y a quelques jours, nous avons dû encore tuer un de nos fidèles compagnons. Maintenant il ne nous reste plus que deux chiens, Kaïfas et Suggen. Ceux-là, nous les garderons jusqu'à la dernière extrémité.

Tout à coup, avant-hier, nous découvrons une tache noire dans l'est, très loin à l'horizon. Vite la lunette. La tache dépasse les *hummocks* les plus élevés et a l'apparence d'un rocher émergeant au milieu de neiges. Du sommet du plus haut monticule, j'observe attentivement cette apparition mystérieuse. Elle est trop grande pour être quelque empilement de blocs noircis par du gravier; il n'est guère probable cependant que cela soit une île. Nous dérivons certainement, et nous voyons toujours cette tache dans la même position par rapport à nous. Le lendemain, elle est toujours en vue sous le même angle. C'est probablement quelque iceberg.

Dès que l'horizon s'éclaire dans la direction du sud, nous

nous dirigeons vers la tour de guet, un *hummock* élevé, voisin de la tente, toujours dans l'espérance d'apercevoir la terre. Autant de promenades, autant d'espoirs déçus, partout le même horizon blanc. Chaque jour, également, j'examine aux environs du campement l'état de la neige, et constate avec dépit que son épaisseur n'a guère diminué. Par moments, je viens à douter qu'elle puisse disparaître cet été. Si la neige ne fond pas, terrible deviendra notre position. Le meilleur alors pour nous sera d'hiverner à la terre François-Joseph ou ailleurs. Pendant que je suis absorbé dans ces

NOS DEUX DERNIERS CHIENS: KAÏFAS ET SUGGEN

réflexions, la pluie survient. Aussitôt s'envolent nos noires pensées; de suite nous nous berçons de l'espoir de rentrer bientôt en Norvège. Comme là-bas, la vie sera agréable après cette terrible aventure.

10 *juillet*. — Maintenant que notre vie devient plus intéressante, j'ai moins de goût qu'auparavant à écrire mon journal. Tout me devient de plus en plus indifférent. Nous n'attendons qu'une chose, la débâcle, et elle ne vient pas. Qu'écrirai-je sur mon carnet? Toujours la même chose. Nous avons bien mangé, et ronflé vingt-quatre heures.

Toute la journée du 6, pluie. Pour fêter cet heureux événement, un chocolat bouillant est servi au souper ; comme plat de résistance, de la graisse de phoque crue.

Pendant le repas, Kaïfas se met à aboyer. A coup sûr quelque animal a dû passer. A peine ai-je passé la tête hors de la tente que j'aperçois un ours. En toute hâte, j'empoigne mon fusil et, pendant que l'animal me regarde d'un air ahuri, je lui envoie une balle au défaut de l'épaule. L'ours chancelle ; quoique mortellement frappé, il peut encore s'enfuir clopin-clopant. Avant que j'ai eu le temps de trouver une cartouche dans ma poche remplie d'un tas de choses, il est déjà au milieu des *hummocks*. Il n'y a pas à hésiter. Il ne faut pas laisser échapper une pareille proie, et de suite je me lance à sa poursuite. A quelques pas de là, deux gentils petits oursons, dressés sur leurs pattes de derrière, observent anxieusement le retour de leur mère. A ma vue, toute la bande prend la fuite. C'est alors une chasse effrénée. Aucun obstacle ne nous arrête, ni les monticules de glace, ni les crevasses ; nous gravissons les *hummocks*, sautons les ponts de glace. Une chose curieuse que cette ardeur cynégétique ; c'est comme si on mettait le feu à une fusée. Dans toute autre occasion, nous aurions trouvé absolument impraticable cette neige molle dans laquelle nous enfonçons jusqu'aux genoux, et, avant de nous engager au milieu de ces glaçons disloqués, nous aurions prudemment choisi notre route ; maintenant, nous nous lançons à travers tous les accidents de terrain sans y prendre garde. Quoique l'ours, grièvement blessé, traîne la jambe, j'ai de la difficulté à le suivre. Dans leur sollicitude filiale les oursons tournent autour de leur mère, et trottent en avant d'elle comme pour lui indiquer la route et pour l'encourager. Arrivé au sommet d'un *hummock* élevé, je fais feu. La bête tombe morte. Les enfants poussent alors des gémissements plaintifs ; leur désespoir serait attendrissant dans d'autres circonstances. Un nouveau coup de feu et l'enfant roule à côté de sa mère. Le survivant regarde tristement tantôt le cadavre de son frère, tantôt celui de sa mère. Sa douleur est indescriptible; tout entier à ses lamentations, il tourne la tête d'un air absolument indifférent, lorsque je m'approche pour lui envoyer une balle. Incontinent nous ouvrons les trois cadavres, enlevons les intestins et commençons le dépeçage. Un rude labeur. Le lendemain seulement cette besogne est terminée.

Maintenant notre avenir est assuré. Nous avons plus de vivres que nous ne pourrons en consommer, et nos chiens affamés pourront se gorger de viande crue. Elles en ont grandement besoin, les pauvres bêtes. Suggen est maintenant bien bas, je ne sais s'il pourra encore tenir. Quand nous l'avons attelé pour ramener les ours au campement, il pouvait à peine demeurer debout et nous avons dû le placer sur le traîneau. Une fois sur le véhicule, il se mit à hurler terriblement, comme s'il eût voulu manifester sa honte de se voir ainsi transporté. Les unes après les autres, nos pauvres bêtes sont atteintes d'une paralysie des jambes, elles tombent et éprouvent ensuite les plus grandes difficultés à se relever. Kaïfas est heureusement bien portant.

Les oursons étaient énormes. Leur mère avait encore du lait. Comme très certainement la période de l'allaitement chez ces animaux ne dure pas dix-huit mois, ces animaux devaient être âgés de moins d'un an et demi, bien qu'ils fussent de moitié plus gros que ceux tués l'année précédente au mois de novembre. Cela indiquerait que l'ours blanc met bas dans toutes les saisons. L'estomac de ces animaux renfermait des morceaux de peau de phoque.

15 *juillet*. — Une mouette de Ross (*Radostethia rosea*) vole au-dessus de nos têtes. Il y a huit jours, j'ai aperçu un exemplaire adulte de cet oiseau avec un collier noir.

17 *juillet*. — La neige ayant en partie disparu, il faut songer

au départ. Pour rendre étanches les coques des kayaks, nous les avons badigeonnées avec une mixture d'huile et de pastel en guise de peinture. Après cela, inspection minutieuse des bagages : tout ce qui n'est pas absolument indispensable sera abandonné. A notre grand regret, il faut nous résigner à laisser notre sac de couchage, ce précieux serviteur, et une notable provision de viande et de graisse, ainsi que trois belles peaux d'ours. Nous abandonnons également une partie de la pharmacie, de notre batterie de cuisine, des moufles en peau de loup, des *ski*, des mocassins, un marteau de géologie.

Matin et soir, nous mangeons de l'ours sans jamais nous en fatiguer. Avis aux gourmets : la poitrine d'ourson est un mets de premier choix. Cette nourriture, exclusivement sanguine, ne nous causa aucun trouble d'estomac.

Dans la journée du 19, plusieurs mouettes de Ross en vue, venant du sud-est et se dirigeant vers l'ouest. Le 18, un de ces oiseaux a été également aperçu. La rencontre, en aussi grand nombre, de ce volatile rare est absolument extraordinaire. Où pouvons-nous bien être?

Le 22, nous nous remettons en route vers le sud. La glace est toujours très accidentée ; mais les traîneaux sont moins lourds et la neige moins épaisse, aussi notre marche est-elle beaucoup plus rapide que nous ne l'avions espéré. Pendant la dernière partie de l'étape, la couche de neige devient si mince que l'emploi des *ski* n'est plus nécessaire. Une fois débarrassés de ces longs patins, nous pourrons traverser plus facilement les chaînes d'*hummocks*.

CHAPITRE IX

LA TERRE EN VUE

24 juillet. — Terre en vue ! Pour la première fois, depuis deux ans, nous voyons quelque chose s'élever au-dessus de l'horizon blanc de la banquise. Une nouvelle vie commence pour nous.

La terre ! Depuis combien de temps l'espoir de cette découverte hante-t-elle notre cerveau ? Maintenant, elle nous apparaît comme une vision lointaine, pareille à un nuage que le vent va chasser.

Depuis longtemps elle est en vue sans que nous ayons pu la reconnaître avec certitude. A plusieurs reprises, du camp de l'Attente[1], j'avais cru distinguer, au loin, des champs de neige s'élevant au-dessus de la grande monotonie glacée ; puis, ne découvrant aucun point noir dans cette bande de satin, je l'avais prise pour un nuage. A chaque instant, elle me semblait changer de forme, sans doute par suite de la réfraction ; pourtant toujours elle était visible à la même place, avec le même profil.

Maintenant l'espoir nous est revenu ; la glace est terrible-

---

1. Nom donné par le D^r Fr. Nansen au campement du 22 juin au 22 juillet.

ment difficile cependant. Toujours des amoncellements de blocs, hauts comme des montagnes, et, entre ces accidents de terrain, des vallées et des ravins. Heureusement nos embarcations sont en excellent état. Quand le passage nous est coupé par des chenaux, nous mettons à l'eau les *kayaks* et, en quelques instants, nous arrivons sur l'autre rive.

Hier matin, tandis que je marchai en tête du convoi, Johansen, du sommet d'un *hummock* qu'il avait gravi pour examiner la banquise, aperçut à l'horizon une traînée noire ; pensant que ce n'est qu'un nuage, il n'y faisait aucune attention. Un peu plus tard, voyant cette même tache foncée au milieu d'un stratus blanc, je l'examinai à la lunette. Au premier coup d'œil, j'ai la grande joie de distinguer un vaste champ de neige moucheté de pointements rocheux. Plus loin, à l'est, je découvre une seconde terre également couverte de neige, en partie masquée par un brouillard blanc dont la forme change à chaque instant. Elle est beaucoup plus grande et plus haute que la première. Je m'attendais à un spectacle autrement grandiose. Je rêvais de pics élancés se dressant au milieu de glaciers éblouissants. C'était fou de ma part ; ici la terre ne peut être que couverte de neige.

Ces îles paraissent tout près ; très certainement, pensons-nous, nous les atteindrons demain soir. Johansen partage mon sentiment ; il est même d'avis de poursuivre, sans arrêt, notre chemin pour atterrir aujourd'hui. Hélas ! treize jours devaient s'écouler avant que nous pussions fouler la terre, treize jours d'un long et pénible labeur à travers la banquise.

Après cela, la tente est dressée. Afin de célébrer l'heureux événement, un vrai festin sardanapalesque est servi : un ragoût de pommes de terre, les dernières ! Depuis longtemps nous les conservons pour cette circonstance ; nous y ajoutons du pemmican, de la viande d'ours et de phoque séchée, puis des langues d'ourson. Le second service comprend de vieilles croûtes frites dans de la graisse et un morceau de chocolat.

24 juillet. — Ce matin, lorsque Johansen sort pour aller chercher l'eau nécessaire à la cuisine, de suite il monte sur l'*hummock* le plus voisin pour examiner notre terre. Elle est beaucoup plus proche qu'hier ; très certainement nous y arriverons avant ce soir. Dans l'ouest, au S. 60° O. du compas, j'aperçois une troisième île, pareille aux autres, mais beaucoup plus basse sur l'horizon, par suite située beaucoup plus loin. La terre du Prince-Rodolphe, comme nous le reconnûmes plus tard.

Nous poursuivons notre route à travers la banquise toujours accidentée et toujours découpée de canaux et de ravins. Progrès très lents.

27 juillet. — Hier et cette nuit, vent de sud-sud-ouest (du compas). Sous la poussée de la brise, notre radeau de glace semble maintenant en dérive vers l'est, peut-être allons-nous passer en dehors des îles en vue.

Sans notre sac de couchage, notre lit nous semble bien un peu froid et dur. Nous essayons d'abord de dormir sur nos couvertures et nos *ski*. Ces lames de bois nous brisent les os ! Nous nous étendons alors sur la glace, mais cette couche n'est pas précisément chaude. Quand nous aurons un bon matelas, nous saurons l'apprécier.

29 juillet. — A trois heures du matin, la pluie nous oblige à faire halte. L'étape n'a été que de neuf heures. Avant d'avoir trouvé un emplacement pour la tente, nous sommes complètement trempés. Toute la journée, nous restons au bivouac pour nous sécher. Plus tard, le vent ayant sauté à l'ouest, la pluie cesse ; aussitôt après en route. Si une nouvelle averse survient, nous devrons nous arrêter pour nous mettre à l'abri. N'ayant plus un vêtement de rechange, il devient nécessaire de prendre des précautions pour être mouillés le moins possible. Il n'est pas, en effet, précisément agréable de coucher sur la glace sans un fil sec sur le dos.

30 juillet. — Nos progrès sont extrêmement lents ; néanmoins, sans nous décourager, nous poursuivons toujours notre marche. Aujourd'hui je souffre d'un lumbago ; il me faut toute mon énergie pour me tenir debout. Dans les endroits difficiles, Johansen doit m'aider à haler mon traîneau. Je puis à peine marcher.

31 juillet. — La banquise disloquée est absolument impraticable. Les chocs continuels des *floes* ont désagrégé ces blocs, et toutes les nappes d'eau se trouvent maintenant remplies d'une bouillie de petits glaçons. Impossible d'y lancer les *kayaks* ; au premier coup de pagaie les coques seraient crevées par les aiguilles de glace. Pour traverser les canaux, nous construisons des ponts flottants de glaçons ou transformons des blocs en bacs. Nos progrès sont lents.

Mon rhumatisme ne veut pas lâcher prise. Je suis littéralement fourbu, incapable de tout effort. Johansen doit faire à lui seul toute la besogne ; il va en avant reconnaître le terrain, puis revient chercher les deux traîneaux. Mon excellent camarade prend soin de moi comme d'un enfant, faisant tout pour soulager ma fatigue. Ce cher garçon a, aujourd'hui, double travail, et il ne sait quand cela finira.

1er août. — La banquise devient de plus en plus difficile. Pour comble de malheur, le vent du sud nous a éloignés de terre. Nous avons dérivé évidemment vers l'est. L'île la plus occidentale, hérissée de pontements rocheux, n'est plus en vue.

Toujours des mouettes de Ross. Peut-être ont-elles leurs places de ponte sur ces îles.

Aujourd'hui, je vais mieux et ne paralyserai plus notre marche. Cette indisposition met bien en évidence les dangers de notre position. Si l'un de nous était sérieusement malade, ce serait certainement la fin.

2 août. — Décidément, jamais nous n'arriverons au bout

de nos tribulations. Une difficulté est à peine vaincue qu'une autre surgit aussitôt. Je vais bien maintenant, la glace est relativement plus plane qu'hier; nous pourrions donc avancer rapidement vers la terre, si le vent et le courant ne nous entraînaient vers le large. Ces deux ennemis-là sont invincibles. Nous sommes actuellement poussés dans le sud-est;

NOS PROGRÈS SONT EXTRÊMEMENT LENTS

la pointe nord de la terre se trouve juste à l'ouest de nous. Position : 81° 36′ Lat. N.

Peut-être cette dérive s'arrêtera-t-elle, ou, peut-être plus tard, nous reportera-t-elle plus près de terre, c'est mon dernier espoir. Les canaux sont couverts de jeune glace, donc impossible d'y risquer les *kayaks*. Si maintenant nous allions être poussés vers le nord, alors ce serait la fin !

3 *août*. — Un terrible labeur. Nos progrès sont à peine sensibles. Malgré tout, nous réussissons à avancer vers le but. Avec cela plus de nourriture pour les chiens ! Hier, les

pauvres bêtes ont dû se contenter d'un petit morceau de graisse.

4 août. — La traversée des canaux est un véritable travail d'Hercule. Souvent nous parcourons plusieurs centaines de mètres en sautant de bloc en bloc, avec les véhicules à la traîne derrière nous. A chaque instant nous risquons de tomber à l'eau.

Pour vous donner une idée de la banquise, représentez-vous un empilement d'énormes glaçons séparés, tantôt par des trous remplis de neige molle et d'eau, tantôt par de larges étangs. Une suite de montagnes russes branlantes; après une colline, un ravin; bref un terrain formé de blocs inégaux entassés dans le désordre le plus extravagant. Nulle part la moindre plaque unie, où l'on pourrait dresser la tente et attendre; avec cela un brouillard épais.

Après une marche terrible, nous atteignons un canal que nous nous disposons à passer en *kayak*.

Après avoir nettoyé la rive de la « jeune glace » qui y adhère, j'amène mon traîneau sur le bord. Pendant que je le retiens pour l'empêcher de glisser, j'entends, tout à coup, un souffle puissant derrière moi, puis un appel de Johansen qui vient de retourner en arrière chercher son véhicule. « Prends vite le fusil, » crie mon compagnon. Je me retourne aussitôt et qu'aperçois-je? Johansen renversé, se défendant à grand'peine contre un ours énorme. En voulant saisir le fusil placé dans son étui sur l'avant de mon canot, le *kayak* me glisse entre les mains et glisse dans l'eau. Ma première pensée est de sauter dans le canot et de tirer l'ours de là. Mais je reconnais de suite combien il sera difficile de viser sûrement l'animal. En toute hâte je ramène le *kayak* vers la rive pour prendre mon arme; tout entier à cette besogne, je n'ai pas le temps de regarder autour de moi. « Dépêche-toi si tu veux arriver à temps, surtout vise bien! » me crie Johansen. Enfin, je tiens mon arme, l'ours est à deux mètres de moi, prêt à mettre en pièces Kaïfas. Je vise attentivement l'animal suivant la recommandation de Johansen, et lui envoie une balle derrière l'oreille; du coup l'énorme bête tombe morte entre nous deux.

L'ours a dû nous suivre comme un chat, et, en se dissimulant derrière les blocs de glace, a pu nous approcher sans éveiller notre attention, tandis que nous étions occupés à briser la « jeune glace » sur le bord du chenal. Lorsque Johansen

« NANSEN ! VISE BIEN ! »

revint en arrière chercher son traîneau, il se trouva nez à nez avec l'animal tapi près de son *kayak*. Tout d'abord, il crut que c'était Suggen. Avant d'avoir eu le temps de reconnaître sa méprise, il reçut sur la tête un coup qui lui fit voir mille chandelles et tomba sur le dos. Mon camarade entama alors une partie de boxe avec son assaillant, puis, le saisissant par le cou, essaya de le maintenir. Furieux de cette résistance, l'ours se disposait à allonger à Johansen un vigoureux coup de dent. C'est alors que mon ami prononça ces paroles absolument mémorables pour un homme en pareille posture : « Nansen, vise bien ! » Comme s'il se fût douté de ce que je lui préparais, l'ours suivait tous mes mouvements, et en même temps se gardait de nos chiens. Grâce à leur diversion, Johansen put se relever et échapper, pendant que Suggen recevait un formidable coup de griffe. Une fois mon camarade debout, il se précipita vers son *kayak*, et, tandis que je tirai l'animal, saisit son fusil. Johansen sortit de cette aventure dramatique sans autre dommage qu'une légère blessure à la main et des balafres à la joue gauche.

A peine notre ennemi est-il tombé que nous apercevons deux oursons qui, du haut d'un *hummock*, attendaient le résultat de la chasse maternelle. A mon avis, ils ne valaient pas le sacrifice d'une cartouche, malgré leur taille respectable. Johansen ne partageait pas mon opinion. « La chair de ces animaux est si délicate ! Il fallait en tuer au moins un. » Il se mit donc à leur poursuite, mais dut bientôt renoncer à son entreprise, pour ne pas perdre un temps précieux. Pendant que nous dépeçons notre prise, les deux oursons reviennent rôder autour de nous en poussant des cris lamentables. Nous régalons nos chiens, avalons en hâte une bonne portion de viande crue, et après avoir chargé les gigots dans les *kayaks* poursuivons notre route.

La banquise est très difficile ; à chaque pas, de larges canaux remplis de petits glaçons serrés les uns contre les autres. Véritablement c'est à renoncer à la lutte. Au milieu de cet amas de plaques peu résistantes se dresse un vieux *floe*, hérissé de collines entre lesquelles s'étendent de jolies petites nappes d'eau. Une île de glace. Du haut d'un de ces monticules, j'aperçois une large nappe d'eau libre s'étendant devant un des glaciers de la terre la plus proche. Enfin, nous allons peut-être sortir d'embarras ; jusque-là la glace n'a pas belle apparence. Les oursons nous suivent toujours, troublant de leurs lamentations le grand silence de ce désert. Si nous en avions le temps, nous irions mettre un terme à leur douleur; ce serait plus humain.

6 *août*. — Hier soir, au moment du départ, le glacier vers lequel nous nous dirigeons semblait tout près; encore un effort, peut-être atteindrons-nous la terre à la fin de l'étape. Dans cette espérance, nous partons, résolus à vaincre tous les obstacles, mais préparés à une nouvelle défaite. Après cinq mois si remplis de désillusions, nous savons les décevances de ce travail incessant sur la banquise. Des canaux remplis de petits glaçons (*crash*), des chaînes de monticules d'étroits et profonds ravins pleins de neige et d'eau; n'importe, nous avançons toujours. Après cela, la glace devient plus unie. Nous approchons rapidement du but. Nous nous attelons aux traîneaux, et, barbotant dans l'eau et dans la neige, escaladant les monticules, puis dégringolant dans les ravins, nous poussons vigoureusement en avant. Nous sommes trempés des pieds à la tête, mais qu'est-ce cela! La victoire est prochaine! Voici maintenant des nappes de glace unie; nous prenons le pas de course. La buée noire qui indique la position de l'eau libre monte de plus en plus dans le ciel : encore un effort et nous arriverons au but. De tous côtés des traces d'ours. Ces animaux sont aussi abondants que peu farouches dans ces parages, où ils n'ont pas encore appris à redouter l'approche de l'homme. Bientôt nous aurons fait leur éducation à cet égard. La nuit dernière un de ces plantigrades est venu rôder autour de la tente, mais nous n'avons pas de temps à perdre à la chasse. D'ailleurs, actuellement notre garde-manger est bien garni.

Notre marche désespérée en avant me rappelle mes souvenirs classiques. Comme pour les Dix mille de Xénophon, la mer est pour nous le salut, la fin des souffrances et des labeurs, et, comme ces braves soldats, nous ne pouvons nous empêcher de crier : « La mer! la mer! » à la vue de l'eau libre. Après une marche de cinq mois sur la banquise interminable, le moment de la délivrance est venu.

Devant nous s'étend la nappe noire de l'eau parsemée de glaçons d'une blancheur éblouissante ; plus loin, un glacier élève sa falaise marmoréenne au-dessus de l'étendue des flots libres. Finies toutes les tribulations, toutes les désespérances, le chemin de la patrie s'ouvre maintenant devant nous ! Lorsque j'atteins la lisière de la glace, je lève mon chapeau en l'air et fais signe à Johansen. Hurrah! trois fois hurrah! Non, aucune expression ne peut dépeindre l'impression ressentie devant ce spectacle. C'est celle du retour à la vie après de longues semaines d'affres et d'angoisses !

Au moment de notre arrivée sur le bord de la mer, un phoque apparaît. Tant mieux, nous n'aurons pas la crainte de mourir de faim dans ces parages.

Aussitôt nous nous occupons de gréer les *kayaks*. Nous attachons les canots bord contre bord et disposons sur le pont les deux véhicules, l'un à l'avant, l'autre à l'arrière. Il eût été préférable de faire route isolément, chacun dans son canot, si les traîneaux placés à l'avant de l'embarcation n'avaient entravé le maniement de la pagaie.

Les chiens ne peuvent prendre place sur notre esquif; il faut donc nous séparer de ces vaillants compagnons. Les pauvres animaux, partout et toujours, ils nous ont suivis avec une fidélité inaltérable ; maintenant que les temps sont devenus meilleurs, nous devons les abandonner. Cette pensée attriste notre joie; non, en vérité, je ne puis me résoudre à cette nécessité. Mais la vie a ses exigences barbares. Il faut en finir. Je tue Suggen, le chien de Johansen, et mon camarade se charge de Kaïfas, le dernier survivant de mon attelage. Après cette triste exécution, nous sommes parés pour le départ.

Les *kayaks* dansent gaiement sur l'eau; de petites vagues clapotent contre la coque avec un bruissement joyeux. Depuis deux ans, nous n'avons pas vu une pareille étendue d'eau libre. Nous hissons la voile et nous dirigeons rapidement vers cette terre, objet de nos ardents désirs depuis de longs mois. Après s'être frayé un passage de vive force, pas à pas, mètre à mètre, à travers une banquise formidable, quelle agréable sensation de se sentir glisser rapidement sur la surface molle de la mer.

Le soleil brille; le brouillard qui nous a un instant dérobé la vue de la terre s'enlève, découvrant un glacier ruisselant de lumière. C'est la plus joyeuse matinée que j'aie

SUR LE CHEMIN DU SUPPLICE

jamais vécue. Devant ce courant de glace, terminé au-dessus de la mer par une falaise haute de 18 à 20 mètres, tout débarquement est impossible. Le glacier paraît animé d'un très faible mouvement; l'eau a creusé une longue voûte à sa base, et de sa paroi terminale ne se détache aucun bloc. La partie supérieure de la nappe est plane et ne semble déchirée par aucune crevasse. Sur toute sa longueur, la falaise frontale présente une stratification particulièrement nette. Devant ce glacier un courant de marée porte dans l'ouest et nous pousse promptement dans cette direction. Le soir, impossible de trouver un emplacement pour camper sur la terre ferme, force nous est de dresser la tente sur un glaçon.

7 août. — Pendant la nuit, la glace s'est fermée autour de nous. Je ne sais comment nous sortirions de cette impasse si, à l'ouest, il n'y avait encore une grande étendue d'eau libre. Après avoir halé nos canots et nos bagages à travers un bout de banquise nous parvenons sans grand effort à cette nappe d'eau. A l'aide de bâtons et de fragments de *ski*, nous fabriquons des pagaies bien préférables à celles en bambou, garnis de toile à voile, que nous avons emportés; notre marche sera plus rapide avec ces engins relativement perfectionnés. Comme la vie est maintenant agréable! Sans nous donner aucun mal, assis dans nos embarcations, nous faisons de rapides progrès.

Brouillard très intense, impossible de distinguer nettement le paysage; nous reconnaissons cependant que la nappe devient de plus en plus large et s'épanche bientôt en un immense bras de mer, s'étendant dans le sud-ouest, parallèlement à la côte. Une brise fraîche de nord-nord-est souffle et soulève bientôt de grosses vagues qui brisent sur notre bachot. Nous sommes complètement trempés par les embruns; la position n'est pas précisément agréable.

Dans la soirée le campement est établi sur le bord de la banquise; juste à ce moment la pluie commence à tomber. Il était temps d'avoir un toit sur la tête.

8 août. — L'étape débute par le halage des traîneaux et des *kayaks* à travers un « champ[1] » qui, durant la nuit, a dérivé en travers de notre route. Pendant cette opération, j'ai la mauvaise chance de tomber à l'eau; toute la journée je dois conserver sur le dos des vêtements mouillés.

Au prix d'un effort nous atteignons de nouveau l'eau libre. Un peu plus loin le passage se trouve bloqué; encore une fois le portage des embarcations devient nécessaire. La brise de nord-est a poussé la glace contre la côte; d'après l'apparence du ciel,

---

1. Nappe de glace généralement compacte. (*N. du trad.*)

les bassins d'eau libre que nous avons traversés hier doivent être aujourd'hui bloqués. Un jour plus tard, nous étions de nouveau pincés dans la glace.

NAVIGATION A LA RAME A TRAVERS LES CANAUX

Dans l'après-midi, nous pouvons faire route à la voile. La brise tombe ensuite, il faut reprendre les pagaies pour vaincre un courant très violent qui nous rejette en arrière.

Le brouillard nous masque toujours la vue de la terre. Je n'ai pu encore reconnaître notre position et suppose que nous devons nous trouver sur la côte ouest de l'archipel François-Joseph.

9 août. — Nous gravissons la coupole de glace qui recouvre l'îlot près duquel nous avons campé. Lorsque nous arrivons au sommet, la brume se lève. Grâce à cette éclaircie, je puis distinguer les contours des terres. Il y a là simplement un archipel, formé de quatre îles, auquel je donne le nom de Hvidtenland (Pays Blanc). La plus orientale, l'île Eva, ainsi baptisée en l'honneur de ma chère femme, est la plus grande; la seconde, l'île Liv, — le nom de ma fille, — plus petite, montre deux saillies rocheuses, les deux points que nous avons d'abord aperçus. Sur la côte nord-ouest apparaît un lambeau de terrain dépouillé de glaciation. Peut-être est-ce là que les mouettes de Ross, si abondantes depuis deux jours, ont leurs places de ponte. A l'ouest de cette terre, s'ouvre un long fjord ou détroit, couvert de glace, bordé à l'ouest par un troisième îlot, l'île Adélaïde, celui sur lequel nous sommes. Le long de cette côte sont amoncelés d'énormes blocs, provenant probablement du *velage*[1] des glaciers, contre lesquels les pressions ont entassé de gros glaçons de mer. Tous ces débris, agglutinés par la gelée, forment une masse très compacte, qui se confond avec les glaciers. Hier, nous avons aperçu, au nord de l'île Adélaïde, un *iceberg* de taille moyenne. Une quatrième terre beaucoup plus grande que les îles Liv et Adélaïde est en vue dans le sud, probablement l'île Freeden signalée par Jules Payer. Elle semble entièrement recouverte par un glacier. Entre les différentes îles, et, à perte de vue dans le sud-est et l'est, la mer est couverte de « glace de fjord[2] »

---

1. On donne le nom de *velage* à la rupture du front des glaciers atteignant le niveau de la mer. (*N. du trad.*)
2. Glace tabulaire, relativement épaisse, formée sur la nappe des fjords et des baies (*N. du trad.*)

absolument plate; dans cette direction aucune terre n'est visible.

De trois heures de l'après-midi à huit heures du soir, nous naviguons; ensuite halage des embarcations à travers un « champ », de glace; puis, nouvelle navigation jusqu'à ce qu'une seconde barrière nous arrête. Le courant nous est contraire. Dans ces conditions, mieux vaut camper et attendre.

10 août. — Un bout de navigation, un portage, après quoi, de nouveau, à la rame; toute la journée cela continue ainsi. Nous rencontrons une troupe de morses couchée sur un glaçon. Aucune crainte de mourir de faim, avec une pareille abondance de gibier. Nous avons suffisamment de vivres, donc inutile de perdre notre temps à la chasse.

L'horizon est absolument bouché. Trompés par la brume, nous nous engolfons dans une ouverture de la banquise côtière et ne reconnaissons notre surprise qu'au fond de cette impasse. Plus loin, le courant nous devient contraire; en même temps sur la surface absolument unie de la mer se forme une couche de « jeune glace » très dangereuse pour les *kayaks*. Dans ces conditions, nous prenons le parti de camper jusqu'à dix heures du soir.

Dans toutes les directions, des pistes d'ours et d'oursons. Jamais de ma vie je n'en ai rencontré autant. Tous les plantigrades de la région doivent se donner rendez-vous ici.

Le Hvidtenland se trouve maintenant derrière nous, et devant nous existent certainement d'autres terres. La banquise plate que nous côtoyons doit être adhérente à quelque côte; malheureusement le brouillard masque toute vue dans un rayon d'un mille.

11 août. — Encore une fois la fastidieuse besogne du portage des embarcations; après quoi, pendant quatre ou cinq heures, nous poursuivons notre route à la rame.

Entre temps nous sommes attaqués par un morse. J'examinais l'horizon lorsque tout à coup un de ces énormes amphibies vient souffler bruyamment tout près de nous à la surface de la mer, en nous jetant un regard féroce. Sans la moindre crainte, nous poursuivions notre route, quand l'animal reparaît à côté de moi. Se dressant à moitié hors de l'eau, le morse menace d'enfoncer ses terribles défenses dans nos frêles embarcations. Au moment où je saisis mon fusil, il disparaît pour recommencer aussitôt après la même manœuvre autour du *kayak* de Johansen. Si le monstre nous attaque, il faudra nous résoudre à lui envoyer une balle. A plusieurs reprises, l'énorme bête vient à la surface, puis replonge immédiatement après. A travers l'eau transparente nous le voyons passer et repasser sous les canots. Craignant qu'il ne fasse un trou dans la mince coque de ma périssoire avec ses défenses pointues, nous agitons les pagaies pour essayer de l'effrayer et de le maintenir à distance. Soudain, il se dresse de nouveau tout près du *kayak* de Johansen, plus furieux que jamais. Il n'y a pas à hésiter et mon camarade lui envoie une balle droit dans le front. Le morse pousse un rugissement terrible, fait la culbute et disparaît, laissant une longue traînée de sang à la surface de la mer. Craignant une nouvelle attaque, nous forçons de rames; nous ne sommes complètement rassurés que lorsque nous apercevons notre ennemi loin derrière nous, à l'endroit où il a plongé.

Nous avions oublié cet accident, quand soudain je vis Johansen sauter en l'air. Son kayak avait évidemment reçu un choc violent sous la quille. Peut-être quelque glaçon avait-il chaviré et était-il venu heurter le canot; mais non, aucun bloc ne se trouvait dans le voisinage. Pendant que j'examinais la mer, j'aperçus un morse dressé devant nous. De suite je saisis mon fusil, il n'y avait pas une minute à perdre; ne pouvant viser derrière l'oreille, la partie la plus vulnérable de l'animal, je lui envoyai à tout hasard une balle dans le front.

Ce fut heureusement suffisant; du coup l'énorme bête s'affaissa inerte à la surface de l'eau. Non sans peine nous parvînmes à pratiquer une ouverture dans sa peau épaisse; après avoir découpé quelques tranches de lard et de chair, nous poursuivîmes notre route.

A sept heures du soir, la renverse de la marée pousse les glaçons les uns contre les autres et ferme le chenal. Maintenant, nulle part la plus petite nappe d'eau libre. Au lieu de recommencer le pénible travail du portage des *kayaks* à travers ce « champ », je prends le parti de camper jusqu'à la marée suivante; sans aucun doute, elle disloquera cette masse de glace.

En attendant, nous coupons les extrémités des traîneaux pour pouvoir les placer séparément sur chaque canot. Désormais, nous pourrons naviguer isolément, par suite beaucoup plus rapidement.

Pendant que nous nous livrons à ce travail, le brouillard se dissipe. Devant nous apparaît une chaîne d'îles orientée du S.-E. du monde au N.-N.-O. du monde. Toutes ces terres sont recouvertes de glaciers; çà et là seulement quelques escarpements de rochers noirs percent le bord de cette nappe immaculée. — Où sommes-nous ? La solution de cette importante question devient de plus en plus difficile. Après tout, peut-être nous trouvons-nous sur la côte est de la terre François-Joseph. Cela nous paraît du moins très vraisemblable. Dans ce cas, une longue distance nous sépare encore du cap Fligely sur la terre du Prince-Rodolphe. Le rideau de brume se lève de plus en plus, et nous ne pouvons résister au désir d'éclaircir la situation. A chaque instant nous abandonnons notre travail pour grimper sur un *hummock* voisin et examiner l'horizon.

13 *août*. — La marée a déblayé le chenal. Faisant route chacun dans notre canot, nous avançons rapidement. Nous parcourons cinq milles, puis, de nouveau la passe se trouve

fermée. Il est préférable d'attendre encore une fois la renverse de la marée pour voir si le chenal ne s'étend pas plus loin. Sinon, il faudra recommencer à haler les embarcations et les traîneaux vers un canal que nous apercevons à l'O.-N.O. du monde, et qui, d'après la carte de Payer, serait le détroit de Rawlinson. La glace ne s'ouvre pas; force nous est de nous résoudre à ce travail.

14 août. — Après un long portage à travers des *floes*

UN ICEBERG A LA TERRE FRANÇOIS-JOSEPH

coupés de canaux, nous arrivons à une nappe d'eau libre ouverte dans la direction de l'ouest. Pendant quelque temps nous pouvons avancer à la rame. Après cela, le passage nous est barré de nouveau par un amas de glace.

Les jours suivants nous poursuivons notre route, tantôt en portant les embarcations, tantôt en naviguant. Nos progrès sont très lents. Les traîneaux, après l'opération que nous leur avons fait subir, ne glissent plus facilement, et les nappes d'eau libre deviennent de plus en plus rares. A plusieurs reprises, nous faisons halte, comptant sur l'aide de la marée pour déblayer la route ; mais la glace demeure absolument immobile. Dans ces conditions, je prends le parti de nous diriger vers la terre la plus voisine. De ce côté, nous apercevons un *iceberg* pris dans la banquise, le bloc le plus élevé que nous ayons jamais rencontré. Sa hauteur peut être évaluée à 15 ou 20 mètres [1]. Espérant avoir une vue étendue du sommet de cette montagne de glace flottante, j'essaie de l'escalader ; au tiers de sa hauteur, la raideur de la pente m'oblige à battre en retraite.

Le soir, nous atteignons les îles, but de nos efforts. Pour la première fois, depuis deux ans, nous avons la joie de fouler la terre ferme. Quel plaisir de sauter d'un bloc [2] sur un autre, de pouvoir gambader à notre guise ! Au milieu de ces pierres, nous découvrons des fleurs, des saxifrages, des pavots [3]. Pour fêter la prise de possession de ce territoire hyperboréen, le drapeau national est hissé et un festin préparé. Le souper se compose de pemmican et de nos dernières pommes de terre. Nous l'avalons assis devant la tente, nous amusant à faire voler le gravier sous nos pieds, absolument comme des enfants lâchés en liberté.

Toujours la même énigme se pose à notre esprit. Où sommes-nous ? Dans l'ouest paraît s'ouvrir un large chenal, mais impossible de l'identifier avec aucun de ceux indiqués sur la carte de Payer. Notre île, l'île Houen, comme nous l'avons appelée, est un long amas morainique, semble-t-il,

---

1. Des icebergs de taille colossale ont, dit-on, été rencontrés autour de la terre François-Joseph. Pendant tout notre séjour dans cet archipel je n'ai observé aucun glaçon de cette catégorie. Celui dont je signale la présence ici était le plus gros de tous ceux que j'ai vus dans ces parages. Comparés aux icebergs du Grönland, ces blocs étaient d'insignifiantes masses de glace.
2. Des blocs de basalte à gros grains.
3. *Papaver naudicaule*, *Saxifraga nivalis* et *Stellaria* (Sp.?).

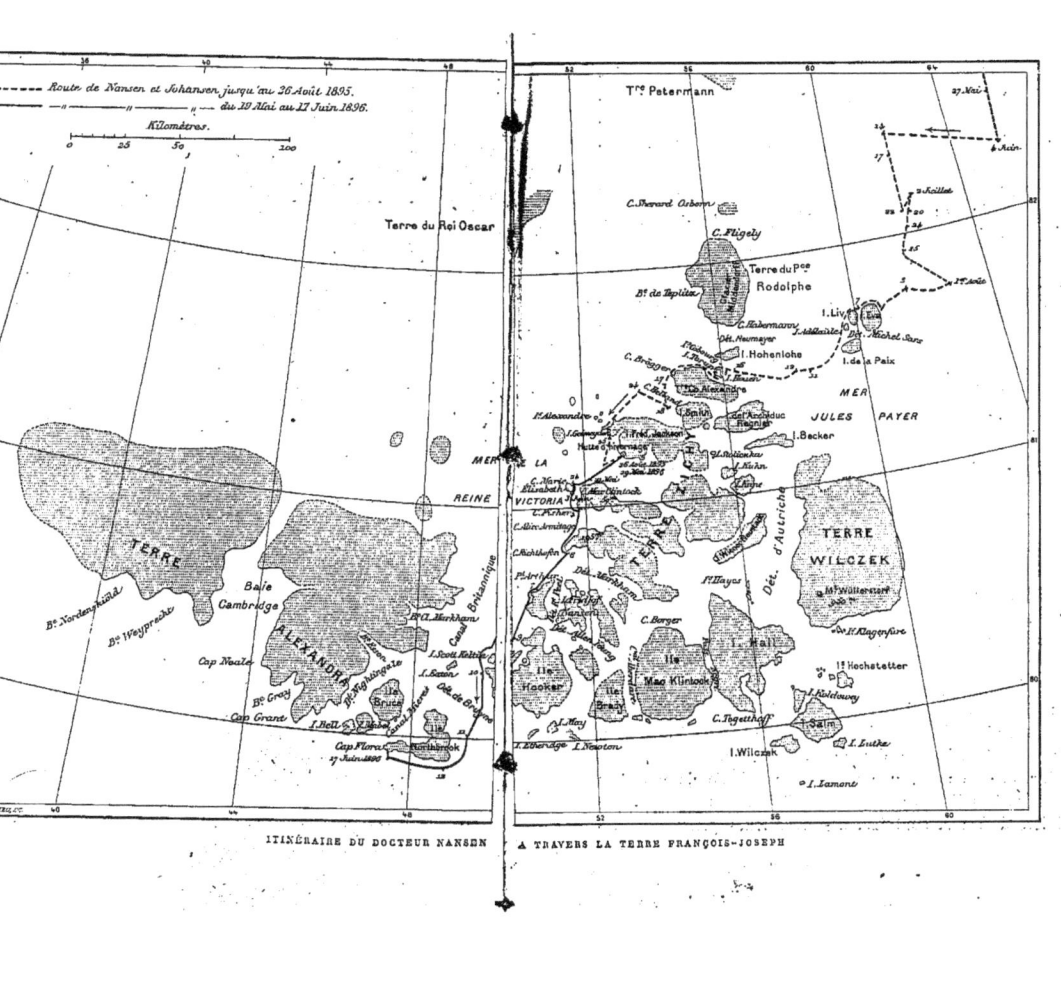

ITINÉRAIRE DU DOCTEUR NANSEN A TRAVERS LA TERRE FRANÇOIS-JOSEPH

orienté nord-sud (magnétique), constitué de blocs généralement de grandes dimensions, reposant en plusieurs endroits sur la roche en place. Ces blocs sont grossièrement arrondis et ne portent aucune strie glaciaire. Dans l'ouest, nous distinguons une autre île, un peu plus élevée, dont la côte présente une ancienne ligne de rivage nettement marquée (*Strandlinie*); au nord, deux îlots et un « caillou ».

Tout d'abord, comme je l'ai dit plus haut, j'avais cru reconnaître dans le chenal ouvert à l'ouest le détroit de Rawlinson ; n'apercevant pas le glacier de Dove qui borde ce bras de mer, je commence à douter de mon identification. Peut-être sommes-nous sur la côte ouest de l'archipel François-Joseph, et avons-nous longé, sans les voir, les terres découvertes par Payer. Alors, comment n'avons-nous pas aperçu la terre Oscar située par 82° et 52° de Long. E. ?

16 août. — Bonne journée. Nous rencontrons une large étendue d'eau libre ; aussitôt l'espoir de regagner la Norvège nous revient. Pour commencer l'étape, nous traversons la banquise reliant l'île Houen à l'île Torup, la terre élevée située à l'ouest.

L'île Torup me semble un des endroits les plus charmants de la terre. Une plage unie, ancienne ligne de rivage, toute semée de sub-fossiles, lui fait une ceinture, autour de laquelle s'étend une nappe d'eau libre, animée de troupes d'amphipodes. Au fond de la mer, on distingue des mollusques et des oursins au milieu de forêts de laminaires et de fucus. Sur les rochers qui dominent la rive, des centaines de guillemots nains babillent joyeusement, tandis qu'à côté d'eux des bruants gazouillent leurs chants plaintifs, en voletant de pierre en pierre. Soudain le soleil brille à travers les nuages, illuminant tout l'espace d'une clarté radieuse.

Sur la côte nord, une nombreuse colonie de mouettes bourgmestres (*Larus glaucus*) s'est établie pour pondre. Des milliers d'oiseaux sont installés avec leurs petits dans les

A LA VOILE SUR LA MER LIBRE !

anfractuosités des rochers. Pour saisir sur le vif cette curieuse scène de famille, nous grimpons là-haut avec notre appareil photographique.

Du sommet de la falaise, la vue embrasse la banquise que nous venons de traverser. Jusqu'à l'horizon s'étend l'immense plaine blanche, linceul de mort qui enveloppe sous sa lourde étreinte la mer tumultueuse. Pendant des mois nous avons péniblement cheminé sur cette froide étendue, et très loin dans ces « champs de glace », le *Fram* est encore captif.

J'avais commencé l'escalade du point culminant de l'île pour avoir une vue d'ensemble sur la région environnante et pour reconnaître notre position, lorsque la brume arriva de nouveau et encapuchonna les sommets. Dans ces conditions, je dus me contenter de grimper un peu plus haut que la colonie des mouettes, afin d'examiner la route que nous devions suivre vers l'ouest... A quelque distance de notre île, apparaît une vaste étendue d'eau libre, dont nous sommes séparés par un large champ de glace.

Après cette excursion, nous nous remettons en route, en suivant un chenal ouvert à une petite distance de la côte. En différents endroits il est couvert d'une mince couche de glace. La moindre déchirure dans la coque de nos *kayaks* serait un malheur irréparable; aussi, par mesure de prudence, abandonnons-nous ce canal pour nous diriger à travers la banquise en halant les embarcations.

Après plusieurs heures de travail, nous voici, enfin, sur le bord de la large nappe d'eau que nous avons aperçue du sommet de l'île Torup. A perte de vue s'étend la mer libre; espérons que désormais nous ne serons plus arrêtés par la glace. Au nord, une terre[1] s'élève en hautes falaises de basalte couronnées d'une nappe de glace. De ce côté, apparaît une longue ligne de côtes, hérissée de promontoires; tout

---

1. La terre du Prince-Rodolphe, comme nous le reconnûmes plus tard.

au loin, au milieu de ces rochers, bleuit un large glacier.

... Nous longeons vers le sud une grande île couverte, elle aussi, de glace. Au delà du cap qui se dresse au sud-ouest, qu'allons-nous trouver? Passé ce promontoire, la côte s'infléchit-elle au sud? Plus loin vers l'ouest n'existe-t-il plus de terre? A mesure que nous approchons de cette falaise, notre émotion grandit. Notre sort va, en effet, se décider dans quelques instants. Nous allons savoir si, cette année, nous pourrons regagner la Norvège ou si nous serons contraints à un nouvel hivernage... La distance se rapproche; encore quelques coups de rames et nous doublons le promontoire. A la vue de la grande nappe d'eau libre qui s'étend devant nous, un tressaillement inexprimable de joie fait bondir nos cœurs. La côte s'infléchit vers le sud-ouest; nous sommes donc sur la côte occidentale de l'archipel François-Joseph.

Au milieu de la carapace de glace qui couvre l'île, émerge une arête absolument fantastique, tranchante et effilée comme une lame de couteau. Jamais je n'ai vu aiguille plus escarpée; la roche, un basalte prismatique, monte droite et élancée comme un fût de colonne.

Par la pente d'un couloir qui sillonne la montagne, nous nous élevons le long de cette paroi vertigineuse, afin d'examiner le pays dans la direction du sud. Tout à coup, j'entends une vive rumeur au-dessous de nous. Quel n'est pas mon étonnement d'apercevoir deux renards en train de se disputer un guillemot qu'ils viennent d'attraper. Ils se griffent et se mordent sur le bord de l'abîme, au risque de culbuter dans le précipice; mais de ce danger ils semblent n'avoir cure. Dès qu'ils nous aperçoivent, immédiatement ils cessent la lutte, absolument interdits par notre apparition, et incontinent s'enfuient chacun de leur côté.

Après cette digression, revenons à l'objet de notre ascension : la reconnaissance du terrain. L'examen de l'horizon est très satisfaisant. La mer paraît libre à perte de vue le long de la côte, dans la direction de l'ouest. Le vent est favorable ; aussi, quoique très fatigués, prenons-nous la résolution de ne pas laisser échapper une circonstance aussi favorable. Nous avalons à la hâte une collation, puis, après avoir gréé les embarcations, nous partons. Nous naviguons ainsi toute la nuit, et ne nous arrêtons pour camper que le lendemain matin. Le vent est alors tombé. Nous pouvons nous reposer sans regret.

24 *août*. — Les vicissitudes de cette vie ne prendront donc jamais fin ! La dernière fois que j'écrivais mon journal, j'étais plein d'espoir et de courage ; maintenant, depuis quatre jours et trois nuits, nous sommes arrêtés par le mauvais temps et par un amoncellement de glace contre la côte. Dans toutes les directions, des *hummocks*, des glaçons brisés et entassés les uns sur les autres dans un désordre indescriptible. Le courage est encore là ; mais l'espoir de rentrer prochainement dans notre chère patrie est depuis longtemps parti. Il n'y a plus à en douter ; il nous faudra passer encore un nouvel hiver dans ces contrées polaires.

Dans la nuit du 17 au 18, à minuit, nous avions quitté notre dernier campement par un temps admirable. Au-dessus du soleil caché par un épais rideau de nuages, l'horizon resplendissait dans le nord d'un flamboiement purpurin, et, la mer, reflétant ces colorations étincelantes, semblait une nappe de feu. Une belle nuit poétique !

Sur la surface de l'eau, polie comme un miroir, sans un seul bloc de glace, les *kayaks* glissaient rapidement. A chaque coup de pagaie, l'eau bruissait doucement comme un faible murmure. On se serait cru en gondole sur le Grand Canal. Ce grand calme avait quelque chose d'inquiétant. Le baromètre baissait rapidement...

Nous faisions route vers le promontoire Clements Markham, situé au sud-sud-ouest, à une distance de 12 milles, quand soudain la glace parut devant nous, la maudite glace !

... Pensant que ce n'est qu'une nappe disloquée entraînée par le courant, nous n'y prenons d'abord garde. A mesure que nous approchons, la situation devient beaucoup plus grave. Il y a là une banquise très compacte et très étendue dont nous ne pouvons apercevoir la fin. Pour essayer de découvrir un passage, nous gravissons un *hummock*. La vue n'est pas précisément encourageante. Devant le cap Clements Markham s'étend au large un archipel, autour duquel la glace est amoncelée en une nappe épaisse. Près de nous existent bien quelques ouvertures, mais elles ne nous conduiraient pas loin. Notre seule chance de salut est donc de suivre la glace côtière et de chercher dans cette direction un chenal libre qui nous permettra de poursuivre notre route vers le sud.

Tandis que nous ramons au milieu de petits glaçons, la coque de mon *kayak* reçoit en dessous un choc violent. La secousse ne peut être déterminée par l'émersion subite de quelque bloc qui aurait basculé dans le voisinage. Cette fois encore, nous sommes assaillis par les morses. Un de ces animaux, d'une taille gigantesque, nage entre deux eaux derrière moi. Tout à coup, il se retourne et se dresse comme pour se lancer sur le *kayak* de Johansen, qui navigue dans mon sillage. Craignant que le monstre ne se jette sur son embarcation et ne la défonce de ses solides défenses, il recule de suite pour avoir le temps de saisir son fusil. En toute hâte, je prends également le mien. Maintenant nous sommes prêts à soutenir l'attaque. Entre temps, le morse plonge, passe sous le canot de Johansen et vient reparaître derrière lui. Un pareil voisinage est trop dangereux; pour y échapper, mon camarade saute sur un glaçon voisin, prêt à lui envoyer une décharge dès qu'il montrera le museau. Après avoir attendu quelques instants notre ennemi, je suis l'exemple de mon camarade. En débarquant, je faillis, par ma faute, prendre le bain glacé dont le morse m'avait menacé. Au moment où je posai le pied sur le glaçon, la croûte se brisa sous mon poids, et je restai debout dans mon *kayak*, faisant des prodiges d'équilibre pour ne pas chavirer. Si le morse avait reparu à ce moment, je l'aurais certainement reçu dans son propre élément. Après des efforts désespérés je réussis cependant à atteindre le glaçon.

Pendant quelque temps, l'animal monte la garde autour de nous, passant et repassant sous notre radeau de glace, toujours dans l'intention évidente de nous attaquer. Devant cette attitude menaçante, il ne serait pas prudent de nous remettre en route, et, pour ne pas perdre un temps précieux, nous préparons le dîner. Afin de nous débarrasser de ce visiteur incommode, nous songeons à lui envoyer une balle, mais ce serait perdre nos munitions. Nous n'avons que faire d'un pareil gibier; en second lieu, l'animal ne montrant que le museau, plusieurs cartouches seraient nécessaires pour l'abattre. C'est un grand mâle, d'aspect fantastique, dont la vue évoque dans notre imagination l'idée des monstres préhistoriques. Je ne puis m'empêcher de songer à un triton, tandis qu'il se lève en soufflant et en nous regardant de ses yeux ronds vitreux. Après s'être livré, pendant quelque temps, à cette fantasia menaçante, l'animal disparut soudain comme il était venu. Nous avions achevé notre dîner; nous pûmes alors continuer notre route, satisfaits d'avoir échappé à cette dangereuse attaque.

... Impossible d'avancer à travers le chenal ouvert le long de la banquise adhérente au rivage. Il est entièrement couvert de « jeune glace », et, sous la poussée du vent, commence à être envahi par la banquise. Bientôt le *pack* arrive sur nous et nous ferme toute issue. Dans ces conditions, il ne nous reste qu'à attendre patiemment un changement dans l'état de la banquise. Avec les couvertures et la tente nous disposons un lit de camp, et, en même temps, préparons tout pour un départ rapide, espérant toujours nous remettre bientôt en marche.

Hélas! bien loin de s'améliorer, la situation devient de plus en plus critique, la brise fraîchit et le *pack* épaissit à vue d'œil. Dans toutes les directions, pas la moindre nappe d'eau libre! Le large bras de mer que nous venons de parcourir est maintenant complètement couvert de glace. Tout notre espoir de rentrer cette année en Norvège s'évanouit!

Après quelques heures d'attente, nous essayons de nous rapprocher de la côte en halant sur la glace nos bagages. En pure perte nous dépensons nos forces. La banquise est très mauvaise; jamais encore nous ne l'avons trouvée aussi accidentée. Sur un pareil terrain, la marche est très lente, et, au milieu de ces aspérités tranchantes, nos *kayaks* risquent de recevoir quelque choc malencontreux. Le seul parti raisonnable est de camper sur notre glaçon. Entre temps notre position devient encore plus terrible. La neige tombe en abondance et transforme la glace en un bourbier impraticable. Avec cela plus de vivres! Que n'avons-nous tué des phoques, alors qu'ils s'ébattaient autour de nous en troupes nombreuses.

Le 20, excursion à terre. Près d'un promontoire auquel nous donnons le nom du géologue norvégien Helland, nous allons reconnaître le terrain, dans la pensée de nous installer sur cette île, si l'hivernage devient nécessaire. La glace est absolument impraticable aux approches du cap; les blocs sont empilés les uns sur les autres jusque contre la paroi terminale du glacier. Escaladant ce courant cristallin, nous partons examiner le chenal ouvert au nord du promontoire Helland. De ce côté, la banquise est moins accidentée, et présente l'aspect de la glace de fjord, mais nulle part un bassin d'eau libre où il y ait chance de rencontrer des phoques.

Au sud du cap, le terrain est relativement uni, parsemé de maigres pelouses, de mousses, enfin de pierres susceptibles d'être utilisées pour la construction d'une hutte. Le fjord ouvert dans cette direction est couvert d'une épaisse banquise; aucune ouverture, partant pas de phoques. En revanche les ours paraissent nombreux ; ils nous assureront la nourriture et l'habillement.

Cette région est constituée par un basalte à gros grains. A la base du glacier se trouve un monticule de schistes argileux fortement altérés dans lequel nous ne parvenons à découvrir aucun fossile. Autour, plusieurs blocs épars semblent appartenir à un granit. De toutes ces roches nous prenons des échantillons, mais, au cours de l'hivernage, les renards, peu respectueux des collections d'histoire naturelle, nous en dérobèrent la plus grande partie. A leurs extrémités inférieures, tous les glaciers sont couverts d'une magnifique couche de « neige rouge », du plus merveilleux effet, lorsque le soleil se montrait.

Le 21, je réfléchis, couché, à notre situation, lorsque j'entends un bruit sourd autour de la tente. Peut-être est-il produit par le bruissement des glaçons pressés les uns contre les autres..., non, j'ai l'idée que ce doit être quelque gros gibier. Je regarde donc par un trou de la tente et j'ai la joie d'apercevoir un ours de taille colossale. L'animal, effrayé par les mouvements de la toile, détale tout d'abord, puis s'arrête, pour regarder encore une fois notre abri. Sans perdre une minute, passant le canon du fusil par la fente, j'envoie à notre visiteur une balle en pleine poitrine. L'ours tombe, se relève, — une nouvelle décharge — et il s'affaisse pour ne plus se relever. Avant quelque temps, nous sommes assurés de ne pas mourir de faim.

Sur ces entrefaites, le vent s'élève de terre ; peut-être cette brise disloquera-t-elle la glace ? Je vais donc examiner notre situation sur le bord de notre radeau, lorsque, tout à coup, je ressens un léger balancement... Un chenal vient de s'ouvrir le long de la côte et notre glaçon, détaché de la masse adhérente au rivage, vogue maintenant en toute liberté. En dépit de tous nos efforts, impossible de gagner l'île voisine ; nous dérivons vers la pleine mer.

Sous la poussée de la brise, notre radeau s'éloigne de plus en plus de la côte. Décidés à tout risquer, nous essayons de mettre à l'eau les *kayaks*. Cette entreprise ne réussit pas. La lame brise avec force contre la glace et menace de fracasser nos frêles embarcations, dès que nous approchons du bord. Le plus sage est donc de rester sur notre glaçon.

Le vent fait rage. De crainte que la tente ne soit enlevée, nous l'abattons et la disposons en lit de camp sur la glace. Puisque nous ne pouvons nous rendre maîtres de la situation, le mieux est de dormir.

Après un bon somme de plusieurs heures, je me réveille... Nous sommes maintenant à 8 ou 10 milles au large et jusqu'à la côte la mer est absolument libre. La brise a molli ; il n'y a pas à hésiter ; essayons de mettre les embarcations à l'eau et de regagner la terre. L'opération n'est pas facile ; la mer est très haute et tout autour de notre île flottante dansent des glaçons, très dangereux pour nos faibles *kayaks*. Mais aucune difficulté ne peut vaincre notre énergie... Une fois les embarcations lancées, la situation n'est guère meilleure ; la mer est trop forte et le vent encore trop violent pour que nous puissions faire route à la rame. Essayons donc de la voile. Après avoir trouvé un abri derrière un cap de la banquise, nous attachons solidement les deux canots bord contre bord, et établissons la voilure.

A notre grande satisfaction, nos embarcations se comportent admirablement et avancent rapidement. Toute la journée et toute la nuit nous marchons à la voile. Le matin, seulement, le calme nous oblige à nous arrêter. Le temps est couvert ; à droite et à gauche, des terres apparaissent. Ne sachant quelle direction suivre, au milieu de cet archipel, je prends le parti de bivouaquer. Enfin nous allons pouvoir avaler un repas chaud.

Au-dessus du campement, s'élève une haute falaise de basalte, hérissée de colonnettes et d'aiguilles, découpée d'ogives et de niches, dont la vue évoque au milieu de ce désert de glace le souvenir de la cathédrale de Milan. Sur ces rochers, des milliers de guillemots nains, de pagophiles blanches, de mouettes tridactyles, de mouettes bourgmestres et de stercoraires font un sabbat étourdissant. En dépit de tout ce bruit nous dormons à poings fermés.

Le lendemain matin (23 août), une éclaircie nous permet de découvrir de l'eau libre dans le S. S. O. ; de suite il faut profiter de l'occasion. Comme toujours pendant la nuit, la glace s'est amoncelée le long de la côte en larges plaques, et la mise à l'eau des *kayaks* ne va pas sans quelque difficulté.

Le temps est beau, tout semble donc présager une bonne journée ; mais, à peine en route, le vent se lève du sud-ouest, la mer grossit et le ciel se couvre rapidement.

Le fjord est large de plusieurs milles ; avant de pouvoir débarquer il faudra pagayer énergiquement pendant de longues heures. L'aspect de la terre n'est pas, du reste, précisément engageant. De la base au sommet, elle est entièrement couverte de glace ; sur un seul point, un petit rocher émerge au milieu de cette carapace cristalline. La rive orientale, bordée par un rempart de glace sur lequel la mer déferle en hautes vagues, n'offre, d'autre part, aucun abri contre la tempête.

Dans ces conditions, je prends le parti de nous diriger vers une autre île, située un peu en arrière, qui semble moins désolée que les autres. A peine débarqués, nous rencontrons un ours. Johansen, d'une balle, lui brise la colonne vertébrale. L'animal blessé essaie de fuir, mais la partie postérieure de son corps, paralysée, refuse tout service. La pauvre bête s'assied tout étonnée de se sentir ainsi clouée sur place et se met à mordre jusqu'au sang ses pattes de derrière, comme pour les punir de lui refuser leur service. Un second coup de feu met fin à ses souffrances.

Après avoir dépouillé notre gibier, nous allons à la découverte. A quelques pas de là, nous apercevons deux morses.

Évidemment les ours n'osent pas attaquer ces animaux. Un peu plus loin, un troisième morse s'ébat dans l'eau en poussant des hurlements terrifiants. Après avoir plongé, il vient se soutenir contre la berge, en appuyant ses défenses sur la glace adhérente au rivage, absolument comme le ferait un nageur épuisé avec les mains pour se maintenir hors de l'eau. Après avoir plusieurs fois recommencé le même manège, la bête monstrueuse apparaît ensuite à la surface de la crevasse

GROUPE DE MORSES

près de laquelle sont couchés ses deux autres camarades, et à l'aide de ses défenses se soulève sur le bord de la glace. A sa vue, un vieux mâle d'une taille énorme se lève et commence à tourner autour de l'intrus en poussant des grognements terribles. Le nouvel arrivant baisse alors la tête respectueusement et se retire à l'écart. Aussitôt le vieux, toujours hurlant, se dirige de son côté et se dresse au-dessus de lui, menaçant de lui enfoncer ses énormes dents dans le dos. Bien que l'intrus soit aussi gros et aussi puissamment armé que son antagoniste, il s'incline devant lui, absolument comme un esclave devant son sultan. Le vieux despote rejoint ensuite son compagnon et se couche à côté de lui. Dès que l'autre animal, après être resté quelque temps dans sa posture servile, fait mine d'avancer, immédiatement l'autre se dirige vers lui comme pour le chasser. Enfin, après bien des circuits, le nouvel arrivant parvient à se glisser sur le glaçon et à prendre place à côté de ses deux congénères. Tout d'abord j'imputai l'attitude du vieux à quelque passion amoureuse, plus tard je reconnus mon erreur. Ces trois animaux étaient tous des mâles. C'est de cette manière amicale que les morses exercent l'hospitalité, et, à un membre choisi par ses congénères échoit, semble-t-il, le devoir de l'exercer dans ces conditions. A mon avis, le chef du troupeau agit ainsi pour affirmer sa dignité et faire sentir à tout nouvel arrivant la nécessité de lui obéir.

Malgré ces procédés peu courtois, les morses possèdent à un haut degré l'instinct de la sociabilité. On les voit, en effet, toujours par troupes et toujours couchés les uns à côté des autres. Lorsque nous revînmes plus tard examiner nos voisins, la bande s'était grossie d'un nouvel arrivé; le lendemain matin, elle comptait six individus.

Au premier abord, il est difficile de reconnaître des êtres vivants dans ces énormes amas de chair absolument immobiles pendant des heures. Dans ces parages qui, jusqu'ici, n'ont jamais été visités par l'homme, ces animaux vivent en pleine sécurité et dans l'ignorance de toute crainte.

Après cette étude prise sur le vif, nous préparons notre dîner et bientôt ronflons à poings fermés, en dépit des hurlements des morses et des piaillements des mouettes. Au milieu de la nuit, je suis cependant réveillé par un bruit particulier. Il me semble entendre des cris plaintifs. Immédiatement je jette un coup d'œil par un trou de la tente et qu'aperçois-je? Un ours et un ourson flairant les traces de sang éparses sur la neige et poussant des lamentations de douleur. Au moment où je saisis mon fusil, nos visiteurs m'aperçoivent et s'empressent de décamper. Je les laissai aller en paix; nous avions pour le moment suffisamment de vivres.

Le lendemain, à notre grand désappointement, la banquise nous condamne encore une fois à l'immobilité. Dieu sait quand finira cette détention! En attendant, tâchons de nous installer le plus commodément possible. Ne trouvant nulle part un endroit abrité du vent où la tente puisse être dressée, nous construisons une hutte en pierres sèches au fond d'une crevasse de rochers. Guère confortable, notre abri; il est trop court pour ma taille, et trop bas pour que je puisse m'asseoir, tout juste assez large pour que nous puissions coucher côte à côte et installer le fourneau. Le toit est formé de la tente étendue sur des bâtons et sur les *ski*, et l'entrée fermée à l'aide de nos vêtements. Quoique cette hutte ne soit qu'une abominable caverne, nous sommes fiers de notre œuvre. Couchés sur notre peau d'ours et sur nos couvertures, bien au chaud, enveloppés par le doux murmure de la marmite sur le feu, nous éprouvons un plaisir ineffable. La lampe à huile remplit bien notre hutte d'une atroce fumée, mais c'est un petit inconvénient de peu d'importance.

CHAPITRE X

HIVERNAGE A LA TERRE FRANÇOIS-JOSEPH

28 *août*. — La banquise reste toujours immobile et l'automne avance rapidement... Il faut nous résoudre à hiverner sur cette île. Une distance de plus de 138 milles nous sépare du havre de l'*Eira*, des quartiers d'hiver de Leigh Smith. Un pareil trajet pourrait être long et je ne suis pas certain de trouver une hutte dans cette localité. En admettant que nous puissions arriver jusque-là, il serait douteux que nous ayons le temps, avant l'hiver, de construire un abri et de réunir des approvisionnements. Sur notre île où le gibier est abondant, le plus sage est donc de nous préparer à hiverner.

A notre grand désappointement, les morses qui étaient couchés sur la glace, hier et avant-hier, ont pris la mer; force nous est donc d'aller les poursuivre dans leur élément. En conséquence, nous préparons les *kayaks* en vue de cette chasse dangereuse. Entre temps arrivent deux ours, une mère et son petit; quelques minutes plus tard, ces visiteurs payaient de la vie leur curiosité. Un excellent début pour le ravitaillement de la caravane.

En retournant à la hutte chercher nos grands couteaux

pour dépecer le gibier, je vois passer des oies en route vers le sud. Je les suis des yeux jusqu'à ce qu'elles disparaissent. Que ne puis-je également m'envoler comme ces palmipèdes et me diriger aussi facilement qu'eux vers les doux pays du midi !

Le 29 août, nous partons à l'attaque des morses. Je ne suis pas précisément rassuré sur l'issue de la lutte ; en se défendant, ces animaux peuvent de leurs dents crever la frêle coque de nos embarcations. Quoi qu'il en soit, il faut tenter l'aventure... Bien armés, nous nous dirigeons vers un de ces monstres, couché juste en face de nous. Arrivés à portée, nous lui envoyons une décharge dans la tête. Après être demeuré un moment immobile, il se jette à l'eau au moment où nous allons le harponner, et, dans ses convulsions, vient heurter à plusieurs reprises la coque de nos embarcations. La malheureuse bête plonge, puis revient, toute couverte de sang et hurlant furieusement. Aussitôt, nous lui envoyons une seconde décharge toujours dans la tête, et, pendant qu'elle disparaît de nouveau, rapidement nous battons en retraite pour éviter ses attaques. Chaque fois que le morse revient à la surface, nous le canardons, mais sans réussir à le frapper mortellement.

Pendant une de ces manœuvres, pour pouvoir ramer plus rapidement, je place sur le pont du *kayak* mon fusil, oubliant qu'il est armé. Une secousse se produit et le coup part. Tout d'abord grande est ma frayeur ; la balle a peut-être crevé la coque de l'embarcation en me labourant les jambes. Immédiatement je me tâte ; je ne ressens aucune douleur et n'entends pas le bruissement de l'eau pénétrant dans le canot. La balle a simplement percé le pont et la coque un peu au-dessus de la ligne de flottaison. Si elle était passée un peu plus bas, j'avais une jambe fracturée et le canot coulait à pic. Johansen eût-il réussi à me tirer de l'eau que la situation n'aurait pas été meilleure ensuite. Après cet incident j'en ai assez de cette chasse. Néanmoins, ne voulant pas abandonner notre gibier, nous lui envoyons une dernière décharge juste derrière l'oreille, le point le plus vulnérable. Du coup, l'animal est tué. Nous nous disposions à le harponner, lorsque soudain, à notre grand dépit, il coule et disparaît. Nous revenons à terre, fort penauds. Neuf balles dépensées en pure perte, tel est le bilan de cette expédition.

Près de notre hutte, deux morses sont profondément endormis sur la banquette de glace côtière. Nous réussissons à nous en approcher à quelques pas, et du premier coup j'abats celui dont je me suis chargé. Johansen est moins heureux; une seconde balle que je tire n'est guère plus efficace que celle de mon ami. L'énorme animal se dresse en poussant des hurlements terribles et en se soulevant sur ses défenses; il vomit le sang, comme un poitrinaire, et reste indifférent à notre présence. En dépit de son apparence gigantesque, la pauvre bête nous lance des regards de détresse si attendrissants, qu'oublieux de nos propres besoins, nous nous sentons envahir par une profonde pitié. Nous avons conscience d'avoir commis un assassinat. Une balle logée derrière la tête met fin à ses souffrances; mais plusieurs jours durant j'eus la hantise de ce spectacle sanglant.

Maintenant, il s'agit de transporter ce monstrueux gibier à terre, et ce n'est pas un petit travail. Au moment où nous allons chercher les couteaux, les traîneaux et les *kayaks*, commence à souffler une brise assez forte. Le vent pourrait détacher la glace de la rive pendant que nous serions occupés à dépouiller nos morses; il est donc prudent d'avoir les embarcations à portée.

Pendant que nous sommes affairés à tailler ces masses de chair, une tempête éclate; aussi bien, je surveille attentivement le chenal qui nous sépare de terre. La glace reste immobile; nous pouvons donc continuer à travailler. Un

morse est déjà à moitié dépecé, lorsque tout à coup le
« champ » commence à dériver vers la pleine mer. Il n'y
a pas une minute à perdre. N'est-il pas même déjà trop tard ?
Pourrons-nous maintenant vaincre la force du vent et regagner la terre ? Au plus vite nous empilons des quartiers de
viande dans les *kayaks* et abandonnons notre proie. Nous
réussissons d'abord à faire avancer les canots, puis essayons
de les haler à travers la banquise. Cette tentative ne réussit
guère. En voulant traverser un large chenal sur des blocs disjoints, la croûte cristalline cède sous mes pas ; à grand'peine
j'évite un bain. Nulle part la glace ne porte ; il faut donc
nous résoudre à remettre à l'eau les *kayaks*. Mais, pour avancer contre un tel ouragan, ils sont trop lourdement chargés ;
nous devons nous résigner à jeter tous les quartiers de viande
et tous les morceaux de peau que nous avons emportés. Pendant que nous allégeons les embarcations, la situation devient
encore plus critique. Des blocs de glace arrivent de tous
côtés et font autour de nous une dangereuse ceinture de récifs
mobiles. A chaque instant, les *kayaks* risquent d'être écrasés ; pour éviter une catastrophe, en toute hâte nous
remontons sur la glace. Dès que les blocs s'écartent, vite
nous essayons de mettre à l'eau les embarcations. Malgré la
rapidité de nos mouvements, avant la réussite de la manœuvre, le chenal se referme. Pendant ce temps, la tempête nous
pousse toujours vers la pleine mer... A la fin, cependant,
nous parvenons à sortir de cette situation critique. Nous
lançons les embarcations, et, à force de rames, parvenons
à avancer contre le vent. Un rude labeur, la mer est très
haute et la brise terrible. Quand même, grâce à la vigueur de
nos coups de pagaie, les *kayaks* avancent. Par moments, les
rafales sont si violentes qu'elles semblent devoir soulever
hors de l'eau nos frêles canots. Enfin, nous gagnons l'abri
des hautes falaises, et bientôt nous avons la joie d'atteindre
la rive. Point de gibier, une aventure très désagréable qui a

failli avoir les plus néfastes conséquences, tel est le bilan de la journée.

Longtemps nous apercevons le glaçon chargé des cadavres de nos morses autour desquels tourbillonnent des nuées de mouettes. Elles se moquent, elles, du vent et du courant, et, en toute quiétude, profitent de cette prébende inespérée. Quant à nous, nous demeurons inconsolables de cette perte. C'est une partie à recommencer.

La nuit suivante, j'étais endormi depuis peu de temps lorsque je fus réveillé par Johansen. Un ours, me dit-il, rôde autour de la tente... En effet, j'entends un grognement sourd tout près de nous. Immédiatement je suis debout, j'empoigne mon fusil et je sors. Une ourse suivie de ses deux enfants dévale vers le rivage. Je vise la mère, mais dans ma hâte je la manque. Un second coup l'atteint en pleine poitrine. L'animal n'en poursuit pas moins sa marche et se jette dans la nappe d'eau ouverte près de la rive, tandis que ses petits s'embarquent sur un glaçon, afin de chercher un refuge en mer. L'ourse affaiblie par sa blessure ne tarde pas à revenir vers la côte. Immédiatement j'accours et lui donne le coup de grâce. Après cela, nous nous embusquons pour attendre le retour des oursons, mais, à notre grand dépit, le glaçon sur lequel ils se sont réfugiés, poussé par la brise, s'éloigne de plus en plus. Bientôt ils ne forment plus que deux petits points blancs sur la nappe sombre des eaux. Nous prenons alors le parti de leur donner la chasse en *kayak*. Nous nous élevons d'abord au large, puis, après avoir tourné les pauvres bêtes, nous ramons droit vers elles. Aussitôt, l'une après l'autre, elles se jettent à la mer, après un moment d'hésitation comme si elles craignaient l'eau. Nous les poussons tranquillement vers la côte, et, une fois qu'elles ont pris pied, nous les abattons sans pitié.

Trois ours en un jour! De plus en revenant nous avons la chance de retrouver le morse tué la veille, flottant tout près de la terre. Sans perdre un instant nous prenons nos précautions pour ne pas laisser échapper cette aubaine. Le cadavre est remorqué dans une crique de la banquise riveraine et solidement amarré.

Seulement le 2 septembre, nous avons le temps de commencer le dépècement de ce gibier. Tous nos efforts pour le haler sur la rive demeurent inutiles. Avec les faibles moyens de traction dont nous disposons, impossible de hisser une telle masse sur la berge. Pendant que nous nous épuisons à ce travail, un morse se dirige droit vers nous, nullement intimidé par notre présence. Apercevant un camarade, il est sans doute venu voir ce que nous faisons autour de lui. Tranquillement et avec une dignité superbe, il approche de notre glaçon. J'attends patiemment qu'il tourne la tête afin de lui envoyer une balle derrière le crâne. Bien que frappée à mort, l'énorme bête ne tombe pas du coup; pour l'achever nous n'avons plus malheureusement de munitions. En toute diligence Johansen court chercher des cartouches et un harpon, pendant que, avec un simple bâton, j'empêche l'animal de s'enfuir. Une fois mon camarade de retour, le coup de grâce est promptement donné.

Pourquoi diable les morses entrent-ils dans cet étroit chenal tout voisin de terre? Ces animaux sont évidemment attirés là par la curiosité. Il y a deux jours, tandis que nous étions occupés à dépecer nos ours, un de ces animaux, accompagné de son petit, est venu rôder tout contre le bord de la banquette. Après avoir plusieurs fois plongé, il s'est finalement dressé à moitié sur la glace pour pouvoir mieux nous regarder. A différentes reprises il a recommencé le même manège; j'ai pu l'approcher à quelques pas, sans qu'il prît la fuite. Ce ne fut que lorsque je le touchai presque du canon de mon fusil que le monstrueux animal se décida à déguerpir.

Le dépècement des morses était une besogne aussi difficile que désagréable. Il fallait tailler et découper ces énormes amas de chair, aussi loin que nous pouvions atteindre en dessous de la surface de l'eau. Nous mouiller n'était qu'un léger inconvénient ; avec le temps on peut se sécher. Ce qui était pire et ce que nous ne pouvions éviter, c'était d'être couverts de la tête aux pieds d'huile, de graisse et de sang. Nos vêtements que nous ne pouvions renouveler avant un an, furent singulièrement éprouvés par ce travail. Ils devinrent bientôt tellement saturés d'huile que notre peau finit par s'en imprégner. Cette besogne fut sans contredit la plus déplaisante de toutes celles que nous entreprîmes au cours de notre expédition. Très certainement, nous aurions abandonné ces animaux, si nous n'avions pas eu besoin de graisse pour nous éclairer et préparer nos aliments pendant l'hivernage. Aussi grande fut notre satisfaction, lorsque nous eûmes sur la rive deux gros tas de graisse et de viande, soigneusement recouverts, en guise de prélards, par l'épaisse peau de ces animaux.

Pendant toute cette opération, les mouettes vécurent dans la plus plantureuse abondance. La mer était couverte de morceaux de viande et de lard, de débris d'intestins, et autour de chaque déchet des bandes innombrables de pagophiles blanches et de bourgmestres se livraient à d'incessantes disputes.

Le 7 septembre, nous commençons la construction de la hutte qui doit nous abriter pendant le long hiver. Désormais chaque matin nous partons, comme des ouvriers qui se rendent à leur travail, un bidon plein d'eau d'une main et de l'autre un fusil.

Nous dégageons des pierres de la falaise, les transportons au chantier, les mettons en place et peu à peu avons la satisfaction de voir les murs s'élever. Pour un pareil travail nous n'avons que de piètres outils : en guise de levier, un patin de traîneau ; comme pioches, un bâton garni d'un morceau de fer et une dent de morse emmanchée au bout d'une traverse de traîneau ; comme bêche, une omoplate de morse. Mais avec de la patience on arrive à tout.

De jour en jour, l'abaissement de la température rendait nos travaux plus pénibles. Le sol était maintenant très dur et les pierres solidement cimentées par la gelée ; pour comble d'infortune survint une neige abondante. L'hiver approchait. Aussi, quelle ne fut pas notre joie, le 12 septembre, de constater, à notre réveil, un dégel complet. Ce jour-là, le thermomètre s'éleva à + 4°, la plus haute température que nous ayons observée pendant notre expédition.

Toutes les montagnes ruissellent de joyeux torrents qui descendent vers la mer en gais murmures, écrivais-je à cette date. Partout l'eau coule et susurre ; partout apparaissent des taches de verdure. Comme par un coup de baguette magique, cette nature, déjà touchée par le froid de la mort, s'est animée d'un renouveau de vie. Nous songeons aux pays du sud, inconscients aujourd'hui de l'imminence de la longue nuit hivernale.

Hélas, cette belle journée n'a pas de lendemain. Voici de nouveau la neige ; elle tombe en flocons serrés et couvre bientôt de sa livide livrée cette terre qui, hier encore, palpitait de vie et de gaieté !...

Je contemple le sol. A mes pieds, au milieu des pierres, quelques fleurs flétries émergent encore au-dessus de la nappe blanche. Une dernière fois avant son départ, le soleil vous éclairera, pâles et délicates corolles, merveilles du monde végétal sous ces tristes latitudes ; puis, vous vous endormirez, pour l'hiver, sous l'épais linceul blanc, jusqu'au jour encore lointain de la résurrection printanière. Que ne pouvons-nous faire comme vous !

Une semaine de travail, et les murs de notre hutte sont terminés. Ils s'élèvent à $0^m,90$ au dessus d'une cavité ayant une profondeur égale à cette hauteur. Nous pourrons donc nous tenir debout dans notre abri. Reste maintenant à dresser le toit, un travail difficile dans les conditions où nous nous trouvons. En fait de matériaux de couverture, nous n'avons qu'un bois flotté que nous avons trouvé et les peaux des morses. Après un jour de labeur acharné, Johansen réussit à couper notre planche et à la hisser sur les murs où elle doit former le faîtage. Cela fait, nous nous occupons des peaux de morse. Sous l'influence de la gelée, elles sont devenues absolument rigides et adhèrent maintenant aux morceaux de lard et de graisse que nous avons entassés sous leur abri. Les dégager constitue un véritable exercice de patience, et les transporter à la hutte un travail qui nous met à bout. Enfin, tantôt en les roulant, tantôt en les tirant, ou en les portant, nous réussissons à amener ces énormes peaux devant notre abri. Maintenant autre difficulté ; ces peaux, absolument durcies par la gelée, ne peuvent être étendues ; avant de pouvoir les employer, nous devons les immerger pendant plusieurs jours pour les amollir.

Tandis que nous sommes occupés à la construction de notre hutte, une grave inquiétude nous tourmente. Les ours ont complètement disparu. Ceux que nous avons tués ne nous mèneront pas loin ; si ces animaux ne reviennent pas, nous courons le risque de mourir de faim. Le 23 septembre, enfin, j'ai la grande joie d'apercevoir un plantigrade de fort belle taille en contemplation sur le bord de la mer, devant une de nos peaux de morse.

Immédiatement j'avertis Johansen qui est muni de son fusil, pendant que je vais chercher le mien. Lorsque je reviens, je trouve mon camarade accroupi derrière une pierre, attendant impatiemment mon retour. Il y a maintenant deux ours, l'un sur le rivage, l'autre près de la hutte. Je me dirige vers le premier, en me défilant derrière des *hummocks*, pas assez cependant pour qu'il ne m'apercoive et ne prenne aussitôt la fuite. Avant qu'il ne disparaisse, j'ai cependant le temps de lui envoyer une balle. Malheureusement l'animal n'est pas frappé mortellement, et, d'un pas encore allègre, se dirige rapidement vers le fjord. Après une poursuite acharnée de plusieurs heures, je parviens à l'acculer devant le mur du glacier. Se voyant traqué, il se met aussitôt en défense, et fait mine de vouloir se jeter sur moi. Une balle bien ajustée met rapidement un terme à cet essai d'offensive. A mon retour, je trouve Johansen occupé à dépecer le second ours. Maintenant, nous pouvons continuer sans inquiétude notre construction; au moins pour quelque temps notre garde-manger est suffisamment garni...

24 septembre. — En nous rendant à notre travail, nous apercevons un nombreux troupeau de morses couchés sur la glace. Après l'expérience des jours derniers nous n'avons guère envie de nous mesurer avec ces animaux. Johansen est d'avis de les laisser en paix. N'avons-nous pas suffisamment de provisions? Je pense, au contraire, qu'il serait imprudent de laisser échapper pareille occasion. Nous ne saurions nous munir d'une trop grande quantité d'huile et de graisse pour assurer notre chauffage et notre éclairage.

A l'abri d'*hummocks*, nous nous glissons jusqu'à 10 mètres du troupeau, sans éveiller ses soupçons. Il s'agit maintenant de choisir nos victimes et de bien employer nos balles. La troupe se compose d'adultes et de jeunes. Notre précédente aventure nous a guéris de nous attaquer aux vieux et nous décidons de tirer les plus petits de la bande. En attendant qu'ils veuillent bien tourner la tête pour que nous puissions les frapper mortellement du premier coup, nous avons tout le loisir d'étudier leurs mœurs. Sans cesse, vieux et jeunes, se frottent le dos l'un l'autre avec leurs défenses. Lorsqu'un de ces animaux, en s'étirant, dérange son voisin, immédiatement l'autre se lève et lui enfonce ses dents dans le dos. Et ce n'est pas précisément une caresse. Ceux de ces monstres qui n'ont pas la peau très dure, portent tous des cicatrices saignantes qui témoignent de la force de ces coups. Quand un intrus se présente pour prendre place sur le glaçon, l'émoi devient général. Tous hurlent en chœur, et celui des vieux mâles qui se trouve le plus proche du nouvel arrivant, le gratifie d'une volée bien appliquée. Devant cette réception la pauvre bête baisse humblement la tête, puis, pas à pas, se

JOHANSEN VISANT UN MORSE

faufile au milieu des autres, tout en recevant des coups, de droite et de gauche, qu'il n'ose rendre.

Fatigués d'attendre que les morses aient la complaisance de tourner la tête, nous nous décidons à les tirer au front. Surprise par le bruit de la décharge, la troupe se lève, et, après nous avoir regardés d'un air étonné, se dirige vers le bord du glaçon... Il n'y a pas un instant à perdre. Nous rechargeons rapidement, et simultanément abattons deux de ces monstres, un jeune et un vieux. Tous se jettent alors à l'eau, à l'exception d'un seul qui reste immobile. De ses grands yeux vagues, tantôt il regarde les cadavres de ses camarades, tantôt les barbares qui sont venus jeter la mort parmi ces inoffensifs. Faut-il abattre également ce pauvre animal ou le laisser aller en paix? Il est, ma foi, bien tentant, mais n'avons-nous pas assez de gibier? Pendant que Johansen avance le fusil armé, incertain s'il doit le tuer, je prends un instantané de cette scène amusante. Finalement, nous nous décidons pour la clémence... dans le dessein de ménager nos munitions.

Les morses rendus furieux s'ébattent bruyamment en poussant des hurlements terribles. Un vieux est particulièrement acharné. Par moments, il se dresse sur le bord du glaçon et se lance de notre côté, en fixant les cadavres de ses compagnons comme s'il voulait s'en emparer et les emporter. Peu à peu cependant le troupeau se disperse; les grognements deviennent plus faibles, et la nature arctique reprend son éternel silence. Depuis quelque temps déjà ces animaux avaient disparu, lorsque soudain la tête du vieil enragé se montra tout près de nous. Je le menaçai avec une rame, et aussitôt il plongea rapidement. Plusieurs fois, il revint à la charge, avec des intentions belliqueuses manifestes; enfin, comprenant sans doute l'inutilité de sa colère, il se décida à se retirer, et nous pûmes continuer en paix le dépècement.

Nous vînmes facilement à bout du jeune morse, mais il n'en fut pas de même du vieux. Malgré tous nos efforts, ne parvenant à le retourner, nous dûmes nous contenter de le dépouiller seulement sur un côté. Grâce à l'heureux résultat de cette chasse, nous avions maintenant en abondance du combustible pour l'hiver et des matériaux de couverture pour le toit de notre hutte.

Pendant quelque temps, ces amphibies restèrent dans notre voisinage. De temps à autre, tout à coup, nous entendions deux ou trois beuglements formidables et, au milieu des glaçons, voyions émerger une large et grosse tête ronde. Un instant, elle soufflait bruyamment à la surface, puis disparaissait ensuite rapidement.

Le 25 septembre, nous étions en train de tirer hors de l'eau les peaux que nous avions immergées pour les assouplir, lorsque nous entendîmes un craquement dans la glace. Tout près de nous, un morse lève la tête. « Regarde-le, dis-je à Johansen ; avant cinq minutes, il sera dans le trou où nous travaillons en ce moment. » Et, en effet, à peine ai-je parlé que nous voyons les peaux s'agiter et une énorme bête se dresser devant nous. Un instant, elle nous regarde, puis plonge en barbotant.

Les peaux étant maintenant suffisamment malléables, nous les étendons des deux côtés du faîtage et les assujettissons sur le sol par de lourdes pierres. La toiture achevée, à l'aide de cailloux, de mousses et de morceaux de peau, nous jointoyons les murs et établissons ensuite la porte. Elle est pratiquée à l'un des angles et précédée par un long couloir creusé dans le sol, couvert de blocs de glace et fermé par une peau d'ours. Une seconde peau, cousue au toit, fait l'office de porte à l'entrée de la pièce d'habitation.

L'abaissement de la température et les nuages de fumée produits par le fourneau de cuisine rendaient, pour ainsi dire, inhabitable la caverne dans laquelle nous étions blottis, en attendant l'achèvement de la hutte. Aussi, grande était notre impatience de nous installer dans notre maison qui, à nos yeux, présentait le suprême confortable.

Combien agréable serait notre existence, une fois que nous serions établis dans cette somptueuse demeure! L'appartement n'était pourtant guère spacieux. Sa longeur ne dépassait pas 3 mètres et sa largeur 2 mètres; mais je pouvais m'y tenir debout. Un pareil gîte, bien abrité du vent, nous semblait la plus luxueuse installation. Depuis notre départ du *Fram*, c'est-à-dire depuis six mois, jamais nous n'avions joui d'un tel confort. Mais, avant d'avoir terminé complètement notre abri, nous avions encore du travail pour plusieurs jours.

J'avais recueilli soigneusement une provision de nerfs de morse, dans la pensée de les utiliser en guise de fil. Nos vêtements étaient en lambeaux, et je comptais employer l'hiver à la réfection de notre garde-robe. J'avais laissé cette mercerie d'un nouveau genre près des carcasses; c'était compter sans les mouettes et les renards. Lorsque je voulus mettre à l'abri mes écheveaux de « fil », il était trop tard. Sans le moindre scrupule nos voisins s'étaient approprié notre bien. Pendant que j'étais occupé à inspecter les environs, espérant toujours retrouver cette provision, je découvris des traces fraîches d'ours. En même temps, j'aperçus Johansen qui arrivait en courant et qui me faisait des signes pour appeler mon attention dans la direction de la mer.

M'acheminant avec précaution de ce côté, je distingue un ours énorme. A notre vue, au lieu de prendre la fuite, il continue à se promener de long en large, en nous regardant. Aussitôt Johansen se porte sur le bord du fjord pour recevoir l'animal, tandis que je m'avance sur la banquise pour le tourner. Entre temps, maître Martin se couche tranquillement sur la glace, près d'un trou, sans doute pour guetter des phoques. Dès qu'il m'aperçoit, il se dirige de mon côté d'un air menaçant; réfléchissant sans doute qu'il est plus prudent de fuir, il s'engage sur une nappe de « jeune glace » très mince. Ne pouvant le suivre dans cette direction, je lui envoie une balle. L'ours, après avoir fait encore quelques pas, s'affaisse, en brisant la croûte de glace. Plus il fait d'efforts pour se dégager, plus le trou dans lequel il est enfoncé s'agrandit. Finalement le monstrueux animal, suffoqué et affaibli par une abondante perte de sang, s'enfonce dans les convulsions d'une atroce agonie.

Pendant cette chasse, à chaque instant des morses surgissent à travers les trous de la glace dans une attitude hostile. Ces animaux commencent à être beaucoup trop hardis. Un peu plus tard, au moment où nous nous disposons à haler à terre le cadavre de l'ours, il reçoit un choc violent. Au même instant, une énorme tête de morse pousse cette masse de chair flottante et se dresse à travers la crevasse en lançant un rugissement de colère. C'est une nouvelle preuve que ces animaux ne redoutent pas les ours. Après avoir passé une corde autour du cou de notre gibier, nous essayons sans succès de le haler vers la rive. Nous cassons alors la « jeune glace »; grâce à ce moyen, nous parvenons à amener cette bête monstrueuse près d'un bloc solide où nous la hissons.

Dans la soirée, nous surprenons trois autres ours en train de déguster, sans la moindre vergogne, nos provisions de lard et de graisse : une mère et ses deux enfants. « Allons-nous donner la chasse à ceux-là? » m'exclamai-je. Je me sentais alors très fatigué, et je dois avouer que j'avais beaucoup plus envie de souper et de dormir que d'aller courir à la poursuite de ces animaux. Aussi, sans aucun déplaisir, je vois la bande s'acheminer rapidement vers la banquise. Un peu plus tard, entendant de nouveau du bruit autour de nous, je sors aussitôt. Ce sont encore les trois ours. Ils n'ont pu résister à l'attrait de nos alléchantes provisions. Je m'embusque derrière des pierres, et, au passage, je canarde la mère de famille. Elle pousse un hurlement de douleur, mais ne s'achemine pas moins rapidement avec ses petits vers la plage où, finalement, elle s'affaisse. Les oursons s'arrêtent d'abord tout étonnés, puis, à notre approche, se sauvent sans que nous puissions arriver à portée.

Le lendemain matin, nous retrouvons ces animaux auprès de notre magasin. Cette fois encore, ils réussissent à nous échapper. Le sol est couvert de leurs pistes. Toute la nuit ils ont rôdé autour du campement, et, étrangers à tout sentiment, ont dévoré l'estomac de leur mère qui contenait quelques morceaux de lard.

Notre magasin attire évidemment tous les ours du voisinage. Le 28 septembre, nous trouvons un de ces plantigrades en train de ronfler devant notre dépôt. En se défilant derrière des pierres, Johansen parvient à quelques pas du dormeur. Entendant du bruit autour de lui, l'animal se réveille, et, au moment où il lève la tête pour examiner les environs, reçoit une balle dans la gorge. Cette blessure ne paraît nullement le gêner, et, d'un pas allègre, il se dirige vers la plage, en lançant à Johansen un regard méprisant tout à fait drôle. De suite nous partons à ses trousses. A peine s'est-il engagé sur la glace qu'il s'affaisse sous une grêle de balles. C'était un des plus grands ours que j'aie vus, mais aussi un des plus maigres. Soit sous la peau, soit autour des entrailles, il ne portait pas le moindre lambeau de graisse. Sans doute à jeun depuis longtemps, il avait absorbé une quantité incroyable de notre lard.

Avant de se livrer à cette orgie, cet animal avait tué les deux oursons qui nous avaient tenus compagnie les jours précédents. A quelque temps de là nous trouvâmes les cadavres des deux victimes. Les empreintes laissées sur la glace racontaient le drame. L'assassin avait d'abord poursuivi un des orphelins, et, après l'avoir tué, s'était rué sur l'autre. Plus tard il avait ramené leurs cadavres sur la plage où il les avait abandonnés sans y toucher.

Pourquoi avait-il commis ce crime? Je ne pus jamais le comprendre. Peut-être voyait-il dans ces deux oursons des compétiteurs dans le combat pour la vie.

Après toutes ces chasses heureuses, nous pouvions considérer l'avenir avec confiance. Nous ne courions plus le risque de mourir de faim.

Le 28 au soir, nous nous installons dans notre hutte. Pour

nous chauffer et pour nous éclairer, nous avions fabriqué de véritables lampes grönlandaises avec des feuilles de ferblanc repliées en soucoupes. Au milieu brûlaient les mèches formées par des morceaux de bandage provenant de notre pharmacie de voyage. La première nuit fut loin d'être bonne. Jusqu'ici nous avions toujours dormi, l'un contre l'autre, blottis dans un même sac. Pensant que nos lampes à huile de morse échaufferaient suffisamment la pièce, nous nous installâmes, séparément, sur le sol du gourbi, chacun avec une couverture. Mal nous en prit. Les lampes éclairaient brillamment, mais n'élevaient guère la température dans cette hutte très imparfaitement close, et toute la nuit nous claquâmes des dents. Jamais nous n'avions encore autant souffert du froid.

Le lendemain, pour ramener un peu de chaleur dans nos corps engourdis, nous absorbons une quantité énorme de bouillon d'ours. Après quoi, nous nous occupons d'installer une couchette plus confortable. L'expérience de la nuit dernière nous a guéris de l'idée de faire lit à part. Avec nos deux couvertures nous confectionnons un sac de couchage que nous étendons sur de moelleuses peaux d'ours. Mais il nous est impossible d'aplanir les pierres pointues qui constituent le matelas. Avec les instruments dont nous disposons, nous ne pouvons parvenir à les détacher du sol gelé ; tout l'hiver nous nous retournerons sans cesse sur notre lit, cherchant toujours un endroit un peu moins rugueux pour étendre nos membres endoloris.

Cet aménagement terminé, nous nous occupâmes de la construction d'un fourneau. Un trou dans le toit et une peau d'ours, en guise de tablier, composèrent toute l'installation intérieure. A l'extérieur, pour empêcher le vent de refouler la fumée dans la hutte, nous dressâmes une cheminée en glace et en neige, les seuls matériaux que nous ayons à notre disposition. Elle tirait parfaitement, mais avait l'inconvénient d'avoir besoin de fréquentes réparations. Sous l'influence de la chaleur de l'âtre, la glace fondait et parfois la cheminée devenait une gouttière. Il fallait alors nous transformer en fumistes et recommencer le travail. Aux endroits les plus exposés, afin d'assurer une plus grande stabilité à l'appareil, nous introduisîmes, au milieu de la neige, des os et même des quartiers de viande de morse gelée, en guise de briques.

Notre ordinaire était très peu varié. Tous les matins, du bouillon et du bouilli d'ours, et tous les soirs une friture d'ours. Malgré cette uniformité dans les menus, jamais nous ne nous lassâmes de cette cuisine et jamais nous n'éprouvâmes la moindre inappétence. Un régal pour nous, c'étaient les morceaux de graisse de morse qui avaient brûlé dans les lampes. C'étaient nos friandises, nos gâteaux comme nous les appelions. Si seulement nous avions eu un peu de sucre en poudre, combien meilleurs encore ils nous auraient semblé!

Les quelques provisions du *Fram* qui nous restaient, nous résolûmes de les conserver précieusement jusqu'au printemps pour nous alimenter pendant la retraite, et, afin de les protéger contre les déprédations des renards, nous les cachâmes soigneusement sous un amas de pierres.

Ces animaux étaient d'un sans-gêne extraordinaire et s'appropriaient tout ce qu'ils rencontraient. Déjà ils nous avaient dérobé des perches en bambou, des harpons, des lignes, enfin une collection de géologie. La perte la plus grande était celle d'une grosse pelote de fil dont nous pensions nous servir pour la confection de vêtements et de chaussures avec nos peaux d'ours. Heureusement, les voleurs avaient respecté le théodolite et mes autres instruments, sans doute parce qu'ils n'avaient pu les emporter. Je laisse à penser dans quelle colère j'entrai lorsque je découvris les méfaits de ces animaux. Pour essayer de retrouver les objets disparus, je suis les pistes des voleurs, lorsqu'à 6 ou 7 mètres de moi j'en aperçois un, tranquillement assis comme pour me narguer. A ma vue, il se met à pousser des glapissements si perçants que je suis obligé de me boucher les oreilles, et il ne prend la fuite que lorsque je le bombarde de pierres. Alors il se sauve lestement et va s'installer sur la paroi terminale du glacier, où il continue son concert lamentable. En revenant, je me creusai le cerveau pour trouver un moyen de nous débarrasser de ces voisins peu scrupuleux. Leur envoyer des balles, il n'y fallait pas songer. Notre provision de munitions était déjà trop entamée pour perdre des cartouches sur un pareil gibier. Nous songeâmes à fabriquer un piège, mais sans aboutir à

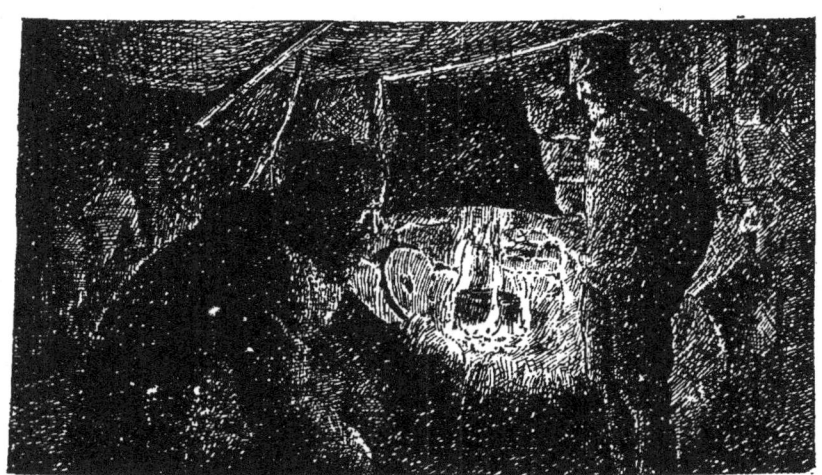

L'INTÉRIEUR DE NOTRE HUTTE

aucun résultat. Lorsque nous eûmes le temps de nous occuper de la construction d'une trappe, une épaisse couche de neige couvrait déjà le sol et nous empêchait de trouver des pierres suffisamment lourdes pour assurer son efficacité. Tout l'hiver les renards ne cessèrent de causer des déprédations à notre matériel. Un jour, ne nous dérobèrent-ils pas notre thermomètre enregistreur. Après de longues recherches, nous parvînmes à le retrouver, enfoui dans un amas de neige. Pour le préserver désormais, nous le plaçâmes par-dessous une grosse pierre. En dépit de cette précaution, les renards parvinrent à s'en emparer de nouveau ; cette fois, malgré tous nos efforts, nous ne pûmes remettre la main dessus.

...Le 15 octobre, le soleil se montre pour la dernière fois au dessus de l'horizon. Désormais, les jours décroissent rapidement ; bientôt commencera notre troisième nuit polaire.

Le 8 et le 21 octobre, nous tuons encore deux ours, les derniers de la saison.

Notre vie était très monotone. Les journées débutaient par la préparation du déjeuner, que nous avalions toujours avec appétit, puis nous prenions un peu d'exercice. Nos sorties étaient très courtes, ne possédant plus de vêtements pour supporter de pareils froids. Nos vestes, nos pantalons et nos jerseys n'étaient qu'une loque saturée d'huile et de graisse. Nous avions eu primitivement l'intention de nous refaire une garde-robe avec les peaux d'ours ; mais avant d'employer ces pelleteries, il était nécessaire de les nettoyer et de les faire sécher. Les premières peaux prêtes furent employées à la confection d'un nouveau sac de couchage. A cet usage passèrent toutes celles que nous eûmes le temps de préparer et durant l'hiver nous fûmes obligés de continuer à porter nos guenilles.

Le vent, presque toujours violent, rendait les promenades fort peu agréables. Souvent des journées entières s'écoulaient sans que nous ayons mis le nez dehors.

L'après-midi était consacrée à la préparation du dîner et la soirée à celle du souper. Une fois notre estomac satisfait, nous nous roulions dans notre sac pour tâcher de dormir le plus longtemps possible. Dormir et manger, voilà nos seules occupations. Somme toute, l'hiver se passait très agréablement. Grâce aux lampes, le thermomètre, dans la hutte, se maintenait aux environs du point de congélation, une température chaude pour des gens habitués à camper par 40° sous zéro !... Sur les murs l'humidité se déposait en magnifiques cristaux de glace d'une éblouissante blancheur, nous

NOS QUARTIERS D'HIVER

donnant l'illusion de dormir dans une grotte de marbre. Cette splendeur n'allait pas sans inconvénients. Lorsque la température de la hutte s'élevait, tout ce revêtement cristallin fondait et transformait notre lit en un bourbier.

Chacun de nous, à tour de rôle, avait sa semaine comme cuisinier. Aucun autre changement ne venait couper la monotonie de notre vie, et c'est par « semaine de cuisine » que nous comptions le temps.

J'avais espéré employer l'hiver à revoir mes observations et mes notes et à écrire une relation de notre voyage. De ce beau projet il n'advint pas grand'chose. Notre hutte ne constituait pas précisément un cabinet de travail commode ; on y voyait tout juste clair, et le sol hérissé de pierres pointues ne formait pas un siège confortable sur lequel on pût rester longtemps assis. De plus, j'éprouvais comme un engourdissement du cerveau et ne me sentais nulle envie de prendre la plume. Enfin, mes mains étaient couvertes d'une telle couche de crasse qu'elles noircissaient le papier et le tachaient de graisse. Les feuillets de notre journal pour cette époque semblent couverts du « caviar » de la censure russe.

Bien souvent, il m'est arrivé de ne pouvoir déchiffrer, le lendemain, mes notes de la veille, et, en écrivant ces pages, j'ai la plus grande difficulté à débrouiller ces hiéroglyphes maculés de suie et d'huile. J'ai beau me servir d'une loupe ; fréquemment mes efforts restent absolument infructueux.

Pour cette période, mon journal est très laconique ; des semaines entières je restais sans rien écrire, sauf les observations météorologiques. Du reste, je n'avais pas le moindre incident à consigner. Les jours succédaient aux jours dans la plus désespérante monotonie. Les extraits suivants de mon journal donnent une idée très précise de l'uniformité de notre vie pendant les neuf mois de notre séjour à la terre François-Joseph.

27 novembre. — Température : —23°. Tempête et tourbillons

de neige. Un rideau de profondes ténèbres nous enveloppe et nous sépare du monde extérieur. A peine pouvons-nous distinguer les pierres noires qui pointent à travers la neige blanche et la haute falaise dressée en mur vertical au-dessus de nos têtes.

Les rafales soulèvent des nuages de neige et bruissent tristement à travers les trous et les crevasses du basalte, et cela dure ainsi de toute éternité et cela durera jusqu'à la fin des siècles...

Au pied des rochers, deux hommes se promènent de long en large pour se réchauffer, deux ombres dans la noirceur infinie de la nuit hivernale, et cela durera ainsi jusqu'au printemps.

1er *décembre.* — Depuis plusieurs jours, temps magnifique. Nous ne nous lassons pas d'admirer ce monde de glace que la lune transforme en une terre de féerie. La falaise se dresse, toute noire dans un éblouissement de blancheur vague, précédée d'une plaine morte qui semble faite de marbre de Paros. Pas un bruit; les montagnes restent silencieuses dans leur carapace rigide, les eaux endormies sous leur nappe cristalline demeurent immobiles... et, dans cette nature vide la lune poursuit toujours sa course pacifique. Un monde mort à travers lequel l'esprit de l'espace flambe en fusées d'aurore boréale.

2 *décembre.* — Le vent souffle grand frais. Une promenade ne serait pas précisément agréable.

Dans la soirée, un renard nous dérobe la voile de notre *kayak*, un de nos biens les plus précieux. Elle seule peut nous conduire au Spitzberg? Comment diable cet animal a-t-il pu entraîner un aussi large morceau de toile épaisse qu'alourdit encore une couche de glace, et que voulait-il en faire?... Après de minutieuses recherches nous parvenons à trouver notre voile. N'importe! l'alerte a été chaude.

10 *décembre.* — Tempête. Johansen s'est aperçu aujourd'hui

de la disparition de son *kayak*. Plus tard, il le retrouve à plusieurs centaines de pas sur la plage. La brise l'avait enlevé et emporté jusque-là. Que les canots volent ainsi à travers les airs, cela commence à devenir singulier.

La nuit dernière, par contre, calme plat et température très douce. Par ce temps de printemps, la promenade est très agréable; depuis longtemps nous n'avons pu en faire une aussi longue. Un véritable plaisir que de pouvoir ainsi remuer de temps à autre. Sans cela, nous finirions par nous engourdir dans une rigidité absolue, comme la nature qui nous entoure. Température — 12°.

19 décembre. — De nouveau, temps froid — 28°,5. Noël approche. A la maison, tout le monde est occupé aux préparatifs de la fête. Ici, rien de semblable, pas le moindre remue-ménage. Passer le temps est notre seul souci; nous dormons le plus longtemps possible.

... La marmite chante gaiement sur le fourneau. En attendant le déjeûner, je reste assis devant le feu; tout en regardant la flamme, ma pensée s'envole loin... loin, très loin...

A la lumière de la lampe, elle coud. Auprès d'elle, une petite fille, blonde, aux yeux bleus, joue à la poupée. Elle regarde tendrement l'enfant, caresse ses cheveux, et, tout à coup, ses yeux débordent de larmes.

Johansen dort; dans son sommeil, il sourit. Pauvre ami, il rêve, sans doute, à la Noël, là-bas, et à tous ceux qu'il aime! Dors et rêve pendant l'hiver; un jour, enfin, viendra le printemps, la saison du réveil et de l'activité.

22 décembre. — Johansen nettoie notre chenil. Pour fêter la Noël, il veut l'approprier, tout au moins le débarrasser de tous les déchets qui souillent le sol.

... *24 décembre.* — Température à deux heures du soir —24°. Quelle triste veille de Noël!

Là-bas, les cloches sonnent gaiement... Il me semble entendre leur joyeux murmure à travers l'air froid et silen-

NOTRE HUTTE (31 DÉCEMBRE 1895)

cieux de la campagne endormie sous la neige... On vient d'allumer les chandelles des arbres de Noël; et autour les enfants dansent leurs rondes joyeuses... Quand je serai revenu, je donnerai une matinée d'enfants...

Là-bas, aujourd'hui, c'est fête, même dans les plus humbles chaumières. Et nous aussi nous voulons célébrer ce grand jour. Nous nous sommes débarbouillés dans une tasse d'eau chaude, et avons ensuite fait un bout de toilette. Nous avons retourné nos chemises et mis des caleçons propres. Après cela, nous avons l'impression d'avoir changé de peau. Pour la circonstance, nous avons fait une brèche à la petite provision de conserves que nous gardons pour la retraite. Le menu se compose d'un gratin de poisson et de farine de maïs, cuit dans de l'huile de morse; pour dessert, du pain frit dans cette même huile. Demain matin, à déjeuner, nous aurons du chocolat et du pain.

25 décembre. — Un temps de Noël superbe, pas de vent. Une lune éblouissante dans le silence solennel de l'éternité. Pour fêter ce jour de paix et de joie, l'aurore boréale lance le plus merveilleux feu d'artifice.

... Maintenant, voici l'heure des dîners de famille. Je vois le grand-père, toujours solennel, accueillant, le sourire aux lèvres, ses enfants et ses petits-enfants. Au dehors, la neige met sa ouate immaculée sur les bruits du monde. En arrivant, les enfants secouent bruyamment leurs souliers, suspendent leurs paletots, et entrent dans le salon chaud et éblouissant de lumière. Une agréable senteur sort de la cuisine; dans la salle à manger, la table est garnie de friandises et de vins généreux. Tout cela laisse une impression de joie et de bien-être! Patience, patience! vienne seulement l'été; nous aurons aussi notre part de joie... La marche à l'étoile est longue et difficile.

31 décembre. — Finie cette année étrange. Après tout, elle n'a pas été très mauvaise.

Là-bas, au pays, les cloches sonnent joyeusement le départ de la vieille année. Ici, point d'autre bruit que le mugissement du vent sur le glacier. D'épais nuages de neige tourbillonnent sur les montagnes et sur la banquise du fjord, et, à travers le poudroiement blanc, la pleine lune glisse, inconsciente du temps qui marche toujours. Impassible, elle continue sa course silencieuse, indifférente aux malheurs et aux joies des hommes.

Nous sommes isolés au milieu du terrible désert de glace, perdus à des milliers de kilomètres des êtres qui nous sont chers, et sans cesse nos pensées s'envolent vers le pays aimé. Une nouvelle feuille du livre de l'éternité est remplie, une autre s'ouvre. Que contiendra-t-elle ?

1er janvier 1896. — Le thermomètre marque 41°,5 sous zéro. Encore une nouvelle année, l'année de la joie et du retour au pays. Dans un clair de lune éblouissant a fini 1895, dans le même clair de lune éblouissant 1896 commence. Mais il fait terriblement froid. Jamais encore, cet hiver, nous n'avons subi pareille température. Je l'ai sentie hier cruellement par une douloureuse « morsure », qui m'a gelé l'extrémité de tous les doigts.

3 janvier. — Temps toujours très clair et température très basse. Le glacier mugit. Comme un géant de glace, il couvre la montagne et jusqu'à la mer étend ses membres rigides dans toutes les directions. Chaque fois que le temps devient froid, le monstre s'agite bruyamment. Par suite de la contraction produite par le froid, des crevasses s'ouvrent dans sa masse cristalline avec un fracas d'artillerie, l'air et le ciel tremblent, le sol même semble s'agiter. Par moment, j'en viens à craindre que tout cet entassement énorme de glace ne s'éboule sur nous.

Johansen fait résonner la hutte de ses ronflements bruyants. Je suis heureux que sa mère ne puisse le voir en ce moment. Elle aurait pitié de son garçon si sale, si déguenillé, le visage constellé de plaques de suie. Patience, vous le reverrez de nouveau sain et sauf, frais et rose.

8 janvier. — Terrible tempête. La nuit dernière, le vent a culbuté le traîneau dressé près de la hutte auquel sont suspendus nos thermomètres. Dès que nous mettons le nez dehors, nous avons la sensation de nous sentir enlevés par les rafales. Nous essayons de dormir; dormir tout le temps, tel est notre seul désir. Souvent, hélas! nos efforts restent infructueux. Oh! ces longues nuits sans sommeil pendant lesquelles nous nous retournons sans cesse sur notre lit de pierres, cherchant, sans jamais la trouver, une place un peu moins dure pour nos membres endoloris!

Un froid terrible envahit les jambes; durant des heures, nous frappons les pieds l'un contre l'autre sans parvenir à les réchauffer. Non, jamais je ne les oublierai, ces nuits atroces. Et, au milieu de ces souffrances, toujours nos pensées se reportent là-bas vers les nôtres.

Le temps marche toujours... Aujourd'hui Liv a trois ans. Elle doit être une grande fille. Pauvre petit être! Tu ne perdras pas ton père. A ton prochain anniversaire j'espère bien être avec toi. Ah! comme nous serons bons amis. Je te raconterai des histoires d'ours, de morses, de renards et de tous ces étranges animaux qui peuplent ces extraordinaires pays.

1er *février.* — Je souffre d'une nouvelle attaque de rhumatisme.

De jour en jour la lumière augmente; de jour en jour, l'horizon dans le sud devient plus en plus rouge. Bientôt paraîtra le soleil; bientôt la longue nuit de l'hiver sera passée. Le printemps approche. Souvent il m'a paru triste. Est-ce parce qu'il durait peu ou parce qu'il apportait des promesses que l'été ne réalisait pas? Sur cette terre et dans notre situation, le printemps ne sera pas triste; il tiendra sa promesse, il serait vraiment trop cruel à notre égard, s'il ne nous apportait pas la réalisation de nos espérances.

Une singulière existence que la nôtre dans ce trou de troglodyte et dans l'inaction la plus complète. Si seulement nous avions un livre! Comme la vie à bord du *Fram* nous paraît maintenant agréable, avec les ressources de notre copieuse bibliothèque. Johansen ne cesse de regretter un recueil de nouvelles de Heyse, dont la lecture l'avait charmé et qu'il n'avait pas eu le temps de terminer. Les tables de navigation et l'almanach sont les seuls livres que nous ayons à notre disposition. L'almanach, tant de fois je l'ai lu et relu que je sais par cœur toute la généalogie de la famille royale, toutes les instructions pour soigner les noyés et tout le *memento* du pêcheur. Quoi qu'il en soit, la vue de ces caractères imprimés est pour nous un réconfort; c'est le faible lien qui nous rattache encore à la civilisation.

Depuis longtemps, tous les sujets de conversation sont épuisés, force nous est donc d'en inventer de nouveaux. Un de nos plus grands plaisirs est de nous représenter la vie que nous mènerons l'an prochain à la maison, au milieu de toutes les bonnes choses dont nous avons désappris l'usage. Nous aurons une maison, des souliers, des vêtements, une bonne nourriture, des boissons réconfortantes. Fréquemment aussi, pour passer le temps, nous nous amusons à supputer la distance à laquelle la dérive a entraîné le *Fram* vers le nord, et les chances que nos compagnons ont de revenir avant nous. D'après nos prévisions, le navire devra atteindre, dans le courant de l'été prochain, l'Océan entre le Spitzberg et le Grönland, et probablement pourra rentrer en Norvège en août ou septembre[1]. D'autre part, il y a des chances pour qu'il soit arrivé avant nous. Que pensera-t-on alors de nous? A coup sûr tout le monde nous croira perdus.

Sans cesse également nous nous livrons à des conjectures

---

1. Une réflexion prophétique dont tous les lecteurs admireront l'exactitude.
(*N. du trad.*)

sur la position de la terre sur laquelle nous nous trouvons et sur la distance qui nous reste à parcourir. A plusieurs reprises, j'ai revu et vérifié toutes mes observations depuis notre départ, toujours pour n'aboutir à aucun résultat satisfaisant. Suivant toute probabilité nous devons être sur la côte ouest de la terre François-Joseph, un peu au nord du cap Lofley, sur quelque île entre cet archipel et le Spitzberg, probablement sur la fameuse terre de Gillies dont l'existence est restée jusqu'ici enveloppée de mystères. Mais la mer qui sépare le Spitzberg de l'archipel François-Joseph est relativement étroite, et dans cet espace il n'y a pas place pour une île étendue, à moins qu'elle n'arrive jusque dans le voisinage de la terre du Nord-Est[1]. Or, nous n'avons pu distinguer cette dernière terre, du moins jusqu'ici. Enfin, si nous nous trouvions près du Spitzberg, comment expliquer que l'on ne rencontre pas dans ce dernier archipel des mouettes de Ross, si abondantes dans la région où nous hivernons. Plus j'essaye de résoudre la question, plus elle me paraît insoluble.

Un peu plus tard, lorsque le jour devint plus vif, j'aperçus dans l'ouest-sud-ouest, en deux points de l'horizon, une île très éloignée. Cela devenait absolument incompréhensible. S'il était déjà difficile de trouver une place suffisante entre le Spitzberg et l'archipel François-Joseph pour les terres que nous avions découvertes, cela était presque impossible pour celle que nous découvrions maintenant. Cette côte lointaine, située sous le 81° de lat. N. environ, ne pouvait non plus appartenir à la terre du Nord-Est qui ne dépasse guère le 80°; peut-être est-ce une île voisine de cette terre? Si cette dernière hypothèse est exacte, nous n'avons plus

---

1. En comparant la carte représentant la terre François-Joseph, d'après Payer (page 341), et celle des pages 270-271, le lecteur comprendra la difficulté éprouvée par M. Nansen à s'orienter au milieu de l'archipel où il se trouvait.
(*N. du trad.*)

loin pour atteindre les eaux libres, et bientôt nous rencontrerons quelque chasseur de phoques norvégien qui nous rapatriera. Combien agréable sera le voyage sur le navire. Ce pauvre sloop nous apparaît dans notre imagination comme un splendide bâtiment offrant toutes les ressources du confort le plus raffiné. Souvent la pensée de la vie facile que nous mènerons à bord ranime notre courage et nous aide à passer moins tristement le temps.

Notre ordinaire n'est pas précisément celui de gourmets. Toujours de la chair d'ours et du lard de morse. Ce manque de variété dans l'alimentation nous paraît particulièrement pénible. Si seulement nous avions eu un peu de sucre et des farineux, notre régime nous eût paru de tous points excellent. Nous rêvons de biscuit, de pommes de terre et de bon pain frais. A notre retour, peut-être même dès que nous aurons rencontré le chasseur de phoques, comme nous rattraperons le temps perdu! Aura-t-il des pommes de terre? Aura-t-il du pain frais? Bast! s'il ne possède pas ces friandises, nous nous contenterons de son pain dur, et comme il nous semblera bon dans une friture!

A bord du chasseur de phoques nous pourrons trouver des vêtements propres... et des livres. Changer de vêtements, endosser du linge frais, c'est là notre désir de tous les instants. Nous sommes dans un état de saleté et de dénuement absolument lamentable. Quand nous voulons passer une heure agréable, nous nous imaginons dans une grande boutique, claire et pimpante, garnie de vêtements de laine neufs, propres et moelleux, parmi lesquels nous avons le droit de choisir. Des chemises, des gilets, des caleçons, de bons et souples pantalons, des jerseys commodes, des bas de laine, des feutres chauds... peut-on concevoir quelque chose de plus délicieux? Et après cela un bain turc! Côte à côte dans notre sac de couchage, nous parlons pendant des heures de toutes ces félicités qui nous paraissent irréalisables. Un jour viendra pourtant où nous pourrons jeter nos guenilles graisseuses qui semblent collées à notre corps.

Nos jambes souffrent particulièrement. A chaque mouvement que nous faisons, nos pantalons écorchent nos genoux. Pour nettoyer ces plaies et les empêcher d'être couvertes de graisse et d'huile, nous devons les laver constamment avec de la mousse ou un morceau de bandage imbibé d'eau que nous faisons chauffer à la lampe.

Jamais auparavant je n'avais compris l'importance du savon dans la vie de l'homme. Toutes nos tentatives pour enlever le plus gros de notre crasse demeurent infructueuses. L'eau n'ayant aucun effet sur cette graisse, nous nous récurons avec de la mousse mélangée de sable. Nous avons, heureusement, en abondance l'un et l'autre dans les murs de la hutte. Le meilleur procédé consistait à oindre nos mains de sang chaud et d'huile, puis à enlever cette couche à l'aide de frictions avec de la mousse. Nos mains devenaient alors aussi douces et aussi blanches que celles d'une jeune élégante. Lorsque nous n'avions pas à notre disposition cette « pâte » d'un nouveau genre, le moyen le plus simple et en même temps le plus efficace était de nous racler la peau avec un couteau.

S'il était difficile de nous débarrasser de la crasse huileuse qui recouvrait tout notre corps, il était absolument impossible de nettoyer nos vêtements. Sans le moindre succès, nous mîmes en œuvre tous les genres de lessive imaginables. Une fois, nous essayâmes du procédé employé par les Eskimos, quoiqu'il ne soit pas précisément très ragoûtant ; il n'aboutit non plus à aucun résultat satisfaisant. Une autre fois, nous fîmes bouillir nos chemises dans la marmite. Après une cuisson de plusieurs heures, nous les retirâmes aussi graisseuses qu'auparavant. Le raclage au couteau donna de meilleurs résultats. Nous prenions la chemise entre les dents, la tendions de la main gauche, et, de la droite armée d'un couteau, nous enlevions des couches de graisse qui venaient augmenter notre provision de combustible.

Nous étions couverts d'une longue chevelure et d'une barbe hirsute. Nous avions bien des ciseaux, mais nous n'avions garde de nous en servir. Dans notre délabrement, la barbe qui nous couvrait la gorge et les cheveux qui nous tombaient sur les épaules constituaient un supplément de vêtements très utile. Tout notre système pileux était, comme notre peau, noir comme du charbon. Dans nos faces de ramoneur, les yeux et les dents brillaient d'un éclat fantastique. Nous nous aperçûmes seulement de notre singulier aspect au retour du soleil. Jusque-là, dans l'obscurité de la nuit d'hiver, nous n'avions remarqué aucun changement dans nos physionomies respectives.

Étrange en vérité est notre vie. Si bien souvent elle met notre patience à une rude épreuve, elle n'est cependant pas aussi intolérable qu'on pourrait se l'imaginer. Tout bien considéré, nous n'avions pas lieu de nous plaindre; aussi, pendant tout l'hivernage, notre état moral fut-il excellent. Nous envisagions l'avenir avec sérénité, nous réjouissant à la pensée de toutes les félicités qui nous attendaient. Nous n'avions même pas recours aux disputes pour tuer le temps. C'est pourtant, assure-t-on, une rude épreuve pour deux hommes de vivre aussi longtemps ensemble dans un isolement complet. A notre retour, quelqu'un interrogea Johansen sur nos relations pendant l'hivernage : « Jamais, répondit Johansen, la moindre dispute ne s'est élevée entre nous. Seulement, j'ai la mauvaise habitude de ronfler, et lorsque j'étais trop bruyant, Nansen me donnait des coups de pied dans le dos. » Je dois le confesser, bien souvent j'ai administré à mon compagnon pareil traitement; à ma décharge, je dois ajouter qu'il était peu efficace. Johansen, dès que je le touchais, se retournait simplement de l'autre côté et se rendormait aussi profondément qu'auparavant.

Pour passer le temps, nous dormions le plus longtemps possible, souvent vingt heures sur vingt-quatre. Notre excellent état sanitaire pendant l'hivernage est la preuve que l'éclosion du scorbut n'est pas déterminée par le manque d'exercice, comme on le croit. Lorsque la lumière augmenta, et que la température devint moins basse, nous fîmes de plus fréquentes sorties. Ultérieurement, à l'approche du printemps, les occupations ne nous manquèrent pas pour préparer notre départ.

25 février. — Temps magnifique pour la promenade. Nous éprouvons comme une sensation de printemps. Aujourd'hui, nous avons vu les premiers oiseaux, deux vols de guillemots nains (*Mergulus alle*) venant du sud-est et se dirigeant vers le nord-ouest... Peu à peu, la lueur rose du soleil s'éteint dans une panne de nuages d'or et la lune se lève brillante. Je reste assis dehors, rêvant que je suis au pays un soir de mai.

29 février. — Le 26, nous pensions revoir le soleil; mais, ce jour-là, le ciel est resté couvert. Aujourd'hui l'astre radieux flamboie au-dessus du glacier. Maintenant il faut économiser notre graisse d'éclairage, afin d'en conserver une provision suffisante pour la retraite.

4 mars. — Ce matin, les crêtes et le glacier sont couverts de guillemots nains.

8 mars. — Nous avons tué aujourd'hui un ours. Il était temps, nos vivres et notre combustible commençaient à diminuer d'une manière inquiétante.

Pensant que ces animaux ne tarderaient pas à revenir bientôt, depuis quelques jours j'ai fait mes préparatifs pour les recevoir. J'ai reprisé mon surtout en toile et remis en état mes mocassins. Maintenant le gibier peut arriver, nous sommes prêts.

Ce matin, Johansen, qui est de semaine, nettoyait la hutte; il allait porter dehors les ordures, lorsqu'en soulevant la portière qui ferme l'entrée du couloir accédant à la cabane, il se trouve nez à nez avec un ours. Sans perdre de temps, il revient prendre son fusil en m'annonçant la bonne nouvelle. A peine s'est-il engagé dans le corridor qu'il rebrousse chemin immédiatement. L'animal, arrêté juste à l'entrée, essaie de pénétrer dans notre abri. Le couloir est très étroit ; impossible de se donner du champ pour tirer ; à tout hasard, Johansen lâche son coup de feu. Aussitôt après j'entends un sourd grognement et le craquement de la neige sous la chute d'une grosse masse. L'ours n'est que blessé, et, sans en demander davantage, prend de suite la fuite. Pendant ce temps, j'étais resté couché, occupé à la recherche d'un de mes bas. Dès que je suis parvenu à mettre la main dessus, je pars, à mon tour, à la poursuite de l'animal, mais j'arrive trop tard. Johansen lui a donné, affirme-t-il, le coup de grâce, et il va chercher le traîneau pour ramener sa prise. Afin de gagner du temps, je me dirige dans la direction indiquée par mon camarade pour commencer le dépècement. A quelques pas de là, que vois-je ? L'ours, soit disant mort, se promène allègrement sur la plage et se dirige vers la banquise. Immédiatement je m'efforce de lui couper la route dans cette direction. Devant cette manœuvre, la bête rebrousse chemin et commence l'escalade du glacier. Heureusement il ne marche plus que sur trois pattes ; tout à coup, il perd l'équilibre dans un éboulis de la montagne et dégringole la pente comme une énorme pierre blanche, pour venir mourir à mes pieds.

Pendant cette chasse soufflaient des rafales si terribles qu'à plusieurs reprises, il nous semblait que nous allions être culbutés par le vent. Heureusement la température était douce, seulement 2° sous zéro.

Le dépècement nous donna beaucoup de travail. Notre ours était si gros, qu'un seul homme pouvait à peine le remuer. Après avoir peiné pendant plusieurs heures, nous parvenons à le démembrer et à le couper ; une fois les quartiers de viande empilés sur le traîneau, nous nous acheminons gaiement vers l'habitation. Le halage d'un pareil poids contre le vent devient bientôt impossible, et force nous est d'abandonner dans une cache une partie de notre butin. Nous ne rentrons que très tard dans la nuit. Depuis longtemps nous n'avions pas eu un incident aussi mouvementé. Avec le produit de notre chasse nous aurons des vivres pour six semaines.

25 *mars*. — Au sud-ouest et à l'ouest, la couleur sombre du ciel annonce l'existence d'une grande étendue d'eau libre. Par suite de la douceur de la température, cette nappe doit exister depuis longtemps.

2 *avril*. — En me réveillant à huit heures du soir, j'entends un animal ronger quelque chose au dehors. Pensant que ce n'est qu'un renard, nous ne prêtons aucune attention à ce bruit. Plus tard, lorsque Johansen sort pour la lecture du thermomètre, il reconnaît de suite des traces d'ours. Après avoir fait le tour de la hutte, notre visiteur est venu flairer à la porte, puis a grimpé sur le toit pour aspirer par la cheminée l'agréable senteur d'une grillade de lard et l'arome de la chair humaine. Son inspection terminée, il s'est acharné sur une peau de morse pour enlever la graisse qui y est restée adhérente, et, cette collation terminée, s'est acheminé vers les carcasses abandonnées sur le rivage. Johansen me donne l'éveil au moment où il arrive près de ces débris. L'animal est si occupé à arracher les lambeaux de chair restés autour des os que je me glisse tout près de lui, sans qu'il prenne l'alarme. J'aurais pu le toucher du canon de mon fusil, quand, entendant le bruit de mes pas, il lève la tête et m'aperçoit. Immédiatement il lâche sa proie en me lançant un regard de défiance; au même instant, je lui envoie une décharge dans le nez. Après avoir secoué la tête, et vomi un flot de sang, notre ours s'enfuit, sans paraître le moins du monde gêné par ma balle. En toute hâte, je veux recharger; impossible d'extraire la douille. Pendant que je m'efforce de la faire

sauter avec mon couteau, l'animal s'arrête et, se tournant de mon côté, fait mine de vouloir m'attaquer. Enfin, je réussis à lui envoyer une nouvelle décharge, mais la bête a la vie dure. Il ne faut pas moins de cinq balles pour la tuer. Après chaque coup, il tombe, puis se relève immédiatement après.

Maintenant que nous avons des vivres et du combustible en quantité suffisante pour la retraite, nous commençons nos préparatifs de départ. Tout d'abord, nous nous confectionnons de nouveaux vêtements avec nos couvertures, et avec nos peaux d'ours, des gants, des chaussures et un sac de couchage. Pour ces travaux, nous nous sommes procuré le fil nécessaire en effilant la toile de plusieurs sacs. Du matin au soir, sans trêve ni repos, nous tirons l'aiguille. La hutte est maintenant transformée en un atelier de tailleur et de cordonnier. Tout en travaillant, sans cesse nous songeons au pays et faisons des plans de voyage. La persistance des taches sombres dans le ciel est un indice favorable ; très certainement une grande nappe d'eau doit se trouver dans le sud-ouest. Nous pourrons donc faire en *kayak* une bonne partie du trajet jusqu'au Spitzberg.

Les visites presque quotidiennes de pétrels arctiques (*Procellaria glacialis*) et de pagophiles blanches (*Larus eburneus*) sont également un indice du voisinage de l'eau libre. Les premières pagophiles blanches arrivèrent le 12 mars et, de jour en jour, devinrent plus abondantes. Les mouettes bourgmestres (*Larus glaucus*) étaient également très nombreuses. Sans manifester la moindre crainte, elles venaient s'installer sur le toit de notre habitation et picoraient tous les détritus et tous les morceaux de viande ou de lard qu'elles trouvaient aux alentours. Pendant l'hiver, les renards avaient fait un continuel sabbat au-dessus de nos têtes. Loin de nous importuner, ce bruit nous était agréable. Il rendait notre solitude moins pénible et nous rappelait la présence d'êtres vivants à côté de nous. Parfois, lorsqu'à moitié endormis, nous entendions ces animaux sauter au-dessus de nos têtes, nous avions l'illusion de nous croire dans un bon lit, et nous nous imaginions que le tumulte provenait des rats qui se livraient à une sarabande dans le grenier de la maison. Lorsque le jour revint, les renards disparurent pour aller s'établir sur les rochers voisins, où la présence de milliers de guillemots leur assurait une vie facile. Les mouettes les remplacèrent sur notre toit, sans nous apporter les agréables illusions que nous avaient causées leurs prédécesseurs. Souvent ces oiseaux étaient si bruyants qu'ils nous réveillaient. Pour avoir un peu de tranquillité, nous devions les effrayer en frappant sur le toit, ou même en sortant brusquement de notre abri, mais, dix minutes plus tard, ils revenaient à leur place favorite.

3 *mai*. — Les visites d'ours deviennent de plus en plus fréquentes. Le 18 avril, nous en avons vu un se promener sur la plage. Le lendemain, un second est venu rôder autour de la hutte. Aujourd'hui, Johansen réussit à abattre un de ces animaux, et la nuit dernière, deux plantigrades ont inspecté notre dépôt. A la vue du traîneau dressé en l'air qui nous sert de cage aux thermomètres, ils ont pris prudemment la fuite.

Le 9 mai, pendant notre déjeuner, nous entendons au dehors les pas d'un ours. Craignant qu'il ne vienne à dévorer notre provision de graisse, nous nous décidons à le tuer. Dorénavant nous n'abattrons ces animaux que lorsqu'ils s'attaqueront à nos magasins. Nous avons plus de vivres qu'il ne nous est nécessaire, et il est prudent de ménager nos cartouches. Quel malheur de ne pouvoir emporter toutes ces belles peaux !

L'heure du départ est proche et chaque jour nous travaillons avec ardeur à nos préparatifs. La réfection de notre vestiaire terminée, nous abandonnons avec regret nos guenilles, comme lorsque l'on se sépare de vieux serviteurs. Elles nous ont rendu de si grands services! Ces haillons sont telle-

JOHANSEN TRAVAILLANT ASSIS DANS LE SAC DE COUCHAGE

ment saturés d'huile qu'ils pèsent, au moins, le double ou le triple de leur poids primitif. Si on les tordait, ils laisseraient écouler de quoi remplir une petite lampe. Quelle agréable sensation d'enfiler un pantalon neuf, souple et relativement propre.

16 *mai*. — Encore des ours, une mère et son enfant. Nous avons une telle abondance de vivres, qu'il est absolument inutile de tuer ces animaux, mais il sera amusant de les approcher pour observer leurs allées et venues, et, en même temps, utile de les effrayer pour qu'ils nous laissent en paix la nuit prochaine. A notre vue, la mère se met à grogner, et de suite bat en retraite, poussant devant elle son enfant. De temps à autre, elle s'arrête pour se retourner et observer notre marche. Une fois sur le bord du fjord, la famille s'engage lentement au milieu des *hummocks*, la mère en tête frayant le passage à son nourrisson. Sur ces entrefaites j'arrive à quelques pas de la petite troupe ; aussitôt l'ourse se dirige de mon côté dans une attitude menaçante, approche tout près de moi, renifle bruyamment, et ne se retire qu'après s'être assurée que sa progéniture a maintenant un peu d'avance. Immédiatement je repars en avant, et, en quelques rapides enjambées, rejoins l'ourson. La mère recommence alors la même manœuvre pour dégager son petit et assurer sa retraite. Elle a évidemment le plus vif désir de se jeter sur moi, mais avant tout elle songe à la sécurité de son enfant, et, dès qu'il a gagné un peu de terrain, elle repart. Une fois arrivée sur le glacier, la mère passe en avant pour montrer le chemin à son enfant. La pauvre petite bête ne pouvant marcher rapidement dans la neige, elle le pousse devant elle, tout en surveillant attentivement mes pas et démarches. Sa sollicitude maternelle est vraiment touchante.

Une activité fébrile règne dans la hutte. Nous brûlons du désir de nous mettre en route, et nos préparatifs sont loin d'être terminés. Ah ! si nous avions seulement à notre disposition les magasins du *Fram*. A bord, deux ou trois choses seulement manquaient; ici, en réalité, tout nous fait défaut. Nous sommes réduits aux seules ressources de notre ingéniosité. Que ne donnerions-nous pas pour une boîte de biscuits de chiens, dont il y a tant à bord ? Où trouver tout ce dont nous avons besoin ?

« Pour une expédition en traîneau, on doit se munir de vivres nourrissants sous un petit volume, variés autant que possible, de vêtements tout à la fois chauds et légers et de véhicules solides et pratiques. » Ainsi s'exprime le *Manuel de l'explorateur arctique*. Le trajet qui nous reste à parcourir est relativement court, il est vrai; néanmoins il est nécessaire de prendre certaines mesures de précaution.

Au début de l'hiver, nous avions enterré le restant de nos conserves en vue du voyage de printemps. Aussi, en ouvrant le précieux dépôt, quelle n'est pas notre déception de trouver toutes ces excellentes provisions gâtées par l'humidité. Notre farine, notre excellente farine, est moisie, le chocolat complètement dissous et le pemmican corrompu. Nous sommes obligés de tout jeter, sauf une petite quantité de farine de poisson, et quelques morceaux de pain moisi. Pour le sécher et en même temps pour le rendre plus nourrissant, nous le faisons bouillir dans l'huile. Après cette préparation, il devint excellent, et, dans les grandes occasions ou lorsque les autres vivres vinrent à nous manquer, ce fut pour nous un précieux régal. Le temps est malheureusement trop humide et trop froid pour préparer de la viande séchée avec la dépouille de nos ours. Il faut donc nous décider à emporter, comme vivres de campagne, autant de viande et de lard crus que nos embarcations pourront en contenir.

Notre matériel de cuisine est très primitif; il consiste tout simplement en un pot que nous faisons chauffer sur une sorte de brasero, alimenté avec de l'huile de morse. Pour transporter ce combustible, nous emporterons trois boîtes qui ont précédemment contenu du pétrole. Si ces provisions de bouche et de chauffage ne sont pas précisément légères, elles offrent l'avantage de pouvoir être remplacées en cours de route.

Sans aucun doute nous rencontrerons en abondance ours, morses et phoques, dans la région que nous allons parcourir.

Nos traîneaux, que nous avons dû couper pour pouvoir les charger facilement sur les *kayaks*, sont maintenant très incommodes pour le transport des embarcations. Sur ces véhicules, les canots ne se trouvent plus soutenus que dans leur partie médiane et leurs extrémités heurteront à chaque pas les aspérités de la glace. Si, dans notre trajet vers le Spitzberg nous avons la mauvaise chance de trouver la mer fermée et d'être obligés de haler les *kayaks* à travers la banquise, ils pourront subir des avaries qui peut-être seront irréparables. Pour les protéger, nous les enveloppons de peaux d'ours et élevons le siège des traîneaux, afin qu'ils soient moins exposés aux chocs contre les protubérances de la glace. Malheureusement, pour ce travail d'emballage, les cordes nous font défaut; non sans peine, nous réussissons à les remplacer par des lanières en peau d'ours et de morse.

Nous avions refait, ai-je déjà dit, notre vestiaire. Très inexpérimentés dans l'art de la coupe et de la couture, nous dûmes consacrer un temps très long à ce travail. Peu à peu, nous devînmes plus adroits ; finalement, le résultat de nos efforts fut très satisfaisant. Nos vêtements avaient fort bon air, et nous paraissaient presque élégants. Pour leur conserver leur fraîcheur, nous les gardâmes précieusement pour ne les revêtir que le jour du départ. Johansen parlait même de ne mettre les siens que lorsque nous arriverions en vue d'un pays habité. « Je conserverai mes habits neufs jusqu'au jour de notre retour en Norvège ; à aucun prix je ne veux débarquer dans une tenue de pirate, disait mon excellent camarade. »

Restait maintenant à nous confectionner une tente. Après la campagne de l'an dernier, celle que nous avions emportée n'était plus qu'une loque que, pendant l'hiver, les renards avaient achevé de mettre en pièces. Pour nous abriter, nous imaginâmes de dresser nos traîneaux face l'un à l'autre et, sur ces piliers d'un nouveau genre, de placer les *kayaks* à hauteur d'homme. Autour on entasserait des murs de neige et on couvrirait le tout de nos deux voiles étendues sur les *ski* et les bâtons. Grâce à cette combinaison nous pûmes nous ménager une sorte de tente. Elle était loin d'être confortable, surtout pour les chasse-neige, mais c'était au moins un abri.

La partie la plus importante de notre équipement consistait dans nos armes à feu. Nous les avions heureusement conservées en bon état. Avant le départ, nous les astiquons et les huilons; pour les tenir propres pendant le voyage, il nous reste encore une petite provision de vaseline. Nous possédons cent cartouches à balle et cent cinquante à plomb. Avec un pareil stock de munitions, nous pourrions encore passer plusieurs hivers sans crainte de mourir de faim et de froid.

CHAPITRE XI

LE RETOUR

Le 19 mai, nous sommes enfin prêts pour le départ. Avant de quitter nos quartiers d'hiver, je prends une photographie de la hutte, et dépose dans notre abri un procès-verbal sommaire de l'expédition, enfermé dans un tube en métal soigneusement bouché.

Depuis longtemps nous avons perdu l'habitude de la marche et du halage des traîneaux. Aussi, pour ne pas nous exténuer dès le début et pour nous entraîner peu à peu, faisons-nous une étape très courte. Quelle joie d'être maintenant en route pour le pays !

Le lendemain également, nous ne marchons que quelques heures, nous dirigeant vers le promontoire situé au sud-sud-ouest. Tout l'hiver nous l'avons considéré comme une terre promise ; c'est notre cap de Bonne-Espérance. Là, en effet, nous serons fixés sur notre position ; là, d'après l'orientation des lignes de côtes, nous pourrons reconnaître si nous sommes sur l'archipel François-Joseph ou sur une terre située plus à l'ouest. La terre file-t-elle vers le sud-est, c'est que nous nous trouvons au nord du cap Lofley ; si, au contraire, elle se dirige vers le sud-ouest, nous sommes sur une île inconnue, située plus à l'ouest, près de la terre de Gillies. Au delà de ce cap, nous espérons rencontrer une mer moins encombrée de glace et pouvoir avancer rapidement.

Le 21 mai, en effet, du sommet de ce promontoire nous distinguons au sud une vaste étendue d'eau libre, et, en même temps, deux nouvelles terres, toutes deux entièrement couvertes de neige et de glace. La plus grande est située au S. 40° O. ; l'autre au S. 85° O. A mon grand regret, je ne puis reconnaître distinctement la direction de la côte au sud de ce cap. Impossible par suite d'établir avec certitude notre position. Quoi qu'il en soit, nous sommes satisfaits. L'eau libre n'est plus loin ; très prochainement, nous pourrons mettre à l'eau les *kayaks* et naviguer vers la patrie aimée.

L'heure de la délivrance approche! Hélas! la vie de l'explorateur arctique n'est faite que de désillusions. Le lendemain, une terrible tempête de neige nous oblige à rester immobiles sous la tente. Tandis que je prépare le déjeuner, un ours passe à vingt pas de nous, en nous regardant et en contemplant les canots. Comme nous sommes placés à faux vent, l'odorat ne peut lui révéler la nature comestible des êtres qui se trouvent devant lui. Il file donc tranquillement son chemin et nous n'avons garde de le troubler. Nous avons des vivres en quantité suffisante.

23 *mai*. — Toujours mauvais temps. Néanmoins, nous allons reconnaître le terrain en avant, afin d'atteindre le plus rapidement possible l'eau libre. Après quoi, pour rendre étanche la coque des *kayaks*, nous la recouvrons d'une couche de stéarine.

Le lendemain, nous nous dirigeons vers une île située dans l'ouest à travers la banquise qui la réunit pour le moment au continent. Le vent soufflant de l'est, nous hissons une voile au-dessus de nos traîneaux, et, sur la surface unie de la glace, les véhicules glissent rapidement.

Jamais donc nous ne pourrons avoir un instant de tranquillité ! Aux approches de la terre, le vent se lève tout à coup du sud-ouest en tempête. En toute hâte il faut abattre la voilure ; pour atteindre l'île, nous avons maintenant à lutter contre un ouragan terrible. La banquise est très accidentée, hérissée d'arêtes et découpée de crevasses masquées par une perfide couche de neige. Soudain j'enfonce dans une de ces ouvertures. J'essaie de sortir du gouffre, tous mes efforts demeurent inutiles. Les *ski* paralysent mes mouvements, tandis que la bretelle du traîneau m'empêche de me retourner. Heureusement, en tombant, j'ai enfoncé solidement mon bâton ferré dans la glace, et avec l'autre bras je fais un rétablissement sur le bord opposé de la crevasse. Dans cette position, j'attends l'arrivée de Johansen. Très certainement il m'a vu tomber et va accourir promptement à mon aide... Quelques minutes se passent, mon camarade n'apparaît pas. Mon bâton cède et peu à peu je commence à enfoncer dans l'eau glacée. Je pousse un premier appel ; pas de réponse. Je lance un second cri ; quelques secondes après, j'entends enfin au loin la voix de mon camarade. Pendant ce temps, j'enfonce de plus en plus, l'eau me monte jusqu'à la poitrine ; encore quelques minutes, peut-être quelques secondes et j'aurai disparu. Enfin, Johansen arrive et me tire de cette terrible situation. Occupé à plier la voile de son traîneau, il ne s'était aperçu de ma disparition que lorsqu'il avait entendu mon cri d'alarme. Maintenant nous voici dûment avertis.

Finalement nous réussissons à atteindre notre île, où le bivouac est établi dans un emplacement suffisamment abrité. A notre grand étonnement, nous y rencontrons de nombreux troupeaux de morses échelonnés sur le bord des crevasses. Nous avons des vivres en abondance, inutile donc de troubler leur agréable quiétude.

Les jours suivants, la tempête nous obligea encore à rester immobiles.

VUE PRISE A LA TERRE FRANÇOIS-JOSEPH

EN ROUTE VERS LE SUD (MAI 1896)

26 *mai*. — Hier et aujourd'hui, nous sommes bloqués par le mauvais temps près du glacier situé sur la côte septentrionale de l'île. La neige est si détrempée que toute marche serait impossible. Espérons que l'eau libre n'est plus loin et que nous pourrons l'atteindre promptement.

Le 28 seulement, nous pouvons nous remettre en marche vers le sud. Entre notre île et la grande terre située plus à l'est s'ouvre un large bassin, entièrement dégagé par suite

A LA VOILE SUR LA BANQUISE

d'un courant très violent, déterminé, sans doute, par le manque de fond.

Autour de cette nappe, deux ou trois groupes de morses sont couchés sur la glace. Armé de mon appareil photographique, je me dirige vers eux, en me défilant derrière un monticule. Lorsque j'arrive à 6 ou 7 mètres de la bande, une femelle plonge, suivie de son petit. En dépit de mes cris, les autres ne jugent pas nécessaire de bouger. Johansen leur jette des boules de neige et des morceaux de glace; les énormes bêtes, toujours immobiles, s'amusent à enfoncer

UN CAMPEMENT A LA TERRE FRANÇOIS-JOSEPH

leurs défenses dans les projectiles et à les flairer. Je me dirige alors droit vers elles; elles se mettent alors en mouvement, mais une seule se décide à se jeter à l'eau, pour remonter presque aussitôt après sur la glace. J'avance de trois pas. Deux énormes morses lèvent une ou deux fois la tête pour jeter un regard de dédain sur le visiteur qui ose s'approcher d'eux, puis se rendorment. Après avoir pris un instantané de cette scène, je me risque à chatouiller le museau de ces monstres avec mon bâton ferré; alors seulement ils sortent de leur engourdissement. Avant de m'en aller, je pique le monstre le plus voisin; aussitôt il se lève et se met à pousser des rugissements formidables, en me regardant de ses grands yeux ronds étonnés. Après cela, bien tranquillement, il se gratte le derrière de la tête, puis se recouche. Lorsque nous partons, tous se sont de nouveau étendus, formant sur la glace d'énormes monceaux de chair.

Une fois arrivés au sud de l'île, une tempête de neige nous arrête de nouveau. L'horizon est absolument bouché; impossible de faire route.

31 mai. — Pour passer le temps, je vais faire un tour dans l'intérieur de l'île. Partout de petites plaines de graviers et d'argile, et partout de nombreuses pistes d'oies. Il y a même des débris de coquilles d'œufs de ce palmipède. Je donnai par suite à notre découverte le nom d'île des Oies. Jackson, qui avait aperçu cette terre au printemps 1895, l'avait appelée île Mary-Élizabeth, dénomination que nous avons adoptée sur notre carte.

2 juin. — Dans la soirée, le vent tombe un peu et le soleil jette bientôt un radieux éclat, un rayon d'espérance. Là-bas, en Norvège, la nature s'épanouit à la gaieté de la lumière et des fleurs, tandis que nous sommes encore enfouis sous des monceaux de neige. Quand cela finira-t-il? Bientôt, soyons-en persuadés tout au moins. Si seulement je savais le *Fram* en sûreté ! S'il est déjà arrivé, quelle tristesse et quelles angoisses pour les êtres chéris qui nous attendent !

3 juin. — En route de nouveau. Le vent d'ouest a chassé vers la terre une nappe de glace. Maintenant plus la plus petite nappe d'eau libre ! Il faut recommencer le pénible halage des *kayaks* à travers la banquise, et dans quel état est-elle ! Partout très mince et très disloquée, et couverte d'une couche d'eau. Les *ski* et les traîneaux enfoncent dans cette bouillie glaciaire et seulement, après un labeur excessif, nous parvenons à atterrir au cap Fisher, un escarpement de basalte absolument perpendiculaire, habité par une colonie innombrable de guillemots nains. Un peu plus loin une troupe de pétrels arctiques (*Procellaria glacialis*) couve sur un rocher.

Nos provisions sont maintenant très réduites et nous désirerions vivement rencontrer un ours pour renouveler notre garde-manger, mais ces animaux semblent, depuis quelque temps, avoir disparu. Force nous est donc de nous rabattre sur des oiseaux. Les guillemots s'obstinant à rester hors de portée, nous devons nous contenter de deux pétrels, une chair qui n'est pas précisément succulente, du moins pour des gens habitués aux délicatesses de la vie civilisée. Sur ces entrefaites, nous apercevons un troupeau de morses. C'est pour nous la vie assurée. Comme d'habitude, ces animaux, mollement étendus sur la glace, ne prêtent pas la moindre attention à notre venue, et nous pouvons en tuer un sans qu'il ait fait la moindre tentative d'évasion. Les autres, nullement émus par cet incident, lèvent un instant la tête, puis se rendorment.

Nous ne pouvons procéder au dépècement de notre prise au milieu de ces énormes bêtes. Avant tout, il faut faire déguerpir ses voisins qui, à un moment donné, pourraient devenir gênants. L'opération n'est pas précisément facile. Nous poussons les cris les plus variés; les morses nous regardent curieusement sans bouger. Nous les frappons avec nos patins; ils entrent alors en fureur, battent la glace de leurs défenses acérées, sans jamais se décider à décamper. Enfin, en les piquant et en les rouant de coups, absolument comme des ânes rétifs que l'on veut faire avancer, nous réussissons à mettre la troupe en marche et à la pousser à la mer.

A peine sommes-nous au travail, que les morses reviennent à la charge. L'un après l'autre ils arrivent sur le bord de la glace, et, s'aidant de leurs défenses, s'élèvent sur la rive en poussant des grognements absolument terrifiants. Un instant après, ils apparaissent à la surface de la crevasse ouverte tout près de nous et s'élancent à moitié hors de l'eau, en nous regardant fixement comme pour nous demander une explication de notre conduite.

Après avoir fait une ample provision de viande et de lard, nous préparons un fin régal, un ragoût au sang de morse; puis, ainsi réconfortés, nous reprenons le collier de misère. Heureusement le vent est favorable, toute la nuit nous pouvons faire usage de la voile pour aider au progrès des traîneaux.

Quelques heures plus tard nous avons la grande joie d'atteindre la mer libre devant une île presque entièrement couverte de glaciers; en un ou deux points seulement émergent des affleurements de basalte. Sur ces courants de glace apparaissent plusieurs moraines.

L'eau grouille de guillemots, de mouettes tridactyles; un peu plus loin passe un vol d'eiders. En présence de cette animation de la nature, nous avons l'impression d'être arrivés dans un pays civilisé.

Quelques heures plus tard, le passage nous est de nouveau fermé dans le sud par une proéminence de la banquise côtière. Vers l'ouest, au contraire, la mer est libre. Ici se pose un grave problème. Quelle direction allons-nous prendre? Devons-nous faire route vers l'ouest, et nous diriger vers le

Spitzberg, ou bien devons-nous poursuivre notre chemin vers le sud ? Tout bien considéré, je me décide pour ce dernier parti. Au sud des îles que nous apercevons, la mer est libre ; peut-être de ce côté, trouverons-nous une route plus directe vers le Spitzberg.

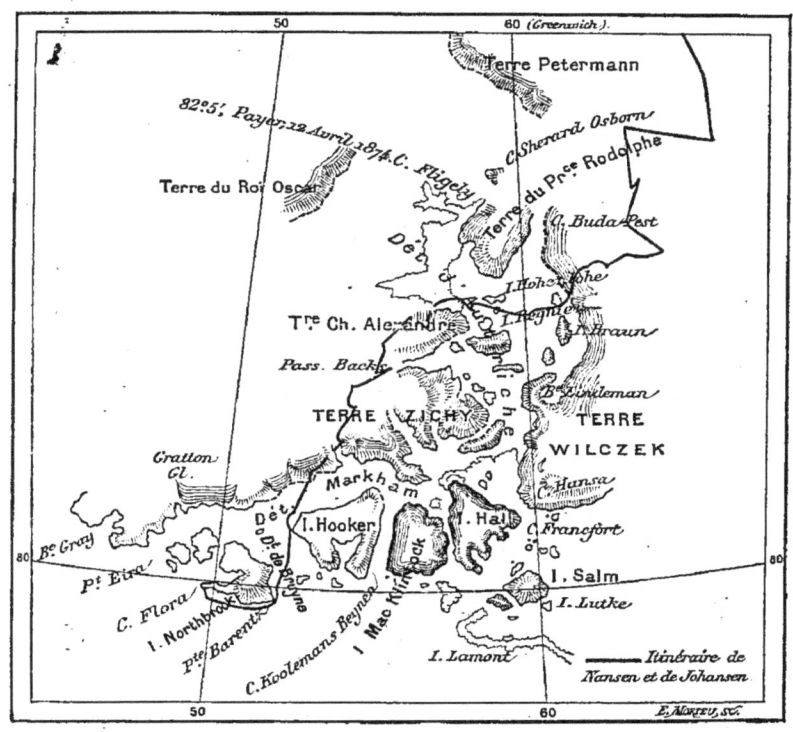

CARTE DE LA TERRE FRANÇOIS-JOSEPH, D'APRÈS PAYER

Dans la matinée du 5 juin, le campement est établi à la base méridionale du cap Richthofen.

Le lendemain, brume et brise de nord très fraîche. Dans ces conditions, je prends le parti d'avancer vers le sud à travers la banquise côtière. Les voiles sont hissées sur les traîneaux, nous chaussons nos *ski*, et, tenant en mains le timon des véhicules, nous nous laissons glisser sur la surface unie du *pack*. Poussés ainsi par le vent, nous traversons le large détroit qui nous sépare de l'île.

Le 8, au milieu de la banquise, nous sommes arrêtés par une furieuse tempête. Impossible de me reconnaître au milieu des nombreuses îles qui nous entourent.

A cette date, mon journal porte la note suivante : « Tous les jours nous découvrons de nouvelles terres dans la direction du sud. Vers l'ouest, nous sommes en vue d'une grande île qui paraît avoir une extension notable dans le sud. » Elle est entièrement couverte de neige et de glace; pas le plus petit pointement rocheux ne perce cette nappe immaculée. Ne l'ayant qu'entrevue dans des éclaircies, nous ne pouvons nous rendre compte de son étendue. Elle paraît très basse et beaucoup plus grande que toutes les autres terres rencontrées jusqu'ici. Dans l'est, c'est un dédale inextricable d'îles, de détroits et de fjords. Nous avons relevé les contours de ces côtes aussi exactement que cela nous a été possible, sans cependant parvenir à nous éclairer sur notre position. Il paraît y avoir là un archipel composé de petites îles.

La banquise est maintenant beaucoup moins épaisse que celle rencontrée plus au nord, près de nos quartiers d'hiver; de plus, elle est recouverte d'une épaisse couche de neige; autant de conditions peu favorables pour le traînage. L'adhérence de la neige aux patins ralentit la marche. Néanmoins, toute la journée du 9 juin, grâce au vent toujours favorable, nous pouvons faire bonne route.

Aux approches d'une île, au moment où nous filions à toute vitesse, Johansen et son traîneau s'affaissent subitement, et, non sans difficultés, mon camarade parvient à rebrousser chemin sur une partie plus résistante de la banquise. Averti par cet incident, j'examine la neige; elle a fort mauvaise apparence, elle semble toute imprégnée d'eau et mes *ski* commencent à enfoncer. Je n'ai que juste le temps d'enrayer pour éviter de culbuter à mon tour. La voilure est aussitôt amenée; avant de pouvoir la hisser de nouveau, nous devons faire un long détour vers l'ouest, afin de trouver une glace suffisamment solide.

Le lendemain, l'état de la neige est encore très défavorable. Quoi qu'il en soit, grâce à la brise toujours favorable, nous filons vers le sud encore plus rapidement que la veille.

La terre située à l'est paraissant s'infléchir vers le sud-est[1], nous mettons le cap sur la partie la plus méridionale d'une île visible dans le sud-ouest[2].

La situation devient palpitante. Aujourd'hui nous avons parcouru environ 14 milles; nous sommes, d'après une observation, par 80° 8′ de Lat. N., et des terres nouvelles apparaissent encore dans le sud. Si elles s'étendent très loin dans cette direction, nous ne sommes pas certainement sur l'archipel François-Joseph, comme je l'ai cru jusqu'ici. Toutefois, dans le sud, la ligne des côtes semble s'infléchir vers l'est, et, par suite, concorder avec les contours du détroit de Markham, sur la carte de Leigh Smith. Nous avons donc dû suivre quelque bras de mer demeuré inaperçu de Payer; par suite, notre longitude ne doit pas être entachée d'une grande erreur. Mais non, à la réflexion, il est impossible que nous ayons passé devant le glacier de Dove et l'archipel qui l'entoure, sans les voir. Nous devons nous trouver sur une terre entre la terre François-Joseph et le Spitzberg.

Nos provisions sont maintenant presque épuisées. Nous n'avons plus de vivres que pour un jour, et sur cette banquise sans la moindre nappe d'eau, ni ours, ni phoque, ni oiseau. Combien de temps cela va-t-il durer? Si bientôt nous ne rencontrons pas un bassin d'eau libre où nous pourrons trouver du gibier, notre position deviendra terrible.

12 juin. — A quatre heures du matin nous partons, les voiles hissées sur les traîneaux. La gelée de la nuit dernière

---

1. L'île de Hooker.
2. L'île de Northbrook.

NANSEN REPOUSSANT L'ATTAQUE D'UN MORSE

a durci la neige; aussi, poussés par la brise, espérons-nous avancer rapidement et facilement.

La veille, une éclaircie nous a permis de reconnaître les terres avoisinantes. Pour atteindre la pointe méridionale de l'île située dans l'ouest, nous devons mettre le cap un peu plus à l'ouest que les jours précédents. Les terres jusque-là visibles dans l'est ont maintenant disparu et, de l'autre côté, s'ouvre un large détroit[1].

Entre temps la brise a molli et la glace est devenue très accidentée. Nous nous trouvons maintenant sur un *pack* formé de *drift ice*[2] dont la traversée est très difficile.

La couleur foncée du ciel indique l'existence d'eau libre dans le sud, et, à notre grande joie, nous entendons le bruit du ressac. A six heures du matin, nous faisons halte. Du sommet d'un *hummock*, où je me suis installé pour prendre une observation de longitude, j'aperçois, à une petite distance, une nappe d'eau s'étendant vers le sud-ouest.

Bien que le vent souffle maintenant de l'ouest, nous espérons pouvoir faire voile le long de la banquise et, dans cette pensée, nous nous dirigeons immédiatement vers l'eau libre. Bientôt nous sommes à la lisière de la glace. Une fois encore nous voici devant la mer vivante et animée. Quel plaisir d'entendre son joyeux clapotis, après l'avoir vue si longtemps inerte sous une lourde carapace cristalline. Les *kayaks* sont lancés, attachés bord contre bord, la voile hissée, aussitôt après, en route!

Notre espoir n'a pas été déçu. Toute la journée nous faisons de rapides progrès. Par moments le vent est si violent que les embarcations piquent le nez dans la « plume » et sont balayées par les vagues. Nous sommes trempés, mais la joie de la délivrance prochaine nous réchauffe.

1. Le détroit entre les îles Northbrook et Bruce et Peterhead sur la terre Alexandra.
2. Glaçons de faibles dimensions. (*Note du traducteur.*)

Après avoir doublé le promontoire sur lequel nous gouvernions, nous découvrons que la ligne de côte est orientée est-ouest et que la banquette de glace côtière suit la même direction ; en même temps, à notre grande satisfaction, à perte de vue, devant nous, s'étend l'eau libre.

Bientôt nous voici au sud de cette terre, à travers laquelle nous marchons depuis si longtemps et où nous avons passé un si pénible hiver[1]. Malgré tout, les lignes de cette côte méridionale me semblent concorder avec la carte de la terre François-Joseph dressée par Leigh Smith. Tout en faisant cette observation, je me rappelle la carte de Payer et ce souvenir chasse ma première pensée.

Dans la soirée, nous débarquons sur le bord de la banquette de glaces côtières, pour mouvoir un peu nos jambes ankylosées par ce long voyage en *kayak*. Nous nous proposons également de gravir un *hummock* afin d'examiner l'horizon dans l'ouest. Mais comment amarrer nos précieuses embarcations ?

« Prends une drisse, me dit Johansen, qui est déjà sur la glace.

— Est-elle assez forte ?

— Oui, elle a tenu toute la journée la voile de mon traîneau, reprend mon camarade.

— Parfaitement. Il n'est du reste pas besoin d'un câble bien fort pour retenir ces légères embarcations. »

Et je les amarre au moyen de cette drisse faite d'une lanière de peau de morse.

Nous nous promenons de long en large près des *kayaks* pour nous dégourdir les jambes. La brise a maintenant molli et paraît descendre de plus en plus dans l'ouest. Pourrons-nous continuer notre navigation avec ce vent ? Pour nous en assurer, nous gravissons un monticule de glace voisin.

1. Le cap Barents.

Pendant que j'examine l'horizon, Johansen s'écrie tout à coup : « Les *kayaks* s'en vont à la dérive ! » A toute vitesse nous courons vers la rive. Les canots sont déjà à une certaine distance du bord et filent rapidement vers le large. La drisse avait cédé !

« Prends ma montre, » dis-je à Johansen.

Et, en un clin d'œil, je me débarrasse des vêtements les plus gênants pour pouvoir nager plus facilement. Je n'ose me dévêtir complètement de crainte d'une crampe. Et, d'un bond, je saute à l'eau.

Le vent soufflait de terre et poussait rapidement les *kayaks* vers la pleine mer. L'eau était glacée; mes vêtements entravaient mes mouvements et les canots s'éloignaient toujours. Loin de gagner du terrain, j'en perdais. Il me semblait presque impossible de pouvoir les rejoindre. Mais avec eux disparaissait tout espoir de salut, tout ce que nous possédions, nous n'avions même pas sur nous un couteau. Que je fusse noyé ou que je regagnasse la rive sans les *kayaks*, le résultat était le même.

Donc, me raidissant, je fais un effort terrible. Le salut est à ce prix. Quand je me sens fatigué, je nage sur le dos. Dans cette position, j'aperçois Johansen qui se promène fébrilement sur la glace. Le pauvre ami, il ne peut rester en place; sa position lui paraît affreuse, d'être ainsi condamné à l'impuissance, et il n'a guère espoir de me voir réussir. S'il se fût jeté à l'eau à son tour, cela n'aurait pas avancé les choses. Plus tard, il me raconta que cette attente terrible avait été le moment le plus pénible de sa vie.

Quand je me retournai, je vis que j'étais plus près des *kayaks*. Cela me redonna du courage et je redoublai d'efforts. Malheureusement, l'engourdissement et l'insensibilité envahissaient mes jambes; bientôt il me sera impossible de les mouvoir... Maintenant la distance n'est plus longue; si je puis tenir encore quelques instants, nous serons sauvés. En avant donc! Mes brassées deviennent de plus en plus courtes: encore un effort, et je rejoindrai les embarcations.

Enfin! j'empoigne un *ski* disposé en travers de l'arrière et j'arrive tout contre les canots. Nous sommes sauvés. J'essaie de grimper à bord, mais mon corps raidi par le froid refuse

JE RÉUSSIS A PASSER UNE JAMBE

tout service. Un instant je pensai que j'arrivais trop tard, je touchais le but sans pouvoir le saisir.

Après un instant d'anxiété terrible, je réussis à passer une jambe par-dessus le traîneau placé sur le pont, et à l'aide de ce point d'appui parvins à grimper à bord. Aussitôt je pris la pagaie, mais tout mon corps était devenu si raide que je pouvais à peine la manœuvrer. Il n'était pas facile de ramer seul dans cette double embarcation ; il fallait faire un va-et-vient constant entre les deux canots pour donner tantôt à droite tantôt à gauche des coups de pagaie. Certes, si j'avais pu séparer les *kayaks* et ramer dans l'un en remorquant le second, la manœuvre eût été plus aisée. Dans ma position, un pareil travail était impossible ; avant de l'avoir terminé, je serais tombé raide de froid. D'ailleurs, ramer était le meilleur moyen de me réchauffer. Tout mon corps était comme insensible. Lorsque soufflaient des bouffées de brise, j'avais l'impression d'être transpercé, je grelottais, mes dents claquaient, j'étais littéralement transi. Néanmoins je pouvais encore manier la pagaie.

Sur ces entrefaites, j'aperçus tout près de l'avant deux guillemots nains. Un pareil gibier était trop tentant. Je prends mon fusil et, d'un seul coup, je tue les deux oiseaux. Johansen me raconta plus tard son alarme au bruit de la détonation ; il avait cru à un accident et ne pouvait comprendre ce que je faisais. Lorsqu'il me vit ensuite ramer et ramasser deux oiseaux, il craignit pour ma raison.

A la fin j'atteignis la rive, mais le courant m'avait entraîné loin de notre débarcadère. Suivant le bord de la banquise côtière, Johansen vint bientôt me rejoindre. Quelques instants plus tard, le campement est installé.

Je suis épuisé ; à grand'peine, je puis me traîner et me tenir debout.

Tandis que je claque des dents, Johansen me déshabille, me passe tous les vêtements secs que nous avons en réserve, me couche sur le sac de couchage, et me couvre des voiles et de tout ce qu'il trouve, pour me protéger contre la bise. Je grelotte toujours ; mais, peu à peu, je commence à me réchauffer. Seuls mes pieds, qui avaient séjourné dans l'eau sans la protection des chaussettes, restèrent longtemps froids et insensibles comme des glaçons. Tandis que Johansen dresse la tente et fait cuire mes deux guillemots, je m'endors. Quand je me réveillai, le repas était prêt. Une bonne soupe chaude et le fin rôti effacèrent bientôt les dernières traces de cette terrible aventure. Pendant la nuit, mes vêtements furent suspendus au dehors pour sécher et, le lendemain, je pouvais les endosser.

13 *juin*. — La violence du courant, le calme plat nous obligent à attendre la renverse de la marée. Nous faisons ensuite bonne route toute la nuit.

NANSEN ATTAQUÉ PAR UN MORSE

Le lendemain matin, nous rencontrons de nombreux troupeaux de morses couchés sur la glace. Nous n'avons plus de vivres et notre provision de combustible est presque épuisée. Un ours serait le bienvenu. Depuis plusieurs jours, nous n'en avons pas aperçu; il est donc prudent de ne pas laisser échapper l'occasion d'un ravitaillement. Nous nous dirigeons vers un groupe de morses, avec l'intention de nous attaquer aux jeunes, dont la capture est beaucoup plus aisée que celle des vieux. Notre plan de bataille réussit parfaitement.

Je tire deux balles, et deux jeunes morses tombent. Au premier coup, toute la troupe se lève effarée, et au second commence à se jeter à l'eau. Les mères tournent autour des cadavres de leurs enfants, les flairent bruyamment et les secouent, hurlant lamentablement, absolument comme des créatures humaines. Les malheureuses bêtes se demandent évidemment ce qui a pu arriver à leur progéniture! A leur tour, elles se dirigent vers la mer en poussant devant elles les cadavres de leurs petits. Aussitôt je saute en avant pour leur faire lâcher prise et pour sauver mon butin, mais j'arrive trop tard. Serrant les cadavres de leurs enfants contre leur poitrine avec leurs nageoires antérieures, les deux pauvres mères disparaissent bientôt. Je reste quelque temps sur le bord de la glace, espérant toujours voir remonter à la surface les corps, mais rien ne paraît. Les morses sont sans doute partis loin.

Après cette déconvenue, je me dirige vers un second troupeau. Cette fois l'expérience m'a rendu prudent, et je tue en même temps la mère et l'enfant.

Maintenant nous avons pour longtemps du combustible et des vivres d'excellente qualité. La chair de jeune morse a le goût de la longe de mouton.

Dans ces parages, ces animaux étaient extraordinairement nombreux; très certainement leur nombre devait dépasser trois cents.

15 *juin*. — A une heure du matin en route. Le temps est absolument calme.

La mer grouille de morses; aussi est-il préférable de ne pas naviguer isolément et d'attacher les *kayaks* bord contre bord. Nous savons par expérience combien ces gaillards-là sont parfois agressifs. La veille, plusieurs bandes avaient longtemps suivi notre sillage, sans doute par curiosité. Quoique nous eussions eu déjà la preuve du contraire, je ne croyais pas ces animaux dangereux. Johansen ne partageait pas mon optimisme. Quand nos compagnons devenaient trop gênants, nous

nous réfugions, quand cela était possible, au-dessus d'un *ice foot*[1] et attendions qu'ils vinssent à se disperser.

... Nous avançons rapidement le long de la côte, malheureusement un épais brouillard masque toute vue et nous empêche de reconnaître la topographie de la région. J'aurais pourtant vivement désiré découvrir le panorama de ces terres. J'ai de plus en plus le pressentiment que nous devons être dans le voisinage des quartiers d'hiver de Leigh Smith, sur la côte sud de la terre François-Joseph. La latitude, la

LE DERNIER CAMPEMENT

direction des côtes, la disposition des îles, semblent indiquer que nous nous trouvons sur cette terre.

Dans la matinée, n'apercevant plus de morses autour de nous depuis quelque temps, nous pensions être en complète sécurité, lorsqu'un solitaire apparaît juste devant nous. Aussitôt Johansen, qui se trouve en tête, cherche un refuge au-dessus d'un glaçon flottant entre deux eaux. Je me disposai à

1. Partie proéminente d'un glaçon en dessous de la surface de la mer.

suivre son exemple, quand le vieux monstre se jette sur mon *kayak* en s'efforçant de le culbuter avec ses défenses. Tout en essayant de garder mon équilibre, je lui assène un violent coup de pagaie sur la tête ; l'animal n'en revient pas moins à la charge et tente de nouveau de me culbuter. Je saisis alors mon fusil, mais entre temps la monstrueuse bête disparaît subitement. Tout cela dura à peine quelques secondes.

Juste au moment où je me félicitais d'avoir échappé au danger, je sentis tout à coup mes jambes mouillées. Le morse avait crevé la coque du *kayak* et l'eau y pénétrait à flot. A peine ai-je le temps de gagner l'*ice foot* que le canot coule immédiatement. Avec l'aide de Johansen je parviens cependant à le hisser sur la glace. Tout ce que je possède flotte à l'intérieur de l'embarcation toute pleine d'eau. Peut-être nos précieuses plaques photographiques sont-elles perdues.

La déchirure de la coque est longue de 6 mètres, et ce n'est pas un petit travail que cette reprise, surtout avec les engins rudimentaires que nous possédons.

17 *juin*. — Il est plus de midi, lorsque je me lève pour préparer le déjeuner. Je vais chercher de l'eau pour la soupe, j'allume le fourneau, je découpe la viande, je mets la popotte en train. Au moment de me recoucher jusqu'à ce que le repas soit prêt, la brume se lève. Immédiatement je vais gravir un *hummock* voisin pour reconnaître les environs.

Une brise légère apporte de la terre voisine le bruit du piaillement des oiseaux établis sur les montagnes. J'écoute cette rumeur vivante ; je suis des yeux les vols de guillemots qui passent et repassent autour de ma tête, je contemple cette ligne de côte blanche, tachée de rochers noirs... Soudain il me semble entendre des aboiements. Je tressaille, je tends l'oreille... puis, je n'entends plus rien... rien que les cris des oiseaux. Peut-être me suis-je trompé? Je continue l'examen du panorama. Mais non, voici de nouveaux aboiements. Aucun doute n'est plus possible. Je me souviens alors avoir entendu hier deux détonations qui semblaient des coups de feu, mais que sur le moment j'avais crues produites par une contraction de la glace. De suite je crie à Johansen que j'ai entendu des chiens du côté de terre. Des chiens? répète-t-il machinalement, encore tout ahuri par le sommeil. En toute hâte il se lève pour aller aux écoutes.

Mon camarade demeure absolument incrédule. Il a bien perçu un bruit ressemblant à des aboiements, mais couvert par le sabbat des oiseaux. Évidemment, à son avis, je suis dupe d'une illusion. Malgré tout, je reste persuadé que je ne me suis pas trompé. Tout en avalant en hâte le déjeuner, nous nous perdons en conjectures sur la présence d'une expédition dans ces parages. Sont-ce des Anglais ou des compatriotes? Si c'est la mission anglaise qui, lors de notre départ, se préparait à explorer la terre François-Joseph, que ferons-nous? — C'est bien simple, répondit Johansen; nous passerons avec elle un jour ou deux, puis nous nous acheminerons vers le Spitzberg; autrement Dieu sait quand nous serons de retour. Sur ce point nous sommes d'accord. Après avoir emprunté aux Anglais de bonnes provisions, nous poursuivrons notre route.

Le déjeuner achevé, je vais en reconnaissance, laissant Johansen à la garde des *kayaks*. Maintenant, je n'entends plus que le piaillement des mouettes et les cris stridents des guillemots nains. Peut-être Johansen a-t-il raison? Probablement j'ai été victime d'une illusion.

Tout à coup je découvre sur la neige des pistes. Elles sont trop grandes pour provenir d'un renard. Des chiens sont donc venus rôder par ici, à quelques centaines de pas de notre campement? Comment n'ont-ils pas aboyé? Comment ne les avons-nous pas vus? Peut-être sont-ce après tout des pistes de loups?

J'ai la tête pleine d'étranges pensées, et tour à tour je passe du doute à la certitude. Notre labeur excessif, nos souffrances, nos privations vont-elles enfin prendre fin ? Cela me semble à peine croyable; pourtant tout l'indique. J'entends un aboiement beaucoup plus distinct, et de tous côtés je vois des pistes qui ne peuvent provenir que d'un chien. Ensuite, plus rien que la rumeur de la foule ailée. Aussitôt le doute revient en moi. Peut-être est-ce un rêve? Mais non, ces traces existent bien là, sur la neige, je les vois, je les touche. Si une expédition est établie dans cette région, nous ne sommes pas alors sur la terre de Gillies ou sur une terre nouvelle, comme je le croyais. Nous nous trouvons alors, ainsi que je le supposais il y a quelques jours, sur la côte méridionale de la terre François-Joseph.

J'arrive enfin à terre, et soudain je crois entendre le son d'une voix, la première voix étrangère depuis trois ans. Mon cœur bat à se rompre. J'escalade un *hummock* en poussant un appel de toute la force de mes poumons. Cette voix inconnue au milieu du désert glacé m'apporte comme un message de vie et un salut du pays.

Bientôt après, une nouvelle voix se fait entendre... Au milieu des *hummocks* blancs, j'aperçois une forme noire. C'est un chien, puis une autre forme noire. Un homme, un homme! Est-ce Jackson, ou un de ses compagnons, ou un compatriote ? Nous marchons à la rencontre l'un de l'autre. J'agite mon chapeau, il répète le même mouvement. Je l'entends parler à un chien; c'est un Anglais. J'avance et je crois reconnaître M. Jackson, que j'ai vu une fois avant mon départ.

Je salue et nous nous serrons les mains avec un cordial :
How do you do?

Au-dessus de nous un plafond de brume; au dessous, la banquise rugueuse; autour, une échappée de vue sur la terre toute en glace et en neige. D'un côté, un Anglais en complet élégant, avec de hautes bottes en caoutchouc, tiré à quatre épingles, répandant une bonne odeur de savon, perceptible aux sens aiguisés d'un primitif; de l'autre, un sauvage en haillons, enveloppé d'une longue chevelure et d'une épaisse barbe, absolument incultes, couvert de crasse et de suie. Sous ces dehors, personne ne pouvait reconnaître le personnage.

« Je suis très heureux de vous voir, me dit Jackson.

RENCONTRE DE NANSEN ET DE JACKSON

— Merci! moi également.
— Avez-vous un navire ici?
— Non, mon navire n'est pas ici!
— Combien êtes-vous?
— J'ai avec moi un compagnon resté sur le bord de la glace. »

Tout en causant, nous nous dirigeons vers la côte. Tout à coup Jackson s'arrête, me regarde bien en face et s'écrie :

« Mais, n'êtes-vous pas Nansen?
— Oui.
— Par Jupiter! Que je suis aise de vous voir! »

Et il me serre de nouveau les mains avec effusion, en me souriant affectueusement.

« D'où arrivez-vous? me demande-t-il.
— J'ai quitté le *Fram* par le 84° de Lat. N., après une dérive de deux ans, et ai atteint ensuite le 86°13'. De là, nous avons gagné la terre François-Joseph où nous avons hiverné; maintenant nous sommes en route pour le Spitzberg.
— Je suis heureux de votre succès. Vous avez, certes, accompli un magnifique voyage et je suis enchanté d'être le premier à vous en féliciter. »

En même temps Jackson me prend de nouveau les mains et les presse chaleureusement. Je ne puis être accueilli plus cordialement. Dans la chaleur de cette poignée de main, je sens plus qu'une simple forme de politesse. Aussitôt, avec la plus parfaite affabilité, mon interlocuteur m'offre l'hospitalité dans sa station et m'annonce que d'un jour à l'autre il attend l'arrivée du navire chargé de ravitailler son expédition.

Dès que je puis parler, je demande à Jackson des nouvelles des miens. Lors de son départ, deux ans auparavant, ma femme et ma fille étaient en parfaite santé. Je m'enquis ensuite de la Norvège et de la situation politique. De ce sujet il ne savait rien. J'en conclus que tout allait bien de ce côté.

Immédiatement Jackson me propose d'aller rechercher Johansen et les bagages. « Sur cette glace accidentée le halage des *kayaks* sera très pénible à nous trois. Si donc vous avez des hommes disponibles en nombre suffisant, lui répondis-je, il est préférable de les charger de cette besogne. » En attendant, pour avertir Johansen, nous tirons chacun deux coups de fusil.

Bientôt après nous rencontrons plusieurs autres membres de l'expédition : le commandant en second, M. Armitage,

M. Child, le photographe, le Dr Koetlitz. Les présentations faites, immédiatement ce sont de nouvelles congratulations. Un peu plus loin nous sommes salués par le botaniste, M. Fisher, M. Burgess et un Finnois du nom de Blomqvist.

NANSEN ET JOHANSEN A LEUR ARRIVÉE A LA STATION DU CAP FLORA
(Photographie de M. Jackson.)

Dès qu'il avait aperçu un étranger sur la glace, immédiatement Fisher avait eu l'idée que ce ne pouvait être que moi. Il avait ensuite cru s'être trompé, lorsqu'au lieu de l'homme blond qu'il s'attendait à voir, il s'était trouvé en présence d'un homme aux cheveux et à la barbe complètement noirs.

Une fois tout le personnel de la mission réuni, Jackson leur annonça que j'étais parvenu au 86°15'. Trois vigoureux hurrahs accueillirent la nouvelle.

Immédiatement des hommes partent au-devant de Johansen, pendant que je m'achemine vers la station anglaise, établie au cap Flora.

Jackson m'annonça alors qu'il avait des lettres pour moi et que, dans une excursion qu'il avait entreprise vers le nord, il les avait emportées, pensant nous rencontrer sur son chemin. Au mois de mars dernier, il s'était avancé jusqu'au cap Richtofen, à 35 milles seulement de nos quartiers d'hiver, et avait dû s'arrêter devant cette nappe d'eau libre dont nous avions soupçonné l'existence pendant notre détention.

Seulement, en arrivant près de la station, mon nouvel ami me questionna sur le *Fram* et sur les résultats de notre dérive. En quelques mots je lui racontai notre voyage à travers le bassin polaire. Dans les premiers moments de notre rencontre, m'expliqua-t-il plus tard, il avait cru à un désastre. Il pensait que notre navire avait été détruit et que nous étions les deux seuls survivants de l'expédition. Aux premières paroles qu'il m'avait adressées au sujet de notre bâtiment, il lui avait semblé surprendre dans ma physionomie une expression de profonde tristesse et n'avait plus ensuite osé aborder ce sujet. Il avait même recommandé à ses compagnons le silence sur ce sujet. S'étant ensuite aperçu de sa méprise, il me demanda aussitôt des renseignements sur le *Fram* et sur le reste de l'équipage.

Tout en causant nous arrivons à Elmwood, l'habitation de la mission, une maison russe, très basse, toute en bois, édifiée au pied d'une montagne, sur une ancienne ligne de côte, à une hauteur de 16 mètres au-dessus de la mer. Autour sont installés une écurie et quatre grands baraquements servant de magasins.

Nous entrons dans ce nid chaud perdu au milieu de cette froide solitude... Le plafond et les murs sont couverts de drap vert. Aux panneaux sont accrochées des photographies, des photogravures. Des étagères chargées de livres et d'instruments sont disposées dans les angles. Des vêtements et des chaussures sont suspendus au plafond pour sécher. Au milieu de cette pièce confortable brûle un poêle hospitalier. Un singulier état d'esprit me pénètre en m'asseyant au milieu de toutes

ELMWOOD, LA STATION DU CAP FLORA

ces choses étranges pour nous. Par un coup du destin changeant, toutes les responsabilités et toutes les anxiétés qui, depuis trois longues années, pesaient sur moi, se sont envolées subitement. Je suis maintenant dans un port sûr au milieu de la banquise. Les pénibles attentes de ces années de lutte s'effacent devant le soleil flamboyant d'une brillante aurore. Mon devoir est accompli, ma tâche est terminée. Maintenant je n'ai plus qu'à me reposer et à attendre.

Jackson me remet une cassette soigneusement scellée. Elle

contient des lettres de Norvège. En l'ouvrant, mes mains tremblent et le cœur me bat violemment. Toutes ne m'apportent que de bonnes nouvelles. Après cela, un doux sentiment de quiétude m'envahit.

Le dîner est servi. Du pain, du beurre, du lait, du sucre, du café, toutes choses dont depuis un an nous avons perdu le goût. Mais le suprême confort de la vie civilisée, nous ne le connaissons qu'après avoir jeté nos guenilles et pris un bain. La couche de crasse qui nous enveloppe est si épaisse qu'elle ne disparaît qu'à la suite d'une série d'ablutions réitérées. Après avoir endossé des vêtements propres et moelleux, coupé notre barbe et notre chevelure hirsutes et embroussaillées, notre transformation de sauvages en Européens est maintenant complète. Plus rapidement elle s'est opérée que l'adaptation inverse subie il y a dix-huit mois.

Bientôt arrive Johansen, escorté par les membres de l'expédition. Lorsque les Anglais avaient rencontré mon ami, immédiatement ils l'avaient salué, ainsi que le pavillon norvégien d'un triple hourrah, puis s'étaient attelés aux traîneaux, ne voulant à aucun prix lui permettre d'y toucher. « Je marchais à côté d'eux, me raconta-t-il, comme un simple touriste. De bien des manières nous avons voyagé sur la banquise, à coup sûr celle-là est la plus agréable. »

Johansen est non moins cordialement reçu que je l'ai été. A son tour, il subit la même transformation que moi. Après cette métamorphose, je ne puis reconnaître mon camarade. Je cherche à retrouver en lui le miséreux qui se promenait avec moi devant un taudis sur cette plage désolée. Le troglodyte, noir de crasse et de suie, a fait place à un élégant Européen, fumant un bon cigare, paresseusement étendu sur un siège confortable. De jour en jour, il me semble engraisser d'une manière alarmante. Du reste, depuis notre départ du *Fram*, nous avons tous les deux singulièrement augmenté de poids. En quinze mois, j'ai gagné 10 kilogrammmes et demi et

Johansen un peu plus de 6 kilogrammes. Ce brillant résultat, nous le devons à notre nourriture composée exclusivement de graisse et de viande d'ours.

Nous vivons dans la paix et le bien-être, attendant le navire qui nous doit rapatrier. Pour nous faire oublier l'attente, nos amis nous comblent des soins les plus affectueux et des attentions les plus délicates. Non, jamais, je ne saurais exalter assez

M. JACKSON A ELMWOOD

la large et cordiale hospitalité que nous a donnée l'expédition anglaise. Est-ce le résultat de notre isolement absolu pendant un an, ou est-ce l'esprit de solidarité qui pousse les hommes à se réunir dans ces régions désolées? Je ne sais, toujours est-il que jamais les plus longues conversations ne nous lassent, et que nous avons l'impression d'être tous de vieux amis, alors qu'il y a quelques jours nous étions des inconnus les uns pour les autres.

Dès notre arrivée à la station du cap Flora, je m'empressai de comparer nos montres avec les chronomètres de l'expédition anglaise. L'erreur n'était que de vingt-six minutes, correspondant à une différence de 6° 5′ de longitude. En possession de ce renseignement je puis maintenant calculer mes observations de longitude. Ce travail achevé, je dresse d'après nos relevés une carte de la terre François-Joseph, que Jackson veut bien me permettre ensuite de comparer à celle exécutée par lui. La carte de la page 270, qui n'a du reste qu'une valeur provisoire, est le résultat de ce travail. Lorsque toutes mes observations auront été soigneusement vérifiées, et si je puis obtenir communication des minutes de Payer, je pourrai publier un document beaucoup plus précis. Le seul point sur lequel je désire actuellement attirer l'attention est le morcellement de la terre François-Joseph et l'absence de masse continentale dans cette région. Dans plusieurs localités, mes relèvements concordent avec ceux de Payer. Mais l'énigme qui nous avait occupés l'hiver demeurait toujours non résolue. Où sont le glacier de Dove, et la partie la plus nord de la terre Wilezek? Où sont les îles Braun, Hoffmann et Freeden, de Payer? L'explorateur autrichien, qui est un topographe expérimenté et très soigneux, a été sans doute victime d'une illusion d'optique, produite par le brouillard. Je ne puis expliquer autrement une pareille erreur.

Les environs du cap Flora sont très intéressants au point de vue géologique. Aussi souvent que je le pouvais, j'étudiais la structure de cette région, tantôt seul, tantôt en compagnie du D^r Kœtlitz. Nous fîmes notamment des excursions sur de hautes moraines, très abruptes, à la recherche de fossiles fort abondants en certains points. Du niveau de la mer jusqu'à une hauteur de 250 à 300 mètres, le sol est constitué par une couche d'argile renfermant des fragments de grauwacke rouge très riche en fossiles. La présence de bélemnites, et d'ammonites permet de rapporter avec certitude cet étage au jurassique. En différents points, il se trouve traversé par de

FALAISE BASALTIQUE A LA TERRE FRANÇOIS-JOSEPH.

minces filons de charbon et renferme de nombreux gisements de bois fossiles. Au-dessus de cette couche sédimentaire s'étend une puissante[1] formation d'un basalte à gros grains, très diffé-

1. Sa puissance varie de 300 à 350 mètres.

rent des basaltes typiques, et paraissant se rapporter à ceux du Spitzberg et de la terre du Nord-Est. Dans l'archipel François-Joseph, cette roche présente, du reste, une grande variété de texture et occupe des positions très différentes par rapport au niveau de la mer. Ainsi, à l'île Northbrook et sur les terres voisines, il ne se rencontre qu'à l'altitude de 250 à 300 mètres, tandis que, plus au nord, il constitue le rivage même. Aux environs du 81° de Lat., cette roche forme de hauts escarpements à pic au-dessus des fjords comme, par exemple, aux caps Fischer, Clements Markham, Mac Clintock.

Le basalte du cap Flora me semble, en grande partie du moins, dater du jurassique. Il repose, en effet, sur des assises remontant à cette période et renferme en inclusion des lambeaux de ce terrain. Enfin, au sommet de cette formation volcanique se rencontrent des végétaux fossiles appartenant au dernier étage de la série jurassique. La terre François-Joseph paraît donc être d'âge relativement ancien. L'horizontalité des couches de ce basalte sur toutes les îles semble indiquer, à une époque antérieure, l'existence d'une grande masse continentale dans cette région, plus tard morcelée et désagrégée par les actions érosives des agents atmosphériques, des glaciers et des eaux. Une partie de ce territoire s'est affaissée et, aujourd'hui, il ne subsiste plus de ce continent qu'un complexe d'îles. La ressemblance présentée par ces formations avec celles signalées sur plusieurs points du Spitzberg et de la terre du Nord-Est, incite à croire que ces deux archipels ne formaient primitivement qu'une même masse continentale. Pour cette raison, il serait très intéressant d'explorer la zone complètement inconnue qui sépare ces deux archipels, et que nous aurions traversée, si nous n'avions pas rencontré l'expédition Jackson. Sans aucun doute, dans cette direction doit se trouver un grand nombre, peut-être même un cordon continu d'îles à travers lesquelles il sera difficile de discerner les limites respectives de chacun des deux archipels principaux. La reconnaissance de cette région, œuvre dont l'importance scientifique n'échappera à personne, sera, nous l'espérons, accomplie avec succès par la mission Jackson.

L'extension de la terre François-Joseph vers le nord ne peut être déterminée avec quelque précision. Je ne crois cependant pas à l'existence d'une île étendue dans cette direc-

PITON DE BASALTE A LA TERRE FRANÇOIS-JOSEPH

tion. Les terres Petermann et Oscar, signalées par Payer, doivent être très petites. Lorsque nous atteignîmes l'archipel François-Joseph, nous n'aperçûmes pas ces îles, bien que nous ayons dû passer dans leur voisinage; en second lieu, quand nous étions à la même latitude qu'elles, le mouvement de dérive des glaces vers l'ouest, ne paraissait rencontrer aucune résistance de ce côté.

Pendant mon séjour au cap Flora je m'occupai d'étudier

les signes manifestes des changements survenus dans les niveaux respectifs de la mer et des terres.

La station, comme je l'ai dit plus haut, était construite sur une ancienne ligne de rivage située à 12 ou 15 mètres au-dessus de la mer. Dans les environs se trouvaient également, à différentes hauteurs, plusieurs autres terrasses littorales (*stranduliie*). Ainsi, la hutte d'hivernage de Leigh Smith avait été installée sur une *strandlinie* située à 5^m,30, tandis que plus loin d'anciennes plages atteignaient une altitude de 25 mètres. Dans la partie nord de l'archipel, notamment à l'île Torup, j'avais déjà relevé l'existence de *strandlinie* analogues. Dans plusieurs localités voisines du cap Flora, Jackson trouva, du reste, des ossements de cétacés, notamment, près de sa station et à une hauteur de 15 mètres, un crâne de baleine, peut-être de baleine franche (*Balæna mysticetus*). Un peu plus loin, il découvrit des fragments d'un squelette entier à une altitude de 2^m,80. Sur un grand nombre de points, on observait des bancs de coquilles subfossiles, attestant qu'à une époque récente la mer s'était élevée au-dessus des *strandlinie* les plus basses.

Un jour, le Dr Jackson et le D^r Kœtlitz rencontrèrent deux gisements de végétaux fossiles sur un *nunatak*[1] situé au-dessus d'un glacier voisin du cap Flora. Cette découverte éveilla de suite ma curiosité. Le 17 juillet, accompagné de Kœtlitz, j'allai visiter à mon tour cette intéressante localité. Le pointement rocheux, constitué par du basalte à structure columnaire, très caractérisé, s'élevait au milieu du glacier à une altitude que j'évaluai à vue d'œil à 200 ou 225 mètres. En deux points de sa surface apparaissait une couche de fragments de grès contenant en abondance des empreintes d'ai-

---

1. Nom commun eskimo sous lequel les indigènes du Grönland désignent les pointements rocheux émergeant au-dessus de l'*inlandsis*. Ce terme, passé dans le vocabulaire arctique, désigne tous les affleurements rocheux situés au milieu des glaciers.

guilles de conifères et de petites feuilles de fougères. L'étude faite par le professeur Nathorst des échantillons que j'ai rapportés, montre l'importance de la trouvaille faite par Jackson et le D^r Kœtlitz. (Voir appendice I.)

... Très brusque était la transition entre notre longue vie de paresse et d'inertie pendant l'hiver et cette existence active et intellectuelle.

Ici, nous trouvions tous les éléments nécessaires de travail

INSTANTANÉ D'UN OURS ET D'UN CANON DE FUSIL

et, tous nos loisirs, nous les employions à la discussion de problèmes scientifiques avec nos hôtes.

Le botaniste de l'expédition, M. Harry Fisher, fort intéressé par les études zoologiques et botaniques dans les régions polaires, s'était livré, pendant son long séjour à la terre François-Joseph, à des recherches qui augmenteront dans une large mesure nos connaissances biologiques. Jamais je n'oublierai nos longues et curieuses conversations et son amabilité à m'initier à ses importantes découvertes. Après avoir été privé pendant si longtemps de tels entretiens, je ne pouvais m'en lasser; j'étais comme un morceau de terre qui, à la suite d'une sécheresse d'une année, absorbe avec avidité une pluie bienfaisante.

Des distractions d'un autre genre nous étaient offertes. Lorsque je me sentais fatigué par le travail acharné auquel je me livrais, j'allais à la chasse en compagnie de Jackson ou de quelque autre membre de la mission. Autour de la station le gibier ne manquait pas. Un jour, nous tirions des ours, un autre des guillemots ou des colombes de mer, ou bien encore allions recueillir des œufs sur les falaises peuplées de milliers de mouettes tridactyles.

Les jours passaient, et le *Windward*, le navire qui devait venir ravitailler l'expédition anglaise, ne paraissait pas. Ce retard n'était pas sans nous causer quelque impatience. Peut-être le bâtiment ne pouvait-il se frayer un chemin à travers les glaces et serions-nous condamnés à hiverner ici? La perspective n'avait rien d'attrayant. Être arrivés si près du but et ne pouvoir l'atteindre! Nous commencions à regretter de n'avoir pas poursuivi notre route vers le Spitzberg. Peut-être, si nous avions continué notre marche, aurions-nous déjà rencontré le chasseur de phoques dont il avait été si souvent question dans nos conversations pendant l'hivernage? La raison de notre arrêt à la station du cap Flora est très compréhensible. Jackson et ses compagnons nous avaient fait une réception tellement cordiale que même le Spartiate le plus endurci n'aurait pu résister à ses charmes. Après nos terribles labeurs, nous avions trouvé ici une maison agréable où nous n'avions rien de mieux à faire qu'à nous reposer et attendre. Hélas! l'attente patiente n'est pas toujours facile à supporter, et nous songions sérieusement à nous mettre en route pour le Spitzberg.

Pour une telle entreprise, la saison n'est-elle pas déjà trop avancée? Nous sommes à la moitié de juillet. En partant immédiatement, si nous rencontrons en route quelque obstacle imprévu, nous n'arriverons pas avant un mois, même plus tard, dans les eaux où nous pourrons avoir chance de rencontrer un navire. Nous serons alors au milieu ou à la fin d'août, époque à laquelle les pêcheurs commencent à opérer leur retour. Si nous ne trouvons pas un de ces bâtiments avant le commencement de septembre, nous serons probablement contraints à un hivernage au Spitzberg. Le parti le plus simple est donc d'attendre l'arrivée du *Windward*. En somme, c'est ici que nous avons les plus grandes chances de rapatriement rapide. La saison la plus favorable pour la navigation dans ces parages est le mois d'août et le commencement de septembre. Donc, confiance et patience!

Nous ne sommes du reste pas les seuls à supporter difficilement cette détention. Quatre membres de l'expédition anglaise qui doivent quitter la station et rentrer après une absence de deux ans, attendent également avec anxiété le navire.

20 *juillet*. — De jour en jour notre impatience augmente. De l'avis de Jackson, le *Windward* aurait pu arriver ici dès le milieu de juin ; à différentes reprises, affirme-t-il, la mer a été assez libre pour lui permettre le passage. Je ne partage pas cet optimisme. Devant la station on ne voit qu'une petite quantité de glace, mais plus au sud une banquise compacte doit barrer la route... Depuis plusieurs jours, la dérive a ramené de l'est d'épaisses masses de glace. A perte de vue, une plaine blanche; pas la plus petite nappe d'eau libre! Nous voici encore séparés de ce monde que nous pensions presque toucher!

Au bout de l'horizon s'étend une bande de nuages bleuâtres. Là-bas, très loin, par derrière cette banquise la mer est donc dégagée. Peut-être sur ses eaux libres vogue le navire qui doit nous ramener auprès des nôtres, le navire qui nous apporte des nouvelles de la patrie et de tous les êtres aimés. Toujours le rêve doré de la prochaine réunion !

21 *juillet*. — Aujourd'hui, enfin, souffle un vent du nord qui nettoie la mer de la glace qui l'encombre. Ce soir, dans toutes les directions à perte de vue, la mer libre ! Peut-être verrons-nous bientôt poindre le navire tant désiré.

22 *juillet*. — La vie n'est faite que d'espoirs et de désappointements. Hier, nous étions pleins d'espérance ; aujourd'hui, nous demeurons abattus devant les décevances de la dérive des glaces. Un vent de sud-est a ramené devant nous une épaisse banquise. Il faut s'armer de patience !

26 *juillet*. — Enfin, est arrivé le *Windward!* Ce matin, Jackson est venu me tirer par les jambes pour m'annoncer la bonne nouvelle. Immédiatement je me suis levé et ai regardé par la fenêtre. Il est là, ce navire dont la venue est si ardemment désirée, manœuvrant lentement à la lisière de la glace à la recherche d'un mouillage. Quelle chose étrange que ce bâtiment. Comme il me paraît grand et haut ! Il me semble une petite île ! Il apporte des nouvelles du monde, du monde vivant, de tout là-bas !

L'émoi est général dans notre petite colonie. Tous se sont levés et, dans les costumes les plus étranges, contemplent, par la fenêtre, le merveilleux visiteur. Jackson et Blomqvist, aussitôt habillés, s'acheminent vers le *Windward*. N'ayant rien à faire pour le moment à bord, je me remets au lit. Bientôt après Blomqvist arrive, tout essoufflé, m'annoncer que tous les miens sont bien portants et que le *Fram* n'est pas de retour. C'était la première chose dont s'était enquis l'excellent Jackson.

Je m'habille et me rends à mon tour à bord. Arrivé près du navire, je suis accueilli par trois hourrahs retentissants et cordialement reçu par le capitaine Brown, commandant du *Windward*. Nous nous asseyons ensuite devant un excellent déjeuner et, au cours de ce repas, apprenons des nouvelles absolument étonnantes. On peut photographier les gens à travers des portes en bois, épaisses de plusieurs centimètres, des projectiles dans le corps des blessés! Les Japonais ont battu les Chinois. Le Spitzberg a été ouvert aux touristes. Une compagnie norvégienne entretient un service régulier entre cette terre polaire et notre pays. Sur cet archipel un hôtel a été bâti et un bureau de poste fonctionne avec des timbres spéciaux. Enfin le Suédois Andrée se propose d'atteindre le Pôle en ballon et attend un vent favorable pour partir. Si nous avions poursuivi notre route vers le Spitzberg, nous serions tombés au milieu de tous ces touristes. Nous aurions trouvé un hôtel et aurions été rapatriés par un vapeur offrant tout le luxe des installations modernes et non pas par quelque pauvre chasseur, comme nous l'avions pensé. Cela aurait été une scène très amusante de nous voir arriver, sales et déguenillés, tels que nous sortions de notre chenil de l'hiver, au milieu d'une bande d'Anglais et d'Anglaises.

Maintenant une activité fébrile règne dans la petite colonie. L'équipage et les membres de la mission travaillent de concert à mettre à terre les approvisionnements de toute nature apportés par le *Windward*. En moins d'une semaine le déchargement est terminé. Nous attendons ensuite quelques jours pour donner le temps à Jackson d'achever sa correspondance. Sur ces entrefaites, une tempête éclate; les amarres qui relient le *Windward* à la lisière de la glace se rompent, et le navire s'en va à la dérive. Le capitaine parvient à gagner un mouillage qui est loin d'être sûr. Le bâtiment n'a que quelques centimètres d'eau sous la quille. Entre temps, la glace, chassée par le vent, se presse en masses de plus en plus considérables. Un moment, la situation devient assez mauvaise; les blocs n'arrivent pas heureusement jusqu'au navire. Quelques jours après cet incident, le *Windward* était paré pour le départ.

7 *août*. — Maintenant est arrivé le moment de faire nos adieux à la dernière station de notre route, où nous avons

reçu une si cordiale hospitalité. Tous ceux qui doivent partir : MM. Fisher, Child, Burgess, le Finnois Blomqvist, Johansen et moi sommes à bord, et ceux qui doivent demeurer sont là, sur la lisière de la glace. Un moment le soleil perce les nuages au-dessus du cap Flora ; aussitôt nous levons nos chapeaux et envoyons un dernier salut à ces hommes courageux, qui vont passer encore un hiver dans la grande solitude des glaces, pendant que le *Windward*, poussé par le bon vent, s'éloigne vers le sud.

La fortune nous fut favorable. A l'aller, le navire, avant de parvenir à la terre François-Joseph, avait eu à lutter contre d'épaisses banquises. La glace était encore très abondante, mais relativement mince et sans grande consistance. Sur quelques points seulement, nous fûmes arrêtés et dûmes nous frayer un passage de vive force à la vapeur. Le navire était, d'ailleurs, dans d'excellentes mains. Du matin au soir, tant qu'un glaçon fut en vue, notre capitaine ne quitta pas le « nid de corbeau ». A peine prenait-il le temps de dormir quelques heures.

Comme Brown me le disait fréquemment, avant tout il importait d'arriver en Norvège avant le retour du *Fram*. Cet excellent homme comprenait bien quelle émotion éprouveraient les nôtres, si les autres nous précédaient.

Rapide et agréable fut la traversée. L'expérience acquise à l'aller avait suggéré au capitaine Brown l'idée de faire route d'abord vers le sud-est, c'est-à-dire vers la Nouvelle-Zemble, pour sortir le plus tôt possible de la glace et pour gagner l'eau libre. Les prévisions de ce marin expérimenté se trouvèrent justes.

Après avoir parcouru 220 milles à travers la banquise, nous atteignîmes l'eau libre à l'extrémité supérieure d'une longue baie ouverte vers le nord au milieu des glaces. Nous étions arrivés juste au bon endroit. Eussions-nous suivi une route un peu plus à l'est ou à l'ouest, nous eussions été retenus pendant des semaines. Une fois sur le libre Océan, de suite le cap fut mis sur Vardö. Une indescriptible sensation d'apercevoir cette immensité bleue !

Un matin, tandis que nous contemplons la mer, nous découvrons une première voile ! Nous voici, enfin, dans des eaux fréquentées !

Dans la soirée du 12 août, je distingue quelque chose de noir devant nous, très bas, au bout de l'horizon. Qu'est-ce ?

LE CAP FLORA

A tribord, cette ombre s'étend au loin vers le sud. Je la regarde des heures et des heures. C'est la terre, la terre de Norvège ! Je suis comme hypnotisé ; une partie de la nuit je m'absorbe dans la contemplation de cette longue ligne sombre. Un frisson de fièvre secoue mon corps. Quelles nouvelles allons-nous trouver en arrivant ?

Le lendemain matin, nous sommes tout près de la côte. Une

terre nue, guère plus engageante que celle que nous avons laissée derrière nous dans les brumes de l'Océan Glacial; mais c'est la Norvège. Nous rencontrons plusieurs navires et échangeons avec eux les saluts de pavillon. Nous croisons ensuite le cotre de la douane; nous n'avons rien à démêler avec cette administration. Bientôt arrive le pilote. Après avoir manifesté une certaine surprise d'entendre parler norvégien à bord d'un navire anglais, il ne prête plus ensuite attention à notre présence, jusqu'à ce que le capitaine Brown lui ait dit mon nom. Alors il reste comme pétrifié; puis, de suite, son visage s'éclaire d'une expression indicible de joie. Il me saisit alors vigoureusement les mains et me félicite d'avoir échappé à la mort. Depuis longtemps les gens me croient dans la tombe.

Le *Fram* n'est pas encore arrivé! A cette nouvelle, je me sens débarrassé d'un grand poids. Une terrible anxiété aura été épargnée aux nôtres.

Bientôt le *Windward* entre dans le port de Vardö, silencieusement et sans éveiller l'attention. Avant que l'ancre ait été mouillée, Johansen et moi sautons dans un canot, pour nous rendre de suite au bureau du télégraphe. Quelques instants après nous sommes sur le quai. Nous avons encore trop la mine de pirates pour que l'on puisse nous reconnaître. Les passants poursuivent leur chemin sans même nous regarder. Le seul être qui semble se douter du retour des deux explorateurs, est une intelligente vache qui, au milieu d'une ruelle, s'arrête pour nous contempler d'un air étonné. La vue de cet animal nous donne une si agréable sensation d'été, que j'ai un instant l'idée de m'arrêter pour la caresser: J'ai maintenant l'impression que je suis bien en Norvège.

J'apporte au télégraphe une centaine de dépêches, dont une ou deux d'environ mille mots. A cette vue l'employé me lance un regard peu aimable; mais, lorsque ses yeux tombent sur la signature, sa mine change subitement. Sa figure

M. ET Mme NANSEN

rayonne et immédiatement il m'adresse un cordial souhait de bienvenue.

Aussitôt après, les instruments commençaient leur tic-tac pour annoncer l'arrivée de deux membres de l'expédition polaire norvégienne et le retour probable du *Fram* dans le courant de l'été. Les premiers télégrammes furent adressés à ma femme, au roi de Norvège et au gouvernement norvégien.

La nouvelle de notre débarquement se répand bientôt dans Vardö. Immédiatement les maisons et les navires se pavoisent et la population nous souhaite la bienvenue en joyeuses acclamations. En même temps, de tous côtés affluent des dépêches. Toutes nous apportent de bonnes nouvelles. Maintenant les souffrances sont oubliées. Que le *Fram* arrive promptement et notre joie sera complète!

Le 16 août, le *Windward* lève l'ancre pour nous conduire à Hammerfest. Le bon capitaine Brown tient absolument à présenter ses devoirs à ma femme, qui doit venir me rejoindre dans ce port. Le 21, nous mouillons devant cette ville, la plus septentrionale de notre cher pays. Là également, c'est une réception enthousiaste. A ma grande joie, je rencontre Sir George Baden-Powell sur son yatch, l'*Otaria*, ancré dans le port. Cet excellent ami revient de la Nouvelle-Zemble, où il est allé observer l'éclipse de soleil du 9 août. De suite, il met son confortable vapeur à ma disposition. Dans la soirée ma femme me rejoint et, après une fête donnée en notre honneur par la ville d'Hammerfest, nous nous installons à bord de l'*Otaria*.

De tous les points du globe, c'est un flot de télégrammes de félicitations. Mais toujours aucune nouvelle du *Fram*. Si aucun accident ne lui est arrivé, il doit être maintenant hors de la glace. Son retard commence à devenir étrange. S'il ne rentre pas, quelle horrible anxiété pour nous!

Dans la matinée du 26 août, je suis réveillé brusquement

par Sir George. Un homme insiste pour me parler. « J'arrive, répondis-je, de suite je m'habille. — Cela ne fait rien, venez comme vous êtes, » réplique mon ami. Un peu surpris, je lui demande ce dont il s'agit. Il n'en sait rien. Évidemment, c'est quelque nouvelle importante. Je passe rapidement mes vêtements et j'arrive dans le salon. C'est le chef du bureau du télégraphe ; il tient une dépêche. « Voici un télégramme très intéressant pour vous, » me dit-il, et pour cette raison j'ai tenu à vous l'apporter moi-même. » Qu'est-ce ? Une seule chose au monde actuellement me préoccupe. En tremblant je fais sauter le cachet et je lis :

« Fridtjof Nansen,

« Le *Fram* est arrivé en parfait état. Tout bien à bord. Partons dans quelques heures pour Tromsö. Souhaits de bienvenue.

« Otto Sverdrup. »

Mon émotion est si vive que je puis à peine parler. « Le *Fram* est arrivé ! » m'écriai-je enfin. Je lis et relis le télégramme ; je doute du témoignage des yeux. Alors, c'est une joie générale, non seulement à bord, mais encore dans toute la ville.

Le lendemain, nous entrons à Tromsö, où le *Fram* est déjà mouillé. La dernière fois que nous l'avions vu, il était à moitié enfoui sous la glace; maintenant il flotte fièrement dans les eaux de la patrie. Les hurrahs éclatent joyeux et retentissants, et tout l'équipage du *Fram* se précipite à bord de l'*Otaria*. La scène de notre réunion, je renonce à la décrire.

Maintenant nous sommes tous en Norvège. L'expédition a accompli sa tâche ! Nous nous acheminons ensuite vers le sud. En tête, avance un remorqueur affrété par le gouvernement, puis le *Fram* escorté de l'*Otaria*. Quelle agréable impression de rester oisif et tranquille, tandis que les autres frayent pour nous la marche !

Sur notre passage, toute la population arrive en foule. Cette vieille mère de Norvège, fière de notre œuvre, semble vouloir nous presser dans une chaude étreinte pour nous remercier de notre labeur. Pourtant, nous n'avons fait que notre devoir et simplement accompli la tâche que nous avons entreprise.

Nous voici revenus à la vie, et maintenant devant nous elle s'ouvre pleine de lumière et d'espérance. C'est le soir. Le soleil descend sur la mer bleue, et la mélancolie pénétrante de l'automne s'étend sur la nappe des eaux. En vérité cela est trop beau... N'est-ce pas un rêve? Non! sur la lueur du couchant, la silhouette de la femme aimée, détachée en vigueur m'apporte le sentiment de la paix et de la sécurité dans la vie.

Notre voyage le long de la côte de Norvège n'est qu'une marche triomphale.

Le 9 septembre, le *Fram* entre dans le fjord de Christiania. La capitale de la Norvège nous fait une réception dont un prince eût été fier. Le canon tonne, les acclamations retentissent, les pavillons battent partout au vent...

Le soir, je suis sur le bord du fjord. Les échos se sont tus et la noire forêt de pins demeure silencieuse. Les feux de joie allumés sur les caps s'éteignent et le clapotement de l'eau à mes pieds semble me dire : « Maintenant tu es de retour chez toi. » La paix profonde d'un soir d'automne descend bienfaisante sur l'esprit fatigué.

Je me rappelle la matinée pluvieuse de juin, lorsque, pour la dernière fois, je foulais cette berge. Depuis, plus de trois ans se sont écoulés. Nous avons travaillé, nous avons semé : maintenant le temps de la moisson est arrivé. Dans mon cœur je pleure de joie et de reconnaissance.

La glace et le long clair de lune des nuits polaires semblent le rêve lointain d'un autre monde, un rêve qui s'est évanoui. Mais que serait la vie sans les rêves?

CHAPITRE XII

RAPPORT DU CAPITAINE OTTO SVERDRUP SUR LA DÉRIVE DU *FRAM* DEPUIS LE 15 MARS 1895

I

Le 15 mars 1895, jour où le Dr Fridtjof Nansen et le lieutenant Johansen nous quittèrent, le *Fram* se trouvait par 84° 4' de Lat. N. et par 102° de Long. E. de Gr.

Le bâtiment était bloqué dans une masse de glace épaisse de 8 mètres qui l'enveloppait complètement jusqu'en dessous de la quille. Sur toute sa longueur s'appuyait, à bâbord, un monticule, s'élevant, dans la partie centrale du navire, jusqu'au niveau du plat-bord. Au nord-ouest, à une distance de 13 mètres, se dressait un large et long mamelon, appelé le *Grand Hummock*, dont la hauteur atteignait 7 mètres. A mi-chemin entre ce monticule et le navire, se rencontrait un chenal, long d'environ 5 mètres, tandis qu'également à 5 mètres de l'étrave se trouvait une ancienne crevasse, alors fermée par les pressions, mais qui devait se rouvrir au printemps.

Sur le *Grand Hummock*, formé dans la convulsion du 27 janvier 1894, était établi, sur la face regardant le navire, un dépôt de boîtes de conserves et de matériel de campement recouvert de prélards. Des *ski* et des traîneaux avaient été égale-

LE DÉBLAIEMENT DU *Fram* (MARS 1895)

LE JOUR APRÈS LE DÉBLAIEMENT (FIN MARS 1895)

ment déposés sur ce point pour le cas d'abandon du navire. A moitié route entre ce mamelon et le *Fram* avait été déposé le canot à pétrole; plus tard, lorsqu'un nouveau chenal s'ouvrit dans le voisinage, il fut transporté un peu plus loin. Enfin, la forge était installée à bâbord, adossée au monticule de pression situé contre les flancs du *Fram*. Le toit de la hutte était fait d'une série de barreaux enfoncés dans l'escarpement, sur lesquels avaient été entassés des blocs recouverts d'une solide couche de neige.

Le travail le plus urgent était de dégager le navire de l'énorme amas de glaçons que les pressions avaient entassé contre la paroi de bâbord. En cas d'un nouvel assaut survenant de ce côté, le navire courrait le risque d'être culbuté, tant que cet énorme monticule resterait debout. Le 19 mars commença le déblaiement. Le mamelon, attaqué tout à la fois par l'avant, par l'arrière et au centre, ne fut rasé qu'après un labeur acharné de huit jours. Pendant ce temps, la température se maintint entre — 38° et — 40°. En prenant part aux terrassements, Scott-Hansen eut un orteil gelé.

Par suite du départ de Nansen et de Johansen, quelques modifications furent apportées dans le logement des hommes. Je m'installai dans la cabine du chef de l'expédition, et Jacobsen dans la mienne. Le poste de tribord n'eut plus désormais que trois cadres occupés au lieu de quatre.

Entre temps, Amundsen réparait le poêle à pétrole de l'atelier. Une fois ce travail terminé, cette pièce devint la plus agréable du bord.

Le débarquement des vivres pour l'établissement du dépôt ayant montré la nécessité d'améliorer le passage du navire sur la banquise, le déblaiement achevé, nous construisons une large passerelle en neige et en glace qui facilitera les allées et venues.

Afin de nous trouver prêts à toutes les éventualités possibles, des préparatifs complets de retraite sont faits. Des traîneaux et

L'ATELIER DE CONSTRUCTION DES TRAINEAUX (JUILLET 1895)

des *kayaks* sont construits, des paniers disposés pour les provisions, et les vivres choisis et pesés. En même temps, Amundsen, Bentzen, Mogstad et Henriksen fabriquent des *ski*, dont nous manquons. Les raquettes canadiennes étant préférables, à mon avis, aux patins norvégiens pour haler les traîneaux sur une banquise accidentée, j'en fis confectionner dix paires. Ordre fut donné à tout le monde de s'exercer à la marche avec ces engins. A partir du 1er mai, lorsque les *ski* furent terminés, des courses quotidiennes sur ces patins furent également organisées, afin d'entraîner tout l'équipage.

A la fin de mars, la banquise manifesta des signes d'agitation. A une vingtaine de mètres du bord s'ouvrit, entre le navire et le dépôt, un canal autour duquel se formèrent un grand nombre de crevasses plus ou moins larges. Du 11 avril au 1er mai, se produisirent plusieurs pressions. Le 11 avril, Scott-Hansen et moi fûmes témoins de la violence de ces chocs. Nous suivions un étroit chenal, couvert de « jeune glace », épaisse, tout au plus, de 60 centimètres, lorsqu'une déchirure s'ouvrit parallèlement à la première crevasse, déterminant dans le « champ » une pression. Dans le choc, les deux bords du chenal se heurtèrent avec une telle violence que la glace s'enfonça pendant quelques instants à plusieurs mètres de profondeur.

La « jeune glace » de mer est extraordinairement plastique, et peut être soulevée en larges vagues sans donner lieu à une rupture.

Pendant la dernière partie d'avril, le chenal principal situé à l'arrière s'ouvrit de plus en plus. A perte de vue, il s'étendait vers le nord et projetait sur le ciel l'ombre foncée caractéristique de l'existence d'une nappe d'eau libre. Vers le 1er mai, près du *Fram*, sa largeur atteignait 900 mètres, plus au nord 1.433 mètres. Le lendemain, subitement, cette énorme crevasse se ferma. Les deux masses de glaces riveraines se

BANQUISE AUTOUR DU *Fram*. VUE PRISE DU DÉPÔT

rapprochèrent et se heurtèrent avec un fracas de tonnerre, soulevant un *hummock* haut de plus de 11 mètres.

Pendant le mois d'avril, le *Fram* resta pour ainsi dire immobile. Du 15 mars au 4 avril, nous avançâmes seulement de 4 milles vers le nord. Plus tard, la dérive s'accentua, sans jamais, cependant, acquérir la vitesse qu'elle avait eue au printemps précédent. Peut-être, lorsque la saison sera plus avancée, deviendra-t-elle plus rapide, écrivai-je dans mon journal à la date du 23 mai, et éviterons-nous le recul de l'été passé ! En tous cas, la banquise n'est pas aussi divisée que l'an dernier à pareille époque. Actuellement, les larges plaques voisines du navire ne présentent pas la moindre fissure.

A la fin de mai, le vent vira au sud-ouest, puis à l'ouest et au nord-ouest, et le « mouvement rétrograde de l'été » commença. Il fut de courte durée. Vers le 8 juin, sous l'influence de brises d'est, nous fûmes portés dans l'ouest et le 22, nous atteignîmes le 84° 31' de Lat. N. et le 82° 58' de Long. E. de Gr. Pendant les derniers jours du mois, et durant la plus grande partie de juillet, la dérive persista dans cette direction.

En mars, avril et mai, les calmes furent très fréquents et le vent vint généralement de l'est, toujours très faible. Ces calmes ajoutaient encore à la monotonie de notre existence et exerçaient par suite une influence déprimante sur le moral des hommes. Dans les derniers jours de mai survint une fraîche brise d'ouest ; elle ne nous était, certes, pas favorable, mais elle amenait un changement dans le monde extérieur qui nous entourait. Le 8 juin, il y eut encore un incident météorologique. Ce jour-là, s'éleva un vent violent d'E. S. E. ; sa vitesse atteignit jusqu'à 10 mètres par seconde. Depuis longtemps nous n'avions pas observé une brise aussi fraîche.

Aussitôt le découragement qui commençait à percer fait place à un regain d'énergie. Tout le monde est gai et plein d'entrain ; les chants et les rires reprennent de plus belle, tandis que, les jours précédents, les conversations se réduisaient à

MONTICULE DE GLACE FORMÉ PAR LES PRESSIONS (AVRIL 1895)

l'échange de monosyllables. On examine les cartes et on fait des plans d'avenir. Si le vent d'est persiste pendant quelque temps, nous serons tel jour à telle latitude, et très certainement nous serons de retour en automne 1896. La tête remplie de rêves joyeux et d'espérance, on oublie la situation présente.

Et pourtant elle est terriblement monotone. Nous n'avons pas même la distraction de recevoir de temps à autre la visite d'un ours. Ces animaux ont complètement disparu. Aussi, grand est l'émoi à bord, lorsque, le 7 mai, on signale la présence d'un tout petit phoque dans un chenal qui s'est récemment ouvert près du *Fram*. C'est le premier de ces amphibies que nous apercevons depuis le mois de mars. Plus tard, nous vîmes fréquemment quelques-uns de ces animaux dans les crevasses voisines du navire. Ils étaient très farouches; ce ne fut que dans le milieu de l'été que nous réussîmes à en capturer un, encore était-il de si petite taille qu'il fut tout juste suffisant pour fournir un rôti.

Le 14 mai, une mouette blanche, probablement une pagophile (*Larus eburneus*), passe autour du navire, se dirigeant vers l'ouest. Le 22, arrive le premier bruant; à compter de cette date, ces messagers du printemps deviennent de jour en jour plus nombreux. Le 10 juin, les chasseurs abattent leur premier gibier, un pétrel arctique et une mouette tridactyle, et le 20, deux guillemots de Brunnich.

Le thermomètre qui, au milieu de mars, marquait — 40° se relève peu à peu. Après être resté invariable en avril, entre — 25° et — 30°, il remonte rapidement en mai. Vers le 15, il s'élève à — 15°, et, vers le 30, à — 6°. Le 3 juin, bien que la température soit encore de — 3°, une large nappe d'eau se forme près du navire. Le 5, pour la première fois, le thermomètre s'élève au-dessus du point de congélation, à + 2°.

L'étude des profondeurs océaniques était une des principales recherches confiées à nos soins; malheureusement, le

LA FORGE (MAI 1895)

mauvais état de nos lignes nous empêcha de faire des sondages aussi fréquents que nous le désirions.

Le 24 et le 25 avril, nous sondons jusqu'à 3.000 et 3.200 mètres sans atteindre le fond. Le 22 juillet, même résultat avec des lignes de 2.500 et de 3.060 mètres. Le lendemain, nous touchons le fond par 3.800 mètres.

Dans la nuit du 22 juin, huit ou dix femelles de narvals viennent s'ébattre dans le chenal ouvert à tribord. Après leur avoir tiré plusieurs coups de feu sans résultat, je m'élançai à leur poursuite dans la baleinière, sans parvenir à les joindre. Je fis préparer des harpons, bien décidé à leur donner la chasse dès que l'occasion s'en présenterait. Le 2 juillet, je crus le moment propice arrivé. Le canal grouillait de cétacés, mais, dès que le canot fut à la mer, ils disparurent comme par enchantement. Quelques jours après ils se montrèrent dans une autre flaque d'eau ; cette fois encore nous ne pûmes les approcher.

De temps en temps, des phoques (*Phoca barbata*) se montraient autour du navire. Comme les narvals, ils étaient trop farouches pour que nous pussions les approcher. Enfin, dans les premiers jours d'août, nous reçumes la visite d'un ours. Depuis six mois aucun de ces animaux ne s'était montré.

Pendant l'été, dans toutes les directions, s'ouvraient, à chaque instant, de larges crevasses pour se refermer ensuite quelques heures plus tard. En se rejoignant, les glaçons se heurtaient avec violence; dans ces chocs, leurs bords se brisaient, s'amoncelaient et s'empilaient en *hummocks* plus ou moins larges, qui s'effondraient dès que la pression cessait. A la suite de ces convulsions, le *floe* qui portait le *Fram* se fendit de plus en plus, et, après un violent assaut survenu le 14 juillet, un chenal s'ouvrit sur le flanc du navire. Un moment je crus que le bâtiment allait quitter l'étau de glace qui l'enserrait depuis vingt-deux mois, et reprendre posses-

CHENAL OUVERT A L'ARRIÈRE DU *Fram* (JUIN 1895)

sion de son élément. Le *Fram* resta cependant pendant quelque temps encore fixé à son *floe*, virant seulement dans différentes directions, lorsque la banquise était agitée.

Le 27 juillet, la glace éprouva une convulsion absolument extraordinaire. De tous côtés s'ouvraient de larges canaux, et le glaçon sur lequel était installé la forge, tournait sur lui-même au milieu d'une nappe d'eau, comme saisi par un tourbillon ; en même temps, le navire virait du N.-E. à l'O. 1/2 S. Le *floe* qui supportait le *Fram*, craquelé de tous côtés, ne m'inspirant plus confiance, je résolus de l'abandonner en faisant sauter le bloc qui nous retenait prisonniers. Une charge de trois kilogrammes et demi de poudre à canon fut placée, sous le glaçon, à un mètre et demi de l'étrave. L'explosion détermina un choc violent dans tout le navire, mais sembla, au premier abord, n'avoir exercé aucune action sur la glace. Quelques instants après, cependant, le bloc se disloqua, et, le *Fram*, glissant lentement comme sur un ber, se trouva à flot.

Maintenant la situation du bâtiment est excellente. A bâbord se rencontre une plaque de glace, unie et peu élevée, et à tribord s'étend une nappe d'eau, longue de 190 mètres et large de 108 mètres environ. Que seulement l'hiver vienne rapidement pour couvrir ce bassin d'une bonne couche de glace !

Pendant la seconde moitié de juin et le mois de juillet, la dérive continua à notre entière satisfaction. Durant cette période, nous n'éprouvâmes guère d'alternatives de progrès et de recul vers le nord ; toutes les variations dans la direction de notre marche se produisirent dans le sens de la longitude, comme le montre le tableau de la page suivante.

Après avoir été rapidement portés vers l'ouest, du 22 au 29 juin, nous revînmes vers l'est au commencement de juillet. La dérive reprit ensuite dans la direction primitive, puis un nouveau recul se manifesta jusqu'au 12 juillet, suivi d'un nouveau progrès vers l'ouest jusqu'au 22. A partir de cette date nous rétrogradâmes jusqu'au 6 septembre. A cette date nous nous trouvions par 79° 52′, soit à peu près à la même longitude que le 29 juin.

Date.	Latitude.	Longitude.	Direction du vent.
22 juin	84° 32′	80° 58′	N.
27 id.	84° 44′	79° 35′	Nord par l'E.
29 id.	84° 33′	79° 50′	E.-N.-E.
5 juillet	84° 48′	75° 3′	S.-E.
7 id.	84° 48′	74° 7′	O.-S.-O.
12 id.	84° 41′	76° 20′	O.-S.-O.
22 id.	84° 36′	72° 56′	N.-N.-O.
27 id.	84° 29′	73° 49′	S.-O. par le S.
31 id.	84° 27′	76° 10′	S.-O.
8 août	84° 38′	77° 36′	N.-O.
22 id.	84° 9′	78° 47′	S.-O.
25 id.	84° 17′	79° 2′	E. par le N.
2 septembre	84° 47′	77° 17′	S.-E.
6 id.	84° 43′	79° 52′	S.-O.

Toutes les dispositions avaient été prises pour une retraite éventuelle. Nous possédions maintenant huit traîneaux à main, deux à chiens, cinq *kayaks* pour deux hommes et un pour moi; nous avions donc tous les moyens de locomotion nécessaires pour traverser la banquise en cas de perte du navire. Afin de compléter les préparatifs, je fis disposer sur le pont deux dépôts contenant, l'un soixante-dix jours de vivres, l'autre des approvisionnements pour six mois.

Dans l'après-midi du 17 août, une pression très violente se produisit, et lentement souleva le *Fram*, comme un fétu de paille à une hauteur de 5^m,50 à l'arrière et de 3^m,55 à l'avant. Le lendemain, une détente de glace ramena le navire à flot. Le 21, nouvelle pression. Dès que la banquise donnait des signes d'agitation, nous essayions de déplacer le navire pour le soustraire aux attaques de la glace. A cette époque, les tempêtes de sud étaient fréquentes, et souvent, en dépit de nos efforts, nous ne réussissions pas à faire bouger le *Fram* d'une ligne. Le 22 août, nous étions parvenus cependant à haler le bâtiment près d'un glaçon capable de résister aux collisions, lorsqu'une détente de la banquise amena autour de nous une flottille de blocs dont le voisinage pouvait devenir dangereux. Jusqu'au 2 septembre, une brise très fraîche, accompagnée de grains violents, nous obligea à rester dans cette position. Cette bourrasque passée, après deux jours de travail acharné, nous parvînmes à faire avancer le navire dans une sorte de dock creusé dans l'épaisseur d'un gros bloc, formant un excellent havre d'hivernage.

Pendant la première moitié de septembre, le temps fut très variable. Durant cette période, les vents d'ouest et de sud-ouest prédominèrent, amenant de fréquentes chutes de pluie et de neige et déterminant des mouvements dans la glace. Le 15 septembre, à la suite d'une détente de la banquise une petite mer se forma entre le navire et le *grand hummock*. Les jours suivants, l'agitation de la glace nous obligea à rentrer à bord les dépôts et les installations établis au dehors.

En octobre également, la banquise fut presque constamment en mouvement. A chaque instant s'ouvraient des fissures, tantôt dans une direction, tantôt dans une autre, et très fréquemment de violentes pressions se produisaient. Heureusement nous nous trouvions dans un excellent mouillage. Les deux caps qui formaient saillie de chaque côté de la baie brisaient les efforts des assauts, tandis que la « jeune glace » située à l'ouverture du dock ne pouvait exercer une pression dangereuse. L'attaque la plus violente survint le 26 octobre, mais sans grand effet. Le *Fram* avait éprouvé des chocs autrement terribles.

A partir du 1ᵉʳ novembre, nous entrâmes dans une période de calme. Les pressions cessèrent presque complètement, la température s'abaissa, les vents d'est devinrent dominants, et tout le restant de l'hiver nous continuâmes paisiblement notre route vers le nord et l'ouest.

LE NETTOYAGE DE L'ACCUMULATEUR

Pendant l'automne, la dérive avait mis notre patience à une rude épreuve. Par suite de la prédominance des vents d'ouest, nous étions sans cesse rejetés dans l'est. En vain chaque jour nous espérions un changement de brise, jamais il ne se produisait. Fort heureusement le recul était très lent, et un jour ou deux de bon vent nous ferait regagner promptement la distance perdue.

Le 22 septembre, le deuxième anniversaire de notre entrée dans la banquise fut célébré par une petite fête. Les résultats de la dérive pendant cette seconde année étaient excellents. Dans les douze derniers mois, nous avions parcouru une distance presque double du parcours effectué durant les douze premiers. Si le mouvement de translation se poursuit avec la même vitesse, très certainement nous serons délivrés l'an prochain à pareille époque.

A partir du 22 septembre, comme le montre le tableau suivant de nos positions pendant l'hiver 1895-1896, la situation s'améliora encore. A compter de cette date, nous fûmes régulièrement entraînés vers l'ouest, et jusqu'à la seconde semaine de janvier nous avançâmes du 82°5′ de Long. E au 41°41′ de Long. E. de Gr.

Date.	Latitude.	Longitude.	Direction du vent.
6 septembre 1895.	84°43′	79°52′	S.-O.
11 id. ...	84°59′	78°15′	E.
22 id. ...	85° 2′	82° 5′	Calme.
9 octobre.....	85° 4′	79°30′	E.
19 id.	85°45′	78°24′	E. par le N.
25 id.	85°46′	73°25′	N.-E.
30 id.	85°46′	70°50′	N.-N.-O.
8 novembre ...	85°41′	65° 2′	E.
15 id. ...	85°55′	66°31′	E.-N.-E.
25 id. ...	85°47′	62°56′	N.-E. au N.
1 décembre ...	85°28′	58°45′	E.
7 id. ...	85°26′	54°40	N.-E.
14 id.	85°24′	50° 2′	Calme.
21 id. ...	85°15′	47°56′	N.-E.
28 id. ...	85°24′	48°22′	N.-O.
9 janvier 1896..	84°57′	41°41′	N.

A partir du milieu de septembre, le froid augmenta sensiblement, ainsi que le montre le tableau suivant :

Date.	Minimum.
16 septembre	— 12°,5
26 id.	— 24°
19 octobre	— 30°
5 novembre	— 32°,2
9 id.	— 38°,3
22 id.	— 43°,6
31 décembre	— 45°,6

En général, pendant les trois derniers mois de 1895, le temps fut beau et clair avec de faibles brises. Seulement de temps à autre, comme le 29 octobre et les 11, 26 et 27 novembre, le vent souffla grand frais, atteignant une rapidité de 14^m,5 à la seconde.

Le 6 septembre, les narvals qui venaient gambader dans le voisinage du navire nous quittèrent; quelques jours plus tard les derniers oiseaux, des stercoraires (*Lestris parasitica*) partirent.

Le 12 septembre, pour la dernière fois, le soleil se montra à minuit au-dessus de l'horizon; le 8 octobre il disparut complètement.

Nous allons maintenant supporter la plus longue nuit arctique qu'aucune expédition ait affrontée jusqu'ici. Le 26 octobre, l'obscurité est déjà si complète qu'on ne peut percevoir aucune différence entre le jour et la nuit.

Chaque fois que le temps et la surface de la banquise le permettent, des excursions en patins sont entreprises aux environs du navire.

Le 7 octobre, au cours d'une de ces promenades, l'un de nous découvre sur la glace un tronc d'arbre, long d'environ deux mètres, encore garni de ses racines, provenant très certainement des forêts de Sibérie.

En même temps, nous faisons de fréquentes marches sur la

banquise. A partir du 20 novembre je fais passer un ordre enjoignant à tous les hommes de prendre deux heures d'exercice par jour en plein air.

Il faut nous préparer à toutes les éventualités. La solidité du *Fram* nous inspire la plus grande confiance; néanmoins je prends des précautions afin de nous garder contre toute surprise. Pour cela, de nouvelles mesures sont ordonnées en vue d'assurer la retraite en cas de malheur. Dans ce but, le 8 octobre, le lieutenant Scott-Hansen et Mogstad font un exercice de halage de traîneau avec une charge de 89 kilogrammes. Partis à neuf heures et demie du matin, ils ne rentrent à bord qu'à cinq heures, après avoir parcouru 8 milles. A la fin du mois, nous établissons sur la glace un second dépôt renfermant six mois de vivres.

Le 28 novembre nous passons le 60° de Longitude. A cette occasion une fête est organisée à bord. Le carré est décoré de pavillons, et un somptueux dîner est servi avec accompagnement de café. Après le souper, dessert, consistant en fruits conservés.

L'année 1896 s'ouvrit par un temps magnifique, mais très froid. Une lune extraordinairement brillante resplendissait au-dessus de la banquise, dans un ciel absolument pur. Pour contempler ce beau spectacle, il fallait affronter un froid de 43 degrés.

En février, la glace, tranquille depuis un mois, commença à s'agiter de nouveau. Le 4, une pression se produisit, accompagnée des terribles grondements habituels. A midi, l'obscurité était encore si profonde, que nous ne pouvions observer les mouvements de la banquise. Le 7, pendant une excursion que nous fîmes dans la direction du sud, une large crevasse se forma tout près du navire. Lors de son ouverture, le navire reçut une secousse très très violente. Dans la nuit, nous éprouvâmes également un choc terrible, déterminé également par le même phénomène.

Le 13, accompagné d'Henriksen et d'Amundsen, j'allai examiner la banquise dans le sud. Dans cette direction, elle

OBSERVATION MÉRIDIENNE AVEC LE SEXTANT ET L'HORIZON ARTIFICIEL

était découpée par de nombreux canaux. Durant notre promenade, ainsi que dans la journée du lendemain, le chenal situé près du navire s'ouvrit de plus en plus, et, le 16, une violente pression se manifesta sur ses bords. La glace craquait et mugissait, produisant un bruit comparable à celui d'une puissante chute d'eau.

Chaque jour, pour ainsi dire, de nouvelles collisions survenaient et constamment de nouvelles crevasses s'ouvraient, puis se refermaient. A cette phase de convulsions succéda une période de calme jusqu'au 10 avril. A cette date, l'agitation recommença. Dans la nuit du 15, elle fut particulièrement terrible et menaça nos dépôts, que nous dûmes ramener près du navire. Le 21 au matin, nouvelle attaque très violente. Un énorme *floe*, poussé contre l'arrière du navire, faillit culbuter sur le pont.

Le 13 mai, le chenal, situé entre la forge et le *Fram*, commença tout à coup à s'agrandir et atteignit bientôt une largeur d'environ 180 mètres. Un second canal s'étendait très loin vers le sud-est et un troisième vers le nord-est. A dix heures du soir, du « nid de corbeau » une ouverture considérable était visible dans le sud à perte de vue. En présence de cette singulière situation, je résolus d'essayer de dégager le *Fram*.

L'explosion de six fourneaux de mine creusés à l'avant n'amena aucune désagrégation dans notre prison de glace. De nouvelles tentatives n'ayant pas été plus heureuses, nous resolûmes d'attendre des circonstances meilleures.

Pendant les deux premières semaines de janvier, le temps fut très clair et très froid; le thermomètre descendit à 40° et 50° sous zéro. Le 15 janvier, il s'abaissa même à —52°. Durant la seconde moitié de ce mois, une hausse de température se produisit, suivie d'une baisse au commencement de février. Le 13 février, le thermomètre redescendit à —48°, pour remonter ensuite à la fin du mois jusqu'à —35° environ. Le 5 mars, —40°. A partir de cette dernière date, un réchauffement rapide fut constaté. Le 12, nous notâmes —12° et le 25 —6°. Avril fut relativement froid, environ —25°; le 13, —34°. La première semaine de mai, également, ne fut pas précisément chaude. A cette époque, le thermomètre oscilla entre —20° et —25°. La température se radoucit ensuite, et, après avoir marqué —14°, le thermomètre s'éleva, le 21, pour la première fois de l'année, au-dessus du point de congélation (+ 0°,9).

A différentes reprises, nous eûmes l'occasion d'observer des changements de température très brusques. Le 21 février, dans la matinée, le ciel était couvert, et un vent très frais soufflait du sud-est. Dans l'après-midi, la brise mollit (Vitesse : 4^m,20 à la seconde) après avoir sauté au sud-ouest. En même temps, le thermomètre qui, le matin, s'élevait à —7°, tomba à —25°; quelques minutes avant la saute du vent, il avait même marqué —6°. Sur ce phénomène, mon journal renferme le passage suivant : « Après une promenade sur le pont, avant de redescendre dans le carré, j'allai examiner la situation à l'arrière. En passant la tête hors de la tente, je sentis une bouffée d'air si chaud, que je crus à un incendie à bord. Je ne tardai pas à reconnaître que cette impression provenait de la haute température extérieure. Sous la tente, le thermomètre marquait —19°; exposé à l'air, il montait, au contraire, à —6°. Pendant quelque temps nous nous promenâmes, aspirant à pleins poumons cet air tiède qui nous caressait agréablement la figure. »

Le 8 mars, nous éprouvâmes également une saute semblable de température. Le matin, le ciel était nuageux, avec une brise fraîche de l'E. N. E.; à trois heures, le vent tomba, puis, à six heures, recommença à souffler légèrement du S. S. E. En même temps, la température monta de —26° à —8°.

Pendant notre troisième hiver au milieu de la banquise, la dérive donna des résultats excellents, notamment en janvier et au commencement de février. Durant ces six semaines nous avançâmes du 48° au 25° de Long. E., sous le 84° 50'. Le mouvement de translation fut particulièrement rapide du 28 janvier au 3 février, sous l'influence d'une brise d'est constante, très fraîche. Le 2, elle souffla même en tempête ; ce jour-là, la vitesse du vent atteignit de 17 à 20 mètres à la seconde, dépassant même quelquefois ce chiffre dans les rafales. Ce fut la seule bourrasque que nous éprouvâmes pendant tout le voyage.

Le 15 février, après avoir atteint le 23° 28′ Long. E. sous le 84° 20′, le *Fram* revint, le 29, au 27° de Long. E. La dérive vers l'ouest fut ensuite plus lente, mais, en revanche, plus marquée dans la direction du sud. Le 16 mai, nous nous trouvions par 83° 45′ de Lat. N. et 12° 50′ de Long. E.

Le 28 février, nous tuâmes deux ours. Depuis bientôt seize mois nous étions privés de viande fraîche, et depuis quatre mois nous n'avions pas réussi à tuer un de ces animaux.

Le 4 mars, nous revîmes le soleil. La veille, il s'était élevé au-dessus de l'horizon, mais les nuages nous avaient empêchés de le distinguer.

Pendant ce nouvel hivernage, toutes les observations scientifiques habituelles furent exécutées avec le même zèle et la même ponctualité que les années précédentes. Durant cette période, nous exécutâmes des sondages, sans réussir à atteindre le fond, avec une ligne de 3.000 mètres.

A mesure que le printemps approchait, des crevasses apparaissaient de plus en plus nombreuses autour du navire. Il était donc temps de nous préparer à nous frayer un passage, dès que la banquise serait suffisamment disloquée. A différentes reprises pendant le cours de l'hiver, l'ouverture brusque de canaux nous avait obligés à changer de place les dépôts. Les fissures plus ou moins larges qui se formaient maintenant de tous côtés, pouvant mettre en danger les approvisionnements laissés sur la glace, je pris le parti de les rentrer dans la cale.

Le 25 avril, arriva le premier messager du printemps, un bruant des neiges. Il élut domicile dans un des canots et devint promptement très familier. A notre grand regret, après un court séjour, il disparut. Le 3 mai, nous eûmes la visite d'un second passereau ; puis, quelques jours après, de deux autres. Ils nous régalèrent d'un petit concert qui fut pour nous comme l'annonce de la délivrance prochaine.

II

Le 17 mai 1896, nous nous trouvions par 83°45′ Lat. N. et 12°50′ Long. E. Comme les années précédentes, la fête nationale fut célébrée en grande pompe. Après quoi, nous nous mîmes au travail pour rendre le navire capable de naviguer, lorsque le moment de la délivrance serait arrivé.

Les jours suivants, le gouvernail et la machine furent remontés ; le 19, les feux purent être allumés et, le 20, Amundsen put faire fonctionner sa machine. Désormais, le *Fram* n'était plus une « baille » abandonnée aux caprices de la dérive ; après un long assoupissement, notre excellent navire était revenu à la vie. Il nous semblait que lui aussi allait s'écrier avec enthousiasme : En marche vers le Sud, vers le pays natal !

Quoique le printemps approche, l'état de la glace est cependant loin de nous promettre une délivrance immédiate. La température s'élève, la neige fond rapidement, mais nous restons toujours immobiles aux environs du 84° Lat. N. que nous avons atteint depuis plusieurs mois. Du « nid de corbeau », à perte de vue s'étend vers le sud un large chenal dont nous sommes séparés par une bande de glace massive, large de 180 mètres, absolument impénétrable.

A la fin de mai, à la suite de fraîches brises d'est et de nord, la banquise continua à s'ouvrir et à dériver vers le sud-ouest. Le 29, nous pouvions apercevoir dans le sud de vastes étendues d'eau libre ; en outre, la couleur du ciel indiquait l'existence dans cette direction d'une mer relativement dégagée. Je résolus donc d'essayer de faire sortir le *Fram* de sa prison de glace.

Dans la matinée, le feu fut mis à une mine chargée de 52 kilogrammes de poudre à canon. L'explosion eut des résultats très satisfaisants. Un nouveau coup de mine, et nous serions débloqués, pensions-nous après cette première expérience. Un nouveau fourneau fut donc creusé à une profondeur de 9 mètres et chargé. La seconde explosion eut des effets non moins terribles que la première. Une énorme colonne d'eau et de glace jaillit en l'air, sans cependant déterminer la dislocation complète de notre étau.

Le lendemain, nous reprîmes notre travail de mineurs, sans réussir à dégager le *Fram*. Le 2 juin, nous mîmes le feu à un nouveau fourneau établi tout contre le navire, et chargé de 330 grammes de fulmi-coton. Le résultat fut, cette fois, excellent. Le bâtiment se trouva presque complètement à flot; le lendemain, il reprenait définitivement possession de la mer.

En mai, des phoques et des cétacés se montrèrent autour du navire. En juin et juillet, les visiteurs de toute espèce devinrent très nombreux et les chasseurs purent à volonté satisfaire leur passion favorite. Ils abattirent un très grand nombre de pétrels arctiques, de guillemots de Brünnich, de guillemots nains, des stercoraires, quelques eiders et même quelques petits échassiers. Nous tirâmes également un grand nombre de jeunes phoques que nous ne pûmes pour la plupart réussir à capturer. Dès qu'ils étaient tués, immédiatement ils coulaient.

La chasse à l'ours fut particulièrement fructueuse; pendant le cours de l'été, nous n'en tuâmes pas moins de dix-sept. Nous parvînmes même à capturer vivant un ourson. Après l'avoir conservé pendant quelque temps à bord, nous fûmes obligés de l'abattre. Toute la journée, la malheureuse bête ne

OBSERVATOIRE MÉTÉOROLOGIQUE SUR LA BANQUISE

cessait de hurler et de faire un sabbat de tous les diables.

Une nuit de juin, en allant relever les observations météorologiques, Henriksen se trouva tout à coup nez à nez avec un ours. Avant de se mettre en route, il avait soigneusement examiné la banquise environnante et n'y avait observé rien d'anormal. En approchant de l'abri où étaient placés les

LE *Fram* AU MOMENT DE LA DÉLIVRANCE

instruments, soudain il entendit un sifflement tout près de lui et aperçut un ours énorme qui le regardait tranquillement. La rencontre n'était pas précisément agréable, d'autant que notre ami n'était muni d'aucune arme. Fallait-il opérer une retraite honorable ou fuir à toutes jambes? se demandait anxieusement Henriksen. Le navire était loin. Si l'ours avait des intentions malveillantes, mieux valait filer au plus tôt, et notre camarade décampa prestement. Sans incident, il parvint à regagner le bord, et, après avoir pris son fusil, repartit de suite en campagne. Entre temps, les chiens avaient flairé le gibier et s'étaient mis à ses trousses. L'ours, se voyant serré de près, bondit sur le toit de l'observatoire, où la meute le suivit. Devant cette attaque impétueuse, l'animal sauta en bas de son refuge avec une telle rapidité qu'Henriksen n'eut pas le temps de le tirer et il gagna promptement un chenal voisin où il disparut immédiatement.

Ces chasses eurent d'excellents résultats à tous les points de vue. D'abord, elles relevaient le moral des hommes qui, à cette époque, commençaient à être découragés, et, en second lieu, nous permettaient d'avoir un ordinaire abondant de viande fraîche. Grâce à ce régime, ceux d'entre nous qui avaient maigri recommencèrent à engraisser.

Les jours s'écoulaient et l'état de la glace ne semblait guère présager la délivrance tant désirée. Le 8 et le 9 juin, le *Fram* subit de violentes pressions. La dernière souleva l'arrière du navire à une hauteur de 1^m,80 et l'avant à 0^m,60 au-dessus de la surface de la mer. Le 10 et le 11, nous éprouvâmes encore de nouvelles attaques.

Le lendemain, la banquise s'étant détendue, nous en profitâmes pour amener le navire dans une grande nappe voisine, où nous restâmes jusqu'au 14. A cette date, la glace s'étant écartée et un chenal apparaissant dans le sud-ouest, je résolus de faire route dans cette direction.

Nous allumons les feux, gréons le gouvernail, puis lançons le *Fram* à l'assaut de la banquise, afin de lui frayer un passage à travers une étroite crevasse accédant au chenal. En dépit de tous nos efforts, les glaçons restent absolument immobiles. Après cette tentative, nous devons revenir en arrière pour éviter d'être coincés entre les blocs.

Le 27, nous recommençons la tentative. A onze heures trente du matin, nous nous mettons en marche; deux heures et demie plus tard, nous sommes obligés de mouiller. Nous avons toutefois réussi à parcourir deux milles dans le sud-est. Jusqu'au 3 juillet, toute issue nous est fermée. Ce jour-là, un chenal s'ouvre vers le sud-sud-ouest ; aussitôt nous partons et parvenons à avancer de trois milles dans cette direction. Ensuite, nouvel arrêt. Dans la nuit du 6 au 7, la banquise éprouve une détente ; immédiatement nous reprenons notre marche. Cette fois, le résultat n'est guère satisfaisant. Nous ne gagnons qu'un mille.

Les vents du sud dominaient à cette époque, maintenant la banquise compacte. D'autre part, à partir du milieu de juin, un courant qui, tour à tour, portait en vingt-quatre heures dans toutes les directions du compas, contribuait à fermer les canaux en jetant les *floes* tantôt d'un côté, tantôt d'un autre. Au milieu de ce tourbillon de glaces le *Fram* recevait des chocs si violents, que les objets laissés sur les tables étaient jetés à terre et que la mâture était secouée dans toutes ses parties.

La mer était également, dans ces parages, très profonde. Le 6 juillet nous ne trouvâmes pas de fond par 3.000 mètres ; deux jours après, sous le 83° 2′ de Lat. N. nous rencontrâmes une profondeur de 3.200 mètres.

Dans la journée du 6, nous parvenons à haler le navire sur de petites distances, au prix de terribles efforts. La glace et surtout le vent contraire paralysent nos progrès. Néanmoins, si peu que ce soit, nous avançons vers le sud. Dès qu'une ouverture se forme, nous poussons le navire en avant. Mais toutes nos peines n'aboutissent à aucun résultat. Une lente dérive nous repousse maintenant vers le nord. Nous sommes revenus au 83° 12′. Dans ces conditions il est inutile de prolonger la lutte et préférable d'attendre des circonstances meilleures.

Le 17 juillet au soir, la glace s'ouvre de nouveau. De suite les feux sont allumés. Nous réussissons à nous glisser jusqu'à un immense *floe*, long de plusieurs kilomètres, situé à 3 milles dans le sud. Nous nous amarrons à cet immense radeau de glace et attendons. Dans la soirée la banquise éprouve une détente; malheureusement un épais brouillard nous condamne à l'immobilité.

Le 19, nous parvenons à reprendre notre marche; dans la journée nous parcourons 10 milles. Le lendemain, à minuit, nous atteignons le 82° 39'. Les jours suivants, nos progrès sont relativement rapides.

Le 27, nous arrivons au 81° 32'.

Pendant quelques jours, ensuite, impossible de bouger. Le 2 août nous n'avons gagné que 6 milles sur la position du 27. Le 3, nous avançons de 2 milles, puis nous sommes arrêtés par une masse de glace absolument impénétrable. Le 8, seulement, nous pouvons nous remettre en marche. Nous avions parcouru 6 milles, lorsque le chenal devint tout à coup très étroit. Impossible d'engager le navire dans cette fente. Sans aucun résultat nous essayons de faire sauter les glaçons, et lançons à toute vitesse le *Fram* contre les blocs. Les *floes* sont beaucoup plus résistants qu'ils n'en ont l'air. Formés de débris très épais et très compacts de monticules produits par les pressions, ils sont en très grande partie immergés par suite de leur forte densité. En voyant ces glaçons très bas sur l'eau, on ne soupçonne guère leur importance. Sous les chocs de l'étrave ces glaçons ne cèdent pas, et leur épaisseur les rend inattaquables à la mine.

Dans cette lutte pour se frayer un passage, le *Fram* recevait des chocs terribles qui eussent mis à mal tout autre navire. Souvent il lui arrivait de heurter violemment de gros blocs au moment où ils émergeaient, ou de donner contre des *hummocks* au moment où ils allaient capoter. Lorsque ces énormes glaçons s'abattaient dans l'eau, la mer était soulevée par d'énormes vagues, absolument comme en tempête.

Pendant deux jours nous travaillons à nous frayer un chemin à travers cet amoncellemnt de glaçons. Tant d'efforts aboutissent seulement à un progrès de 2 milles.

Le 11 et le 12, marche très lente. Toujours de nouveaux obstacles. Après avoir craint un moment d'être complètement bloqués, nous pouvons reprendre notre route.

Le peu d'épaisseur d'un grand nombre de glaçons, l'existence de plusieurs larges canaux visibles du « nid de corbeau » dans le sud, l'abondance des oiseaux et des phoques indiquent le voisinage de la mer libre. Courage donc! Dans l'après-midi du 12, après être parvenus à nous dégager de plusieurs *floes* menaçants, nous faisons route dans le S. E. La glace devient de plus en plus mince. Nous pouvons nous frayer un passage de vive force à travers ces petits glaçons. De cinq heures et demie du soir à minuit, nous parcourons 13 milles. Nous gouvernons ensuite dans le S. O., puis dans le S., et dans le S. E. A trois heures du matin apparaît dans cette dernière direction une large étendue d'eau libre, et, à trois heures quarante-cinq, nous rangeons les dernières glaces flottantes.

En trente-huit jours, au prix d'un effort herculéen, nous avions réussi à traverser une épaisse banquise large de 180 milles.

Maintenant nous sommes libres, délivrés de l'étau de glace qui nous enserre depuis bientôt trois ans. Pendant quelque temps nous ne pouvons en croire nos yeux, nous avons l'impression d'être le jouet d'un rêve. Mais non, cette eau bleue qui clapote gaiement contre l'étrave, existe bien!

Le *Fram* est définitivement libre et, comme dernier adieu à la banquise, nous lui envoyons une salve générale. La silhouette blanche des derniers *hummocks* disparaît bientôt dans la brume.

A sept heures du matin, un bâtiment est en vue ; de suite, le cap est mis sur lui, afin d'obtenir des nouvelles de Nansen et de Johansen. C'est la galiote les *Sœurs*, de Tromsö.

Dès que nous sommes arrivés à portée de voix, nous hélons nos compatriotes : « Avez-vous des nouvelles de Nansen ? — Non, » répond-on du bord. Aussitôt une profonde tristesse nous envahit tous.

Après cette rencontre, nous faisons route vers l'extrémité nord-ouest du Spitzberg. Un moment la terre est en vue. Depuis 1.041 jours, nous ne l'avons pas aperçue; pendant tout ce temps, nos yeux n'ont contemplé que de la glace et toujours de la glace. Dans la matinée du 14 août, le *Fram* mouille devant l'île des Danois, où nous trouvons l'expédition aéronautique suédoise d'Andrée. Pas plus que l'équipage norvégien rencontré la veille, elle n'a de nouvelles de Nansen.

Dans ces conditions, le plus sage est de nous hâter le plus possible, et le 15, à trois heures du matin, nous prenons le chemin de la Norvège, en suivant la côte occidentale du Spitzberg.

Nous sommes péniblement impressionnés par le manque de nouvelles; nous n'avons cependant aucune crainte sérieuse à l'égard de nos camarades, depuis que nous savons la présence de la mission Jackson à la terre François-Joseph. Probablement, Nansen et Johansen ont rencontré les Anglais et attendent simplement une occasion de rentrer en Norvège. Mais, s'ils n'ont pas trouvé l'expédition de Jackson, évidemment quelque accident a dû leur arriver; il est donc de toute nécessité d'aller promptement à leur secours. Aussi sommes-nous décidés, si à Tromsö nous n'avons aucune nouvelle, à repartir immédiatement pour la terre François-Joseph, à la recherche de nos amis.

Le 19, à neuf heures du matin, les montagnes de Norvège sont en vue, et le 20, à deux heures du matin, nous arrivons devant Skjervö, une petite station au nord de Tromsö.

Dès que le *Fram* est mouillé, je vais à terre et de suite me dirige vers le bureau télégraphique. A cette heure matinale il est, bien entendu, fermé. Je frappe vigoureusement à toutes les portes; une tête paraît à une fenêtre, et s'écrie : « Qu'y a-t-il? Est-ce l'heure de faire un pareil bruit! — Soit, répondis-je immédiatement, seulement veuillez avoir la bonté de m'ouvrir, je viens du *Fram*. » Aussitôt l'employé s'habille en toute hâte, et bientôt m'introduit dans son bureau. En quelques mots je lui raconte notre délivrance et notre désappointement en arrivant au Spitzberg de n'avoir point appris le retour de Nansen.

« Nansen, mais je puis vous donner de ses nouvelles, me répondit mon interlocuteur. Il est arrivé le 13 août à Vardö, et est actuellement à Hammerfest. Aujourd'hui il partira probablement pour Tromsö, à bord d'un yacht anglais.

— Comment! Nansen est arrivé? » et d'un bond je suis dehors pour porter la bonne nouvelle aux camarades.

En l'honneur de cet heureux événement nous poussons des hurrahs, nous tirons des salves. Maintenant notre joie est sans mélange. L'allégresse est indescriptible.

A dix heures du matin nous nous remettons en route, et le soir même mouillons à Tromsö. Le lendemain, le yacht de sir George Baden Powell, l'*Otaria*, amenait Nansen et Johansen. Après une séparation de dix-sept mois, tous les membres de l'expédition se trouvaient de nouveau réunis.

CONCLUSION

Actuellement je ne puis présenter qu'un résumé très sommaire des résultats obtenus par l'expédition polaire norvégienne. Si abondante est la moisson d'observations scientifiques par nous recueillie que l'étude de ces matériaux par les spécialistes ne pourra être publiée de si tôt.

En premier lieu, nous avons constaté que l'Océan qui enveloppe le Pôle et au milieu duquel se trouve ce point mathématique, est très profond et non pas un bassin recouvert d'une mince tranche d'eau et parsemé de terres et d'archipels, comme on le croyait jusqu'ici. Il est la continuation des fosses abyssales de l'Atlantique ouvertes entre le Grönland et le Spitzberg. L'étendue de cet océan ne peut, encore aujourd'hui, être fixée avec certitude. D'après nos observations, il se prolonge au nord de la terre François-Joseph et, très vraisemblablement, il comprend en outre la mer située à l'est des îles de la Nouvelle-Sibérie. Durant sa dérive, la *Jeannette* ne trouva-t-elle pas les plus grands fonds qu'elle ait sondés, à mesure qu'elle avançait vers le nord? Diverses raisons me portent à croire que ces abîmes océaniques s'étendent également à une grande distance vers le nord. D'abord, soit pendant notre dérive sur le *Fram*, soit au cours de notre expédition vers le nord, nous n'avons observé aucun indice du voisinage d'une terre importante. Partout, notamment dans la direction du Pôle, la glace semblait se mouvoir librement. En second lieu, tandis que la brise refoulait péniblement la banquise vers le sud-est, la vitesse de la dérive, aussitôt qu'un vent de sud soufflait, devenait très rapide vers le nord. Si une terre eût existé de ce côté, très certainement elle eût arrêté ce mouvement. Enfin, la présence des énormes masses de glaces flottantes qui filent au sud, le long de la côte orientale du Grönland, vient à l'appui de mon hypothèse. Des banquises aussi étendues ne peuvent provenir que d'une mer beaucoup plus large que celle que le *Fram* a traversée. Si notre navire, au lieu de gagner les eaux libres, au nord du Spitzberg, avait continué sa dérive, il serait parvenu en vue du Grönland oriental. Probablement, il n'aurait pu approcher de la côte, arrêté dans cette direction par une large nappe de glace. Cette glace doit provenir d'une mer située au nord de celle que nous avons parcourue. Par contre, il est très vraisemblable que, de l'autre côté du Pôle, l'archipel américain se prolonge vers le nord à une grande distance au delà des dernières terres connues.

Un des principaux résultats de notre voyage a été la découverte de l'itinéraire suivi par les banquises en dérive à travers le bassin arctique depuis le détroit de Bering jusqu'à l'Atlantique. A la place de la calotte de glace massive et immobile que les géographes plaçaient autour du Pôle, nous avons trouvé des masses de glace en perpétuel mouvement.

La dérive des glaces polaires est déterminée en grande partie par les vents. Dans l'Océan Arctique de Sibérie, les brises dominantes soufflent du sud-est et de l'est, et, au nord du Spitzberg, du nord-est; par suite, la translation des banquises s'opère dans ces directions. Nos observations prouvent de plus l'existence d'un faible courant suivant la même direction.

Les observations hydrographiques exécutées par l'expédition ont abouti à des résultats surprenants. Jusqu'ici, on croyait le bassin polaire rempli d'eau froide, à une température d'environ $-1°,5$. Nous avons, au contraire, découvert, en dessous de la couche superficielle froide, d'épaisses nappes d'eau relativement chaude — parfois, la température s'élève à $+1°$ — et d'une très forte salinité. Ces eaux chaudes et salées proviennent évidemment du courant atlantique dit *Gulfstream*, portant au nord et au nord-est, au large de la Nouvelle-Zemble et le long de la côte ouest du Spitzberg. Arrivés dans le voisinage de ces terres, elles plongent sous la nappe superficielle plus légère et viennent remplir les profondeurs du bassin polaire. La plus haute température atteinte par cette eau se rencontre entre 375 et 450 mètres ; à mesure que la profondeur augmente, elle décroît régulièrement, pour se relever ensuite aux approches du fond. Les théories sur la circulation des eaux océaniques admises jusqu'ici se trouvent ainsi modifiées dans une large mesure.

Je ne puis entrer pour le moment dans la discussion de nos nombreuses observations magnétiques, astronomiques et météorologiques. A la fin du volume, le lecteur trouvera le tableau de la température moyenne de l'air pendant chaque mois de notre voyage.

Bien des problèmes scientifiques ne sont pas encore résolus dans les régions polaires, mais notre expédition a soulevé le voile de ténèbres qui les enveloppait, et permet maintenant de se faire une idée précise d'une partie de notre globe jusque-là entourée de mystères.

L'œuvre est simplement ébauchée. Il reste encore de nombreuses et intéressantes recherches à poursuivre, qui ne pourront être menées à bien que par de longues années d'observations et par un nouveau voyage accompli dans les mêmes conditions que le nôtre. Guidés par notre expérience, les explorateurs futurs pourront choisir un équipement encore meilleur que celui du *Fram*; un procédé d'investigation préférable au nôtre ne peut cependant être imaginé. A bord d'un navire solide et résistant, comme l'est notre cher *Fram*, les naturalistes peuvent s'installer aussi confortablement que dans une station à terre, y établir leurs laboratoires et employer les instruments les plus délicats.

Une semblable expédition sera, je l'espère, prochainement

organisée. Si elle part du détroit de Bering et se dirige vers le nord, ou plutôt vers le nord-est, je serais très surpris si elle ne rapportait pas des observations beaucoup plus importantes que les nôtres. Une telle entreprise exigera, par exemple, une grande patience ; très certainement, une nouvelle expédition durera plus longtemps que la nôtre et devra être très bien outillée.

Notre exploration a, d'autre part, montré qu'avec de petits moyens on peut obtenir beaucoup. Si des explorateurs, parfaitement équipés, se décident à se transformer en Eskimos, et à se contenter du strict nécessaire, il est possible de parcourir des distances considérables dans des régions qui, jusqu'ici, étaient considérées comme fermées à l'homme.

AUTOGRAPHE DU Dr FRIDTJOF NANSEN

« Norvège! Norvège! Des huttes et des maisons! Aucun palais! Tu es notre pays! Tu es le pays de l'avenir!

« BJÖRNSTJERN BJÖRNSÖN. »

APPENDICES

I

Note sur les plantes fossiles recueillies aux environs du cap Flora.

Lettre du professeur A.-G. Nathorst au Dr Fridtjof Nansen.

Les empreintes les plus abondantes dans votre collection appartiennent à une espèce de conifère très voisine du *Pinus Nordenskiöldii* Heer, trouvée dans les assises jurassiques du Spitzberg, de la Sibérie orientale et du Japon. Votre série renferme également des aiguilles d'une autre espèce de pin, des empreintes de fleurs ainsi que des fragments d'un cône encore muni de quelques graines (fig. 1 et 2). L'une d'elles ressemble à celle du *Pinus Maakiana* Heer, du jurassique de Sibérie. Je dois encore signaler les empreintes d'un *Taxites* à larges feuilles, ressemblant au *Taxites gramineus* Heer (jurassique du Spitzberg et de Sibérie). Ses feuilles ont à peu près les mêmes dimensions que celles du *Cephalotaxus Fortunei*, existant actuellement en Chine et au Japon. Il est intéressant de trouver également dans votre collection des débris appartenant au genre *Feildenia* (fig. 4 et 5), qui n'a jusqu'ici été rencontré que dans les régions polaires. Ce genre a été découvert par Nordenskiöld dans les couches tertiaires du cap Staratschin, au Spitzberg, en 1868, et décrit par Heer sous le nom de *Torellia*. Ultérieurement, il fut rapporté par Feilden des strates tertiaires de la baie de la Découverte (Discovery Bay), à la terre de Grinnell pendant l'expédition polaire anglaise de 1875-1876. A la suite de cette trouvaille, Heer remplaça la dénomination générique *Torellia* par celle de *Feildenia*, la première ayant déjà été attribuée à des mollusques. En 1882, j'ai trouvé cette espèce dans les assises supérieures du jurassique au Spitzberg. Les feuilles ressemblent à celles d'une sous-espèce (*nageia*) du genre actuel *Podocarpus*.

Le plus bel échantillon rapporté par vous est une feuille complète d'un petit *ginkgo* (fig. 6). Ce genre, caractérisé par des feuilles munies d'une véritable tige, ne se trouve aujourd'hui qu'au Japon; encore n'y est-il représenté que par une seule espèce. A une époque antérieure, il se rencontrait sous des formes très variées et dans un grand nombre de régions. Pendant le jurassique, il était particulièrement abondant dans la Sibérie orientale. Il a été également rapporté du Spitzberg, du Grönland oriental (Scoresby Sound) et de nombreuses localités en Europe. Pendant le crétacé et le tertiaire, il existait sur la côte ouest du Grönland jusqu'au 70°. La feuille reproduite ci-contre appartient à une nouvelle espèce que l'on peut appeler *ginkgo polaris*, très voisine du *g. flabellata* Heer, du jurassique de Sibérie. Il présente également une certaine ressemblance avec le *ginkgo digitata* Lindley et Hutton, découvert dans les assises jurassiques brunes d'Angleterre et du Spitzberg; ses feuilles, toutefois, sont notablement plus petites. Outre cette espèce, votre série en renferme peut-être une ou deux autres, représentées par des fragments de feuilles appartenant au genre *Czekanowskia* de la famille des *ginkgo*.

Les fougères sont très pauvrement représentées. Votre collection ne contient que des fragments d'empreintes se rapportant à quatre types différents, dont il est impossible de déterminer les espèces. L'un

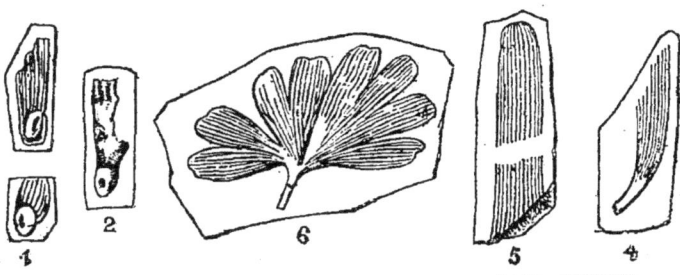

PLANTES FOSSILES DE LA TERRE FRANÇOIS-JOSEPH

appartient au genre *cladophlebis*, commun dans le jurassique, un autre rappelle le *thyrsopteris* abondant dans le jurassique de la Sibérie orientale et d'Angleterre; le troisième, l'*onychiopsis*, caractéristique du jurassique supérieur. Le quatrième paraît pouvoir être rapporté à l'*asplenium* (*Petruschinense*) décrit par Heer, et provenant du jurassique de Sibérie.

La prédominance des conifères, la rareté des fougères et l'absence des cycadées donnent à la flore fossile de la terre François-Joseph un facies semblable à celui de la flore jurassique supérieure du Spitzberg, bien que, dans les deux pays, les espèces soient différentes. Comme la flore fossile du Spitzberg, celle de la terre François-Joseph correspond à un climat, sinon très chaud, du moins beaucoup plus tempéré que celui régnant actuellement dans ces régions. Les dépôts fossilifères ont dû s'opérer dans le voisinage d'une forêt de pins. Autant que je puis en juger par les spécimens rapportés, il est beaucoup plus probable que cette flore appartient au jurassique supérieur qu'au jurassique moyen.

II

Tableau des températures moyennes observées chaque mois pendant la dérive du *Fram*.

MOIS	1893	1894	1895	1896
Janvier..........	»	— 35°,7	— 33°,4	— 37°,3
Février..........	»	— 35°,6	— 36°,7	— 34°,7
Mars............	»	— 37°,3	— 34°,8	— 18°,7
Avril............	»	— 21°,1	— 28°,7	— 18°,1
Mai.............	»	— 10°,1	— 12°,1	— 10°,7
Juin.............	»	— 1°,4	— 2°,8	— 1°,7
Juillet..........	»	+ 0°,2	+ 0°,26	— 0°,1
Août............	»	— 1°,0	— 2°,5	+ 1°,1
Septembre.......	— 1°,6	— 8°,2	— 9°,5	— 9°,5
Octobre.........	— 18°,4	— 22°,5	— 21°,2	— 21°,2
Novembre........	— 24°,2	— 30°,8	— 30°,9	»
Décembre........	— 29°,2	— 34°,9	— 32°,9	»

Tableau des températures moyennes, pour chaque mois, observées par Nansen et Johansen, pendant leur marche vers le nord, leur retraite et leur hivernage à la terre François-Joseph.

MOIS	TEMPÉRATURE MOYENNE	MAXIMUM	MINIMUM
Mars (16 au 31) 1895	— 38°,8	— 22°,8	— 46°,1
Avril...............	— 28°,9	— 18°,9	— 37°,2
Mai................	— 31°,1	— 2°,2	— 23°,7
Juin	— 1°,1	+ 3°,3	— 12°,6
Juillet.............	0°	+ 2°,7	— 2°,2
Août...............	— 1°,6	+ 2°,2	— 7°,3
Septembre..........	— 6°,6	+ 5°,0	— 20°,0
Octobre	— 18°,3	— 8°,8	— 25°,0
Novembre...........	— 25°,0	— 12°,2	— 37°,2
Décembre...........	— 25°,0	— 11°,1	— 38°,3
Janvier 1896........	— 25°,1	— 7°,2	— 43°,3
Février.............	— 23°,3	— 1°,1	— 40°,0
Mars...............	— 12°,2	— 1°,1	— 33°,9
Avril...............	— 13°,3	— 2°,7	— 25°,4
Mai................	— 7°,6	+ 6°,1	— 23°,9
Juin (1 au 16)	— 1°,6	+ 3°,7	— 5°,0

Périodes pendant lesquelles le thermomètre est descendu à — 40°.

ANNÉES	JANVIER	FÉVRIER	MARS	NOVEMBRE	DÉCEMBRE
1894	11 au 12 14 au 15 27 au 29	3 au 7 11 au 19 23 au 24	5 au 15 17 au 19 25 au 26	14 au 15 » »	8 au 10 17 au 18 30 au 1ᵉʳ janv.
1895	14 au 18 23 au 26 »	9 au 10 13 au 16 18 au 22	19 au 23 26 au 28 »	20 au 23 » »	7 au 8 » »
1896	29 déc. au 18 janv. »	4 au 9 11 au 20	4 au 5 »	» »	» »

Températures moyennes pendant 24 heures durant chacune de ces périodes.

ANNÉES	JANVIER	FÉVRIER	MARS	NOVEMBRE	DÉCEMBRE
1894	— 38°,2 — 39°,6 — 40°,3	— 44°,7 — 41°,9 — 39°,2	— 44°,4 — 43°,2 — 40°,1	» — 41°,3 »	— 40°,4 — 38°,5 — 41°,5
1895	— 40°,6 — 43°,5 »	— 40°,8 — 41°,7 — 40°,2	— 39°,9 — 38°,7 »	» — 40°,6 »	» — 39°,7 »
1896	— 43°,2 »	— 40°,6 — 41°,8	— 37°,6 »	» »	» »

FIN

TABLE DES MATIÈRES

	Pages
Préface	VII
Introduction	1
Chap. I. — Le départ. — Kabarova. — La mer de Kara. — Le cap Tchéliouskine. — L'entrée dans la banquise	27
Chap. II. — Le premier hivernage	59
Chap. III. — Le printemps et l'été au milieu de la banquise	113
Chap. IV. — Le second automne dans la banquise	147
Chap. V. — Le second hiver dans la banquise	171
Chap. VI. — A travers la banquise	187
Chap. VII. — La retraite sur la terre François-Joseph	209
Chap. VIII. — La lutte pour la vie	223
Chap. IX. — La terre en vue	251
Chap. X. — Hivernage à la terre François-Joseph	287
Chap. XI. — Le retour	331
Chap. XII. — Rapport du capitaine Otto Sverdrup sur la dérive du *Fram* depuis le 15 mars 1895	381
Conclusion	415
Appendices :	
I. — Notes sur les plantes fossiles recueillies aux environs du cap Flora	419

	Pages

II. — Tableau des températures moyennes observées chaque mois pendant la dérive du *Fram*.................... 421

Tableau des températures moyennes, pour chaque mois, observées par Nansen et Johansen pendant leur marche vers le nord, leur retraite et leur hivernage à la terre François-Joseph.... 421

Périodes pendant lesquelles le thermomètre est descendu —40°.. 422

Température moyenne pendant 24 heures durant chacune de ces périodes.............................. 422

FIN DE LA TABLE DES MATIÈRES.

IMPRIMERIE E. FLAMMARION, 26, RUE RACINE, PARIS.

www.ingramcontent.com/pod-product-compliance
Lightning Source LLC
Chambersburg PA
CBHW070931230426
43666CB00011B/2404